新时代卓越中学数学教师丛书

The Evolution of Mathematics Learning Theory

数学学习理论的演变

谢明初　彭上观　　著

华东师范大学出版社

目　录

前　言

　　学习领域一直充满活力和挑战。在过去的 100 年内,学习理论经历了三次大的转变。

　　第一次转变是由行为主义到认知主义的过渡。行为主义学习理论与英国的联想主义一脉相承,它们均强调外部环境对人的学习的决定作用,认为学习过程就是有机体在一定的条件下形成刺激与反应的联系,从而获得新的经验的过程,对学习的解释强调可观察的行为。

　　认知主义学习理论与行为主义学习理论相对立。它认为,学习就是面对当前问题情境,在内心经过积极的组织,从而形成和发展认知结构的过程,强调刺激反应之间的联系时,总是以意识为中介,突出认知过程的重要性。

　　第二次转变是从认知主义到建构主义。建构主义学习理论是从传统认知主义中繁衍出来的,是对认知主义的进一步发展。用乔纳森(Jonathan Haidt)的话说,是向与客观主义更为对立的方向发展,可称之为"后认知主义"学习理论。

　　建构主义理论认为,学习是一种建构过程。学生的学习是在一定的学习环境下,借助教师和学习伙伴的帮助,利用必要的学习资料,通过意识建构的方式而获得知识。

　　尽管建构主义学习理论如此多样纷呈,但理论与方法表现为如此一致,大多数理论强调以学生为中心,强调学习的活动性和境脉性。

　　第三次转变是从建构主义到情境认知学习理论。情境认知理论不同于认知心理学,它把个人放在更大的物理和社会的情境脉络中。它试图纠正认知的符号计算方法的一些不足:集中于有意识的推理和思维,忽视文化和物理的情境脉络,而把焦点放在学习者的主动性、学习意义和身份建构及其所依托的社会文化背景。建构主义有一个缺陷,在强调个体思维的建构过程中,忽略了外部因素对学习的影响(尽管社会建构主义也注意了社会因素,但是落脚点还在于大脑内部的建构过程），而情境认知理论可以被看成是对建构主义的合理发展。尽管情境认知理论也主张学习的建构性，但是它强调外部学习环境与学习个体的互相作用，强调学习共同体对个人身份的形成的影响。要理解情境认知理论还应深入分析"身份界定"与认知活动的关系。这里又一关键即是应当对学校的学习活动与实践中的学习（如师徒关系）做出明确的区分。与唯一强调现实情境与应用相对照，我们可以清楚地看到课堂（学校）本身就构成了一个特殊的情境。另外，基础教育的性质直接决定了不可能将学校教学变成实践中的学习。因此可以说，从认知心理学向建构主义再向情境认知学习理论的发展，集中表明现代学习理论的发展。

学习理论的现代发展对我国数学课程改革有什么指导意义呢？①

（1）关于数学学习情境设计

建构主义认为：数学世界都是由自身的思维建构的，学习者按照自己的经验解释"数学实在"。数学学习是在特定情境下，学习者借助外界帮助，利用必要的学习资料，通过意义建构实现的"情境"、"协作"、"会话"和"意义建构"。其中，数学学习情境创设对学习者进行意义建构，意义建构对数学学习起着决定性的作用；协作学习的交互作用和数学概念的自我建构，使得数学学习不仅是一个认知过程，而且是一个数学情感和数学价值观的形成过程；会话可帮助学习者从其他同伴对数学概念和方法的多种解释中，认识数学知识的灵活性，获得数学的迁移能力，并对所学数学知识进行意义建构；意义建构使学生全面、恰当地完成对所学数学知识的意义获得，成为数学学习过程的最后目标。

（2）关于数学学习的有效性

按情境认知理论的假设，真正的、完整的数学知识只能在真实的学习情境中获得，数学学习是有意图的、积极的、自觉的建构实践，这种实践表现为数学解题活动，其基本过程表现为"目标—问题解决—反思"。学生能表达自己的学习目标，并能设计、实施学习计划。

根据建构主义和情境认知理论，有效的学习过程按照抛锚式教学程序进行，数学学习建立在有感染力的现实问题基础之上。确定这类问题被喻为"抛锚"，一旦问题被确定，整个教学内容与教学过程也就被确定了，就像轮船被锚固定一样。

---

① 郑毓信. 学习理论的现代发展及其教学涵义[J]. 数学教育学报，2004(1)：10—16.

有效数学学习的关键是设置尽量真实的问题,学生不应该从简化了的、结构良好的数学问题开始,相反,学生应面对不明确的或是松散界定的情境,这种情境给出的是结构不良的问题。尽管有一些成功案例支持了上述观点,但是人们也意识到,学习的环境不应完全等同于真实的生活情境,学生身份的特殊性决定了学习的情境应从社会生活中分离开来。卡拉尔(Carraisher)指出,教数学,要不断引入新的问题情境和新的数学符号,必须将新的符号和表征与学生已有的、熟悉的数学概念和方法结合起来……数学新知识不能还原为原有的知识,或完全脱离了已有数学知识,就无法使数学知识得到很好的理解,这样学习将是低效的。

(3)关于数学问题情境的数量

在数学教学设计中,对数学问题情境的数量和大小并没有特定的标准,它与教学时间、教学条件、学习者的能力水平、教师的经验等有关。如果问题情境很大,综合性和开放性就很强,这对学生数学能力发展有较大的促进作用,但是要求教师有较强的教学控制能力和较丰富的教学资源,还要求学生具有较强的独立学习能力。如果数学问题情境设计得较小,教学目标比较容易达成,但是相对又比较难以实现较高层次的教学目标,如数学创新能力等。因此,在低年级学生的入门教学阶段,可设计较小的数学问题情境,利于教师组织和实施数学教学。而在高年级,应设计综合性较高的、数量较少的数学问题情境,以培养学生解决复杂性和综合性数学问题的能力。

(4)聚焦"教学环境"还是聚焦"学习环境"

学习环境对数学意义建构具有重要的作用。数学教学设计的核心是学习环境而不是教学环境。站在情境认知理论的立场,数学教学设计有如下特点:

- 提供真实与逼真的境域反映数学在学生生活和社会实践中的应用;
- 提供真实与逼真的数学活动,为理解数学和学生的互动交流创造机会;
- 提供接近数学家以及对其进行观察、学习和模拟的机会;
- 在学习中为学生扮演多重角色,为学会从多角度思考数学问题提供可能;
- 积极促进教学共同体之间的互动,也努力促使学生由"边缘参与者"向"中心成员"转变,在弘扬"数学的文化传承"的基础上,鼓励学生个人的数学创造和探索;
- 在学习的关键时刻应为学生提供必要的指导与搭建"脚手架";
- 促进对解题活动的反思,从中汲取经验;

● 强调隐性知识（带有经验成分的数学过程），促进隐性知识向显性知识表达。

总而言之，各种学习理论既为数学课程改革提供了理论基础，也对数学教育提出了严峻挑战。一些理论主要是从一般教育角度提出来的，摆在数学教育工作者和广大数学教师面前的迫切任务是：通过自身的努力，在数学教学中落实和体现各种新的学习理论，进一步，在数学教育实践中丰富和发展数学学习理论。

为了达成上述目的，本书将分八章对数学学习理论的演变历程作一分析与梳理，以期为数学教师在教学实践中更好地推进课堂改革，提升数学教学质量，促进数学教育内涵发展提供借鉴。第一章"行为主义学习理论与数学教学"，介绍桑代克（Edward Lee Thorndike，1874—1949）的试误学习理论和斯金纳（Burrhus Frederic Skinner，1904—1990）的操作条件反射理论，结合桑代克的"数学心理学"和斯金纳的"数学程序教学"分析了行为主义对数学教育的影响、积极意义和不足之处。第二章"格式塔学习理论与数学教学"、第三章"斯根普的数学学习理论"、第四章"奥苏贝尔有意义学习理论与数学教学"、第五章"产生式学习理论与数学教学"等四章集中论述认知主义学习理论对数学教育的影响。第六章"建构主义学习理论与数学教育"和第七章"建构主义与数学教育实践"集中分析建构主义的核心观点及其对我国数学教育课程改革的影响。第八章"情境认知理论与数学教育"主要基于教育心理学和人类学两个视角讨论情境认知理论的主要假设，以及情境认知理论对数学教育理论的发展及课堂教学的真正涵义。

"理论向实践回归，实践向理论提升"是本书写作的指导思想和写作风格。本书中引用了丰富的具体数学教学案例说明数学学习理论的演变过程，使读者阅读本书不至于留下高谈空泛之感，通过这些具体案例，期望引起读者对我国数学课堂教学的深刻反思，从而为进一步改进数学课堂教学找到方向。

在此，我想对在专业成长中给予我指导和帮助的学者、专家表示深深的感谢！他们分别是华南师范大学心理学院莫雷教授、中国科学院心理研究所朱新明教授、南京大学郑毓信教授，他们是我的学术领路人和人生导师。

莫雷教授是我在华南师范大学做访问学者期间的指导老师，当时我还在广东教育学院任教。莫雷教授精湛的系列心理学专题讲座打动了我，使我对心理学产生了极大兴趣。在莫雷教授的推荐下，我认识了朱新明教授并加入他的研究团队，开展长达10年的"示例演练"教学实验工作。在与朱教授合作过程中，我不仅学到心理学研究方法,而且感受到他提携后人、甘为人梯的高尚品格。

郑毓信教授是我的博士研究生导师,是国际著名数学教育专家,他从哲学的角度研究数学教育的独特风格和视角,大大提升了我的思维层次,我在本书的一些章节也尝试对数学学习理论做出认识论分析。

非常幸运的是,我有缘结识华东师范大学出版社副总编李文革老师,他是一位非常睿智的编辑,既有耐心,又有敏锐的洞察力,我的一些作品能顺利出版,他倾注了大量的心血,在此我一并表示衷心感谢!

撰写本书之际,也是华南师范大学教师教育专家工作室成立之时。

本书是我在进入工作室后完成的"华南师范大学创建国家教师教育创新实验区首批教师教育专家工作室主持人研究成果"之一,我在研究过程中得到华南师范大学领导和教师教育学部、数学科学学院同行的大力支持,谨以此书以示对他们的感谢之情!

谢明初

2020 年 7 月于广州

第一章　行为主义学习理论与数学教学

　　行为主义学习理论,主要解释学习是在既有行为之上学习新行为的历程,是关于由"行"而学到习惯性行为的看法,其代表主要有桑代克的学习"联结-试误"说与斯金纳的操作性条件反射学习理论。行为主义者认为,学习是刺激与反应之间的联结,他们的基本假设是:行为是学习者对环境刺激所做出的反应。他们把环境看成是刺激,把伴而随之的有机体行为看作是反应,并认为所有行为都是习得的。行为主义学习理论应用在学校的教育实践上,就是要求教师掌握**塑造**和**矫正**学生行为的方法,为学生创设一种环境,尽可能在最大程度上强化学生的合适行为,消除不合适行为。

第一节　桑代克的"联结-试误"学习与数学教学

1. 著名的迷箱实验

　　如图 1 - 1 - 1,将饿猫关入笼中,笼外放一条鱼,饿猫急于冲出笼门去吃笼外的鱼,但是要想打开笼门,饿猫必须一口气完成三个分离的动作。首先要提起两个门闩,然后是按压一块带有铰链的台板,最后是把横于门口的板条拨至垂直的位置。经观察,猫第一次被放入迷箱时,拼命挣扎,或咬或抓,试图逃出迷箱。终于,它偶然碰到踏板,逃出箱外,吃到了食物。

图 1 - 1 - 1

在这些努力和尝试中,它可能无意中一下子抓到门闩或踩到台板或触及横条,结果使门打开,多次实验后,饿猫的无效动作越来越少,最后一入迷笼就会立即以一种正确的方式去触及机关打开门。桑代克记下猫逃出迷箱所需时间后,便把猫再放回迷箱内,进行下一轮尝试。猫仍然会经过乱抓乱咬的过程,不过所需时间可能会少一些,经过如此多次连续尝试,猫逃出迷箱所需的时间越来越少,无效动作逐渐被排除,以至最后,猫一进迷箱内,便去按动踏板,跑出迷箱,获得食物。根据实验,可以画出猫的学习曲线。

桑代克把猫在迷笼中不断地尝试、不断地排除错误最终学会开门出来取食的过程称为尝试错误学习,并提出了学习的"尝试-错误"理论。

他认为,动物在每次尝试的过程中,都建立起一种刺激-反应型联系,那些能够导致成功的反应被保留,而那些无效的反应则会逐渐被排除,所以,动物学习就是从各种刺激-反应中挑选那些导致成功的刺激-反应型。桑代克又把这种刺激-反应型称作"联结",认为学习的实质就在于形成刺激-反应联结并根据其动物心理实验研究的发现,提出了有关人类学习的三条主要规律:

(1) 准备律:指学习者在学习时的预备定势。如果学习者有准备,并按其准备活动做,学习者就会产生满足感;如果有准备而没有按其准备活动做,就会产生烦恼感;如果没有准备而强制其活动,就会产生厌恶感。此定律强调了学习开始前预备定势的作用。

(2) 练习律:在奖励的情况下,不断地重复一个学会的反应就会增加刺激和反应之间的联结。桑代克认为,练习次数的多寡,影响刺激和反应之间练习的稳固程度。桑代克实验表明,练习越多,练习越紧密,猫越清楚要采取什么行动,逃脱的速度越快;练习越少,练习就不够紧密,猫就越难找到出口。后来,桑代克相信对一个反应单是重复比起对这个反应的结果给予奖赏来,在效果上要差一些。

(3) 效果律:在对同一情境所做的若干反应中,那些对学习者伴有满足的反应或紧跟着满足的反应,在其他条件相等的情况下,就越牢固地与这种情境相联结。桑代克认为,哪一种行为会被"记住",会与刺激建立起联系,取决于这种行为产生的效果。例如,迷箱是一个刺激,猫在迷箱中会作出多种行为反应,但大多数反应都不能帮助它们逃出迷箱,而另一些行为则使它们得以逃脱并得到食物。因此,猫就记住了这些有效的行为,将迷箱这个刺激和这些有效的行为联系起来了。以后,一进迷箱,它就知道作出什么反应。

桑代克据此认为,学习的实质就是有机体形成"刺激"(S)与"反应"(R)之间的联结。1931 年,他说如果要分析人的整个心理,就要在以下两者之间寻求强度不同的联结:(1)情境、情境的元素和情境的复合物;(2)反应、准备反应、易化、抑制和反应方向。如果将所有这些复合物加以归类编目,说出在每个想象得到的情境下,人会想些什么和做些什么,以及什么使他满意,什么使他烦恼,那么,我就觉得没有什么东西被漏掉了……

在他看来,"学习即联结,心即是一个人的联结系统"。同时,他还认为学习的过程是一种渐进的尝试错误的过程。在这个过程中,无关的错误的反应逐渐减少,而正确的反应最终形成。根据他的这一理论,人们称他的关于学习的论述为"试误说"。

由于桑代克的学习理论说明了一个刺激和一个反应新关系的建立,因此他的学习理论称为联结主义。[①] 桑代克根据实验研究的结果认为,所有的学习都不是突然发生的,而是通过一系列细小步骤按顺序逐渐达到的。"学习即形成联结;教学即安排各种情境,以便导致理想的联结并感到满足。人是伟大的学习者,主要因为人可以形成很多的联结。一个人的理智、性格和技能,是他对各种刺激情境及其各种要素作出反应倾向的总和。"

2. 桑代克基于"联结-试误"说之算术教学原则

桑代克提出的算术教学的原则就是必须培养学生以后能够运用的那些技巧。[②] 他认为最后技巧具有自动化的性质。学生从一开始学习数学就应当在应用题的条件和结果之间形成直接联系,而理解不过是熟练过程中可能产生的附产物。

桑代克在《以心理学为基础的教学原则》一书中,还特别强调了练习的作用。这种练习主要包括指出在儿童学习数字、舞蹈时会引起哪些口头的反应以及情感或行为的反应。

桑代克的"联结-试误"理论的弊病在于否定了人类学习与动物行为完全不同的质的差别,从而否定了人类在学习过程中形成联系时抽象概括所起到的作用。

必须指出,联系只有在赖以形成的联系的那些相同的条件下才有可能形成。桑代克认为,条件稍做改变,就可能导致既成联系的破坏。桑代克还用"联结"说

---

① 施良方.学习论:学习心理学的理论与原理[M].北京:人民教育出版社,1994:28—30.
② (苏)H·A·敏钦斯卡娅.算术教学心理学[M].孙经灏,吴佩,张文洗,译.北京:人民教育出版社,1962:16.

解释学习中的迁移，按照他的主张，"学习的迁移，只有在各种机能包含着相同的因素时才会发生"。[①]

桑代克专门用数学材料来验证他关于迁移的观点。他在《代数心理学》一书中，企图说明代数试题提出的条件的改变如何影响推论过程。实验的要点在于除了对学生提出他们所习惯的代数试题的形式以外，还要使用他们不习惯的代数试题。例如，除所习惯的习题"$(x+y)^2 =?$"以外，还提出以下的变式："$(b_1+b_2)^2 =?$"，这是学生不习惯的形式。实验的结果表明，在第二种情况下，被试会不知所措。与解答试题"$(x+y)^2 =?$"相比，解答"$(b_1+b_2)^2 =?$"不仅时间延长了，而且错误的数量也增加了。

桑代克利用上述实验表明他的关于"技能的特殊性和迁移的严格局限性"理论。桑代克在实验中得出这样的结果也是不奇怪的。

如果在教学过程中形成了在代数式的某一具体符号与学生的某个特定反应间的联系，而又故意不用语词进行概括，那么，自然是只有同一刺激物存在联系时才可能形成联系。

桑代克在与形式训练理论斗争的旗帜下贯彻了他的关于迁移问题的见解，并且自认为他的这种见解是进步的、先进的观点，而实质是否定了迁移，因为借助相同要素来说明正迁移，事实上就是否定迁移。

桑代克根据他所做的大量实验得出结论，教学大纲中的各种具体学科，在其"形式训练"上，价值是相等。桑代克怎样解释一组学生比另一组学生学习相同的材料时表现得更好的事实呢？"那些最初有较高智力的学生，在一年期间，不管学什么功课，都会有更大的收获。"[②]

桑代克的心理学观点，跟他的教育思想相联系。桑代克认为训练就是起决定作用的教学方法；从这个前提出发，教学不能促进发展，只能提供生活中需要的全部技能和技巧。从他的观点出发，就会得出教育的目的是传播思维、感知和行为的各种技巧。桑代克在《算术教学的新方法》一书中，批评了脱离生活需要的教学，提出"现实性原则"。从这个原则出发，建议以"真正现实分析"为基础编写教学大纲，即在大纲中只包括那些实际生活中可应用的知识和技巧，因而要把那些

---

① (苏)Н·А·敏钦斯卡娅.算术教学心理学[M].孙经灏,吴偶,张文洸,译.北京:人民教育出版社,1962:17.

② 同①:18.

在现实生活的实践中不能应用的部分去掉。① 因而,可以看出桑代克是一个实用主义者,这种理论的哲学信条是:凡是有益和有利的就是真理。

3. 对桑代克的数学教学理论的评价

数学教学中的试误教学法是桑代克将试误说应用于数学教学而产生的一种教学方法,即给学习者设置一个情境,让他们面对一个新的学习任务或问题,经过几次错误的尝试,最后找到正确答案的教学方法。主要分为四步:

第一步:教师设置数学问题情境;

第二步:学生尝试错误;

第三步:学生相互交流讨论;

第四步:教师点评讲解。

桑代克的试误法强调以学生的自主学习为主,教师的指导讲解为辅。主要优点表现在以下几个方面:

(1)教师在创设问题情境阶段选取的问题都是与学生的日常生活息息相关的,也是学生感兴趣的问题,这样可激发学生学习数学的兴趣,将他们的注意力更好地集中到本节课的学习中;

(2)桑代克的试误教学法主要应用于问题解决的教学,其中关键是学生在尝试错误之后,教师指导学生总结产生错误的原因,而不仅仅是尝试错误,这样有利于在提升数学能力的同时培养他们的自学能力;

(3)学生之间的相互讨论能创造出平等表达自己观点的机会,培养学生团结协作的精神;

(4)教师在点评讲解阶段既可以分析学生产生错误的原因,又可以让学生当场对本节课所学内容有所回顾;

(5)在数学问题的解决过程中,让学生利用已有的知识和技能进行尝试,要比直接呈现给学生问题的解决方案或新知识更有利于培养学生的创造力。

桑代克将其之前忽视数学与生活之间的联系,只是为了数学而数学的教学方法称为旧教学方法(以下简称"旧方法");将更多地关注生活中的实际问题,强调

---

① (苏)H·A·敏钦斯卡娅.算术教学心理学[M].孙经灏,吴偶,张文洗,译.北京:人民教育出版社,1962:
19.

将数学知识应用于解决生活提出的问题的教学方法称为新教学方法(以下简称"新方法")。新旧教学方法的区别主要总结为以下几个方面:

(1)就提供的数学练习情况而言,旧方法提供的练习是随意的,不考虑学生掌握的情况而一味地增加练习量,导致学生对已经学会的知识的过度学习,浪费了宝贵的时间和精力。旧方法允许教师设置任意的问题,而不管它是否在实际生活中出现。新方法的数学练习安排合理恰当,既能达到对所学知识进行巩固的目的,又不会使学生因为大量机械重复的练习丧失兴趣,也不会使学生因练习不足而对知识掌握不牢。

(2)就数学问题的选择而言,旧方法选择的问题既不考虑学生实际生活,也不考虑某一年龄段的兴趣关注点。旧方法尝试用学生童年的乐趣激发学生学习数学的动机,但是方法却总不得当。新方法在问题的选择和设置中制定了更高的标准,会避免选择生活中不常出现的问题,同样也避免那些虽然是真实的,但无法用要掌握的方法去解决的问题。新方法不仅要求问题可以为学生提供思考和应用数学的机会,而且可以促使学生去思考,并将数学知识以合理的方式应用于生活情境中。

(3)就数学教学的一般程序而言,旧方法的一般程序是直接呈现概念、原则以及对特定过程进行解释。新方法在循序渐进地讲授概念、原则等理论的同时伴以实际练习,使学生不仅知其然而且知其所以然。如此,知识会被更好地理解和记忆,从而走向应用,因为它们与学生正在做的事和已经做的事发生了关联。

新方法除了以上在与旧方法的比较中体现的优点之外,还具有以下优点:

新方法不仅承载着数学知识本身,更承载着数学知识的应用。新方法立足于学生,并寻求数学应该如何为学生在校以及离开学校后服务。学生在数学学习中有两种重要的兴趣:其一是心理活动本身的兴趣;其二是因获得成就而产生兴趣。许多学生喜欢数学的原因与喜欢猜谜游戏等其他智力游戏的原因是一样的。大部分学生都喜欢确定的任务,这样他们就可以知道应该做什么以及如何做,从而享受行动带来的成就和乐趣。就年轻学生的头脑而言,新方法使数学成为类似于更具吸引力的游戏,并且激起学生取得成功的欲望。

新方法通过帮助学生确定要达到的目标,使学生知道在解决问题过程中的正确与错误之处,并适时评价他们取得的进步。要求学生再次完成相同的任务,记录所用时间,以达到比第一次计算更快的速度和更高的准确率。新方法中会明确地告知学生"做这页的工作",而不是含糊地告知他们学习某一主题。新方法肯定学生对结果进行检验以确保答案准确无误的重要性,让学生能够意识到用于检查结果的时间并没有浪费。

第二节　操作学习理论与数学程序教学

新行为主义理论的创始人斯金纳是新行为主义心理学的创始人之一。他于1904 年 3 月 20 日生于美国宾夕法尼亚州东北部的一个车站小镇。

1930 年起出现了新行为主义理论,新行为主义者修正了华生(John Broadus Watson,1878—1958)的极端观点。他们指出在个体所受刺激与行为反应之间存在着中间变量,这个中间变量是指个体当时的生理和心理状态,它是行为的实际决定因子,包括需求变量和认知变量。需求变量本质上就是动机,包括性、饥饿以及面临危险时对安全的要求。认知变量就是能力,包括对象知觉、运动技能等等。

1. 斯金纳的学习实验

操作性条件反射这一概念,是斯金纳新行为主义学习理论的核心。斯金纳把行为分成两类:一类是应答性行为,这是由已知的刺激引起的反应;另一类是操作性行为,是有机体自身发出的反应,与任何已知刺激物无关。与这两类行为相对应,斯金纳把条件反射也分为两类:与应答性行为相对应的是应答性反射,称为 S(刺激)型(S 型名称来自英文 Stimulation);与操作性行为相对应的是操作性反射,称为 R(反应)型(R 型名称来自英文 Reaction)。S 型条件反射是强化与刺激直接关联,R 型条件反射是强化与反应直接关联。斯金纳认为,人类行为主要是由操作性反射构成的操作性行为,操作性行为是作用于环境而产生结果的行为。在学习情境中,操作性行为更有代表性。斯金纳很重视 R 型条件反射,因为这种反射可以塑造新行为,在学习过程中尤为重要。

斯金纳关于操作性条件反射作用的实验,是在他设计的一种动物实验仪器即著名的斯金纳箱中进行的(如图 1-2-1)。箱内放进一只白鼠或鸽子,并设一杠杆或键,箱子的构造尽可能排除一切外部刺激。动物在箱内可自由活动,当它压杠杆或啄键时,就会有一团食物掉进箱子下方的盘中,动物就能吃到食物。箱外有一装置记录动物的动作。斯金纳的实验与巴甫洛夫的条件反射实验的不同在于:(1)在斯金纳箱中的被试动物可自由活动,而不是被绑在架子上;(2)被试动物的反应不是由已知的某种刺激物引起的,操作性行为(压杠杆或啄键)是获得强化刺激(食物)的手段;(3)反应不是唾液腺活动,而是骨骼肌活动;(4)实验的目的不是揭示大脑皮层活动的规律,而是为了表明刺激与反应的关系,从而有效地控制有机体的行为。

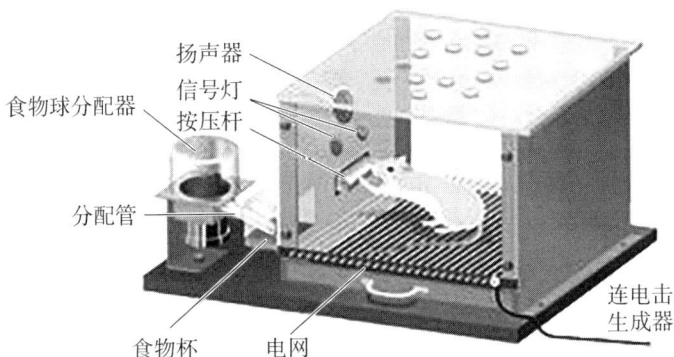

图 1-2-1 操作条件反射实验装置

(1) 实验结果

行为与奖励

实验1:将一只很饿的小白鼠放入一个有按钮的箱中,每次按下按钮,则掉落食物。结果:小白鼠自发学会了按按钮。这个实验比"给狗狗摇铃喂食"的巴甫洛夫实验更进了一步,建立行为。何为学习? 就是指将行为与操作者的需求建立相倚性联系。换句话说,使行为者感觉到"行为"与"奖励"是有联系的。只要通过将行为与奖励不断重复、建立联系,就可以培养起操作者的行为模式。奖励可以培养行为习惯。下面看实验2。

行为与惩罚

实验2:将一只小白鼠放入一个有按钮的箱中。每次小白鼠不按下按钮,则箱子通电(通电是一种惩罚,按下按钮不通电)。结果:小白鼠学会了按按钮。但遗憾的是,一旦箱子不再通电,小白鼠按按钮的行为迅速消失。"惩罚",作为奖励的邪恶双生子,可以迅速建立行为模式。然而,惩罚具有一定的副作用:它建立起来的行为模式,来得快,去得也快。一旦惩罚消失,则行为模式也会迅速消失。从长远来看,惩罚对于行为的制止并不会起到显著作用。现实生活中,因为惩罚带来的凡勃伦效应,有时甚至会使惩罚起反作用。凡勃伦效应:美国学者凡勃伦(Thorstein B Veblen,1857—1929)认为,与产品越降价、需求越增多的一般规律不同,特定的产品越涨价,需求越增多。部分上流阶层的消费目的在于,炫耀自己的社会地位和成功,满足虚荣心,所以价格越高,需求则增加。相反,如果降价,体现上流阶层的界限变得模糊,所以需求减少。如果想要控制行为者不去进行某个行为时,应找到该错误行为的"奖励物",移除该奖励,从而制止其错误行为。然而,即使是奖励,当不再掉落食物时,小白鼠的学习行为也会逐渐消失(虽然消失得稍慢一些)。而且这样太浪费食物了! 那该怎么办呢? 接下来是实验3。

固定时间奖励

实验3:将一只很饿的小白鼠放入斯金纳箱中,由一开始的一直掉落食物,逐渐降低到每1分钟后,按下按钮可概率掉落食物。结果:小白鼠一开始不停按钮。过一段时间之后,小白鼠学会了间隔1分钟按一次按钮。当掉落食物停止时,小白鼠的行为消失。实验失败了,没有培养起小白鼠连续按按钮的行为,反而使小白鼠"偷懒"了。为什么? 因为行为者知道短期内行为不会再得到奖励。接下来是最关键的实验4。

概率型奖励

实验4:将一只很饿的小白鼠放入斯金纳箱中,多次按下按钮,概率掉落食物。结果:小白鼠学会了不停地按按钮。当不再掉落食物时,小白鼠的学习行为消失速度非常慢。随着概率越来越低,小白鼠按按钮的学习行为没有变化,直至40~60次按按钮掉落一个食物,小白鼠仍然会不停地按按钮,持续很久一段时间(同样的,用鸽子做实验,平均每5分钟获得变化时距的食物强化的鸽子,每秒能做出2~3次反应,连续反应长达15小时)。这个实验模拟了为什么"赌博"——如简单的老虎机,或者更复杂的赌博——会给予人类以依赖感,或者说,成瘾性。由于概率性给予结果,行为者很难直观地判断机制是否失效,所以单次的失败不会给予明显的"惩罚"效果,终止行为者的习惯,从而行为者的学习行为会一直持续下去。然后是一个有趣的实验5。

迷信的小白鼠

实验5：其实实验5还是实验4的概率型斯金纳箱。结果：这些小白鼠有很多培养出了奇特的行为习惯，比如撞箱子、作揖、转圈跳舞。这是因为掉落食物前，小白鼠正好在进行这些行为，于是产生了"迷信"。许多游戏中传出的谣言，比如"在中午抽奖容易得到大奖"，或者"带满一背包幸运兔脚可以获得更好的装备"之类，其原理与之相同。

（2）实验意义

斯金纳通过实验发现，动物的学习行为是随着一个起强化作用的刺激而发生的。斯金纳把动物的学习行为推而广之到人类的学习行为上，他认为虽然人类学习行为的性质比动物复杂得多，但也要通过操作性条件反射。操作性条件反射的特点是：强化刺激既不与反应同时发生，也不先于反应，而是随着反应发生。有机体必须先做出所希望的反应，然后得到"报酬"，即强化刺激，使这种反应得到强化。学习的本质不是刺激的替代，而是反应的改变。斯金纳认为，人的一切行为几乎都是操作性强化的结果，人们有可能通过强化作用的影响去改变别人的反应。在教学方面，教师充当学生行为的设计师，把学习目标分解成很多小任务并且一个一个地予以强化，学生通过操作性条件反射逐步完成学习任务。

2. 程序教学

斯金纳的行为主义学习理论有十分重要的教学涵义。按照斯金纳的理论，惩罚不是促进学习的有效手段，而是一种负强化，会产生消极的后果。我们在教学中应尽可能提供正强化和减少负强化。"强化列联"则直接导致"程序教学"的设计。

20世纪20～50年代流行于西方的逻辑实证主义，又名逻辑经验主义，核心思想是：一切科学命题皆源于经验，对经验进行逻辑分析就是要把命题分解为各个概念，之后将各个具体概念归结为更基本的概念，将各个具体命题归结为更基本的命题。一个命题是否科学、有意义，取决于它是否能为经验所证实。新行为主义者正是受逻辑实证主义方法论的启发，冲破了早期行为主义因有机体内部因素不能直接被观察证实而不予研究的局限，使得面对而不是绝然回避意识这个不容回避的问题，并得以作出不同程度的解释。

（1）教学的实质

斯金纳认为操作性条件作用，用于动物训练时非常有效，用于人类教学时也同样能获得成功。在他看来,学习就是行为。当主体学习时,反应就增强;不学习时,反应的速率就下降。因此,他把学习定义为:反应的可能性或概率的变化。行为与环境条件是一种函数的关系。为了改变行为,必须改变环境的条件。至于教学,那就是安排可能发生强化的事件以促进学习。"'教'学生,意思就是诱导学生从事新形式的行为,而且是在特殊场合下的特殊形式的行为。"[①]教学的作用就是促使学生去获得文化所要求的必要的言语行为和非言语行为。

在教学领域中,斯金纳采用两种方法去控制有机体的行为:第一,安排好强化列联以塑造有机体的行为。他在动物实验中证明,只要安排好强化,就可能随意地塑造一个有机体的行为。他说:"把强化的列联按所需行为的方向逐次改变,就可以通过塑造过程的一些连续阶段而得到极复杂的行动。"[②]第二,提供强化,使行为在长时间内保持在一定的强度水平上。要保持行为的强度,就必须强化。在这方面,断续强化的程式具有特殊的效果。

塑造行为和保持行为强度的方法,在人类的教学中也是适用的。教师的主要任务有两项:第一,建构体现学习的言语行为和非言语行为的全部技能;第二,依靠诸如"兴趣"、"热情"或"学习动机"等因素,以保持这些行为的高概率。

但是,传统课堂教学不是以学习过程的精确分析为基础,而是按照下述的某种格言或经验来做的:"学生在做中学"、"学生从经验中学"或"学生从尝试与错误中学"等。然而,简单地"做",即简单地进行某些行为并不能保证这种行为将重复出现;单纯带领学生去接触环境,获得"经验"也不能保证学习;至于"尝试与错误"意思是说只有做出了错误才能学习,实际上有效的教学并不一定要发生错误。

教育的情境固然不同于实验室,但在行为改变的动态方面则是一样的。在课堂中,学生的学习行为也是操纵的、可观察到的因素的函数。斯金纳根据操作性条件作用的原理,进行了教学工艺学的研究,这种研究以下列三项假定为依据:第一,先前在实验室里应用过的行为的实验分析,现在也可以在课堂中加以应用;第二,课堂中学生行为的全部技能也可以像其他行为那样用同样的方法加以塑造;第三,在学科学习过程中对学生的行为反应要提供大量的强化,要做到这一点就

---

① Skinner, B. F. Teaching machines[J]. *Science*, 1958(128):967 - 977.

② (美)普莱西,斯金纳,克劳德,等. 程序教学和教学机器[M]. 刘范,曹传咏,荆其诚,等,译. 北京:人民教育出版社,1964:62.

必须使用教学机器。教学工艺学的发展将产生精心编选的教授言语行为所必需的刺激与反应的程序。运用这种程序进行教学，将大大提高教学的效果。

（2）课堂教学存在的问题

学校要教给学生许许多多特殊的反应。这些反应主要是言语的反应，包括说出和写出一定的词、数字和符号。教学的首要任务是使学生形成种种正确的行为反应并使这些行为反应受各种刺激的控制。可是，斯金纳发现当前的教学过程正是"在刺激控制下引起正确反应"这个方面最缺乏效率。斯金纳认为当前学校教学有以下几个缺点：

第一，主要借助于厌恶的刺激来控制学生的行为。学校里正强化很少发生，过去学生的行动是为了避免受惩罚。后来进步教育的改革本想使积极的影响更直接地发生作用，可结果是起控制作用的从一种令人反感的刺激变为另一种令人反感的刺激。学生完成工作主要是为了避免教师的不喜欢、同学的批评和嘲笑、令人害羞的低分数、被叫到校长办公室去以及向家长告状等。厌恶的刺激使学生处于焦虑、无聊和攻击之中，从而失去学习的兴趣。结果，获得正确答案的本身反而变得不重要了。

第二，行为和强化之间间隔时间太长。儿童学习的早期还不能自己检查答案并得到自动的强化，他们的正确答案还需要老师予以肯定、强化。斯金纳认为，除非是建立了明显的中介行为，反应与强化之间只要几秒钟的延搁就会破坏大部分的效果。可是，在典型的班级教学中，学生做作业，教师无法做到及时地给每个人提供强化。学生做完的作业，教师带回去批改，也得隔一两天时间才发回，这样的强化就收不到什么效果了。

第三，缺少一种引导儿童通过一系列连续接近达到最终复杂行为的程序。为了使学生最有效地获得精确的或其他复杂的行为，必须有一长串的强化列联。可是，教师不可能一个个地去处理学生的反应，通常他必须按成批的反应去强化学生的行为。这样，对一个问题的回答不是由对另一个问题的回答来决定。逐步接近一种复杂行为所经步骤的数目就得减少，每步的难度就增加了。

第四，强化太少。现行班级教学中最严重的缺点是强化太少。斯金纳认为，小学数学教学，对于一个成绩较好的学生，一个特定的列联也需要安排好几次才能学到手。据他估计，小学头四年的数学学习大约要有 25 000 个到 50 000 个强化列联。可是，一个教师可以安排的列联总数充其量不过几千个，与实际需要相比，实在太少了。

由于上述缺点,学校教学效率不高,学生学习质量下降,许多学生对于学习产生一种焦虑、自疚或恐惧的反应。

斯金纳认为,学习领域研究成果在近代课堂教学中没有受到重视和应用,其原因在于:一方面是早期研究的局限性;另一方面是人们认为实验室的研究没有考虑课堂教学的现实。但是,他自己在控制学习过程方面的研究所取得的进展,使他想到对课堂常规做彻底的修改,而且已经知道如何去实现这种修改。他相信这将使课堂教学发生实质性的改变。那么,在研究改进教学时,要考虑哪些问题呢?

第一,要明确打算建立的是什么样的行为。教师是行为的塑造者,他必须明确要教的是什么、学生要建立的行为是什么,同时,他还要对希望建立的行为进行必要的分析。

第二,要明确有哪些强化物可以利用。斯金纳认为,单纯控制自然,本身就有强化作用。所以,学习材料可能提供相当多值得重视的自动强化。例如,儿童玩机械玩具、颜料、剪刀和纸、解难题游戏,可以玩上几个小时。这类自动强化虽然比较轻微,但因为没有由厌恶刺激引起的情绪反应的掩盖,而且,实验研究也已证明,单纯的强化总数没有多大意义,所以,如果使用得好,轻微的自动强化在控制行为方面仍然可以产生巨大的效果。此外,行为的直接后果、教师的善意和感情也能起强化作用。至于竞争,斯金纳认为,对获胜者可起强化作用,但对另一些儿童则会发生令人反感的影响。

第三,怎样使这些强化同所要求的行为联系起来呢?这里要考虑两个问题,即如何逐步形成极复杂的行为模式和如何在每一阶段上保持这种行为的强度。为了做到这一点,必须把学好任何一个东西的整个过程分成许多很小的步子,并且把强化和每一个步子上的成就联系起来。连续的每一个步子尽可能地小,强化的频率就可以提高到最大的限度,这样,令人反感的发生错误的可能性也减少到最小的程度。

第四,斯金纳提出必须运用机械装置和电动装置来帮助教学。他说,在动物的学习实验中,已经看到,一个有机体会受到不是人所能安排的列联的微妙细节的影响,所以,控制机体行为的最有效的强化列联不能通过实验者个人的中介来安排。至于人,他对精确列联的敏感远远超过动物有机体,要想用人工来安排列联和观察结果更难以想象。在教学中有效用的列联数目是很大的,单是提供强化,一个教师用他全部时间来教一个儿童都难以胜任,何况,他要同时教许多学生! 因此,应用教学机器是完全必要的。

(3) 程序教学的变化

◇ 直线式程序

1953 年秋天,斯金纳旁听了自己女儿所在的小学四年级的一个班级的教学,同一个班级的儿童差异很大,而教师按照班里的平均水平进行教学。这种教学高于差生水平,低于优生水平,无法按照学生的个别差异进行教学。他评论说:"糟糕得很,他们正在那里毁灭心灵,我可干得好得多。"

斯金纳回去运用他从动物实验得来的"小步子"、"及时强化"这两条原则来编写程序教材。程序教学所用的教材依序划分为细小的单位或结(frame),因此学生可按部就班地学习。[1]

程序文本像一本书一样,它包括以一定次序呈现的框面和答案的页面。其中的一个类型是框面从每一页上自上而下地前进,在它的邻近栏里有相应的答案,这个答案与问题正好往下错后一步。在这样一种版中,常用一个机械的滑片来遮挡答案和后来的框面。斯金纳直线式程序,其图式是○→○→○→○→。

我们举一个斯金纳亲自编写的直线式程序的例子(①、②、③、④、⑤各是一个连续的框面)。

二位数的平方:

① 将一个数平方,就是该数乘该数。例如:3 的平方是以 3 乘以 3,答案是 9。又如,6 的平方就是 6 乘以 6,答案是_____。　　　　36

② 8 的平方就是 8 乘以 8,或 64。5 的平方就是 5 乘以 5,或_____。　25

③ 7 的平方是 49,3 的平方是_____。　　　9

④ 4 的平方是_____。　　　　16

⑤ 在你数数的时候,在一个数后面的那个数,叫做该数的后继数。4 的后继数是 5,6 的后继数是 7,8 的后继数是_____。　　　9

程序教学是操作条件作用形成的一种技巧。根据斯金纳的介绍有下列的优点:

---

[1] 卢仲衡. 自学辅导心理学[M]. 北京:地质出版社,1987:18.

① 它是由易到难、循序渐进、积少成多的教学过程,有利于教学目的的实现。

② 它让学习者立即获知答案是对还是错的反馈,正确答案的立即反馈符合及时强化原则。

③ 正确答案由于立即反馈而强化,错误答案由于未获得任何文字或他人的强化而淡忘,故学习者为学正确的知识而学习。

④ 虽然学生使用同样的程序教材,但学习的时间安排和进度,可以根据个别差异进行调整。

⑤ 频频使用强化。

斯金纳还认为编写的程序步子越小越好,小到将学习者错误减到最小限度,以免时过日迁,学习者会把错误的东西作为正确的东西而使其复活。

程序教学除"小步子"和"及时反馈"外,还有第三条原则"自定步调"和第四条原则"积极反应"。

自定步调:课堂教学,不论是按传统的讲授方式进行的,还是用新颖的和能引起兴奋的刺激手段进行的,都一致假定听课者是一个"中等"学生,而事实上他可能并不存在。快的学习者必将被拖下来,而慢的学习者被向前拉得太快。相反,程序教学是以学习者为中心的,并且鼓励每一个学生以他自己的最适宜的速度进行学习,这样的一种个别化的方法允许学生停留下来回想一下而免于受罚。学习者在以适宜速度进行学习的同时,通过不停的强化得到了稳步前进的诱因。

积极反应:只让学习者被动地接受教学材料并不能保证他对材料做出反应,不能保证将教材真正学到手。好的教学可以引起听或读,但是,仅仅听或读不能保证产生好的教学效果。无论如何,写、说、进行选择和比较都能使学习者经常处于积极状态,这是符合学习理论的指导原则的。必须先产生一个反应,然后再给予强化或奖励,才能建立反应。[①]

◇ 分支式程序

以克劳德(Crouder)程序为例。如果说直线式程序是构答式反应的话,那么分支式程序是多重选择反应。最简单的程序步子是,每个错误答案都能指引学生回到原先选择的那一个框面去试。分支式的图式如图1-2-2所示。

[①] 卢仲衡.自学辅导心理学[M].北京:地质出版社,1987:20.

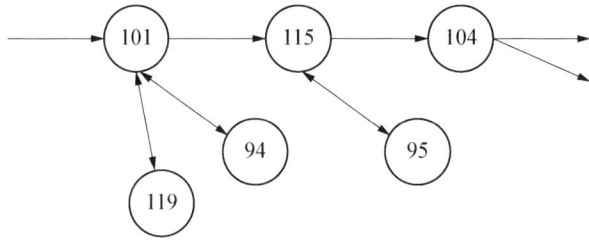

图 1-2-2

克劳德对分支式程序举例如下：

现在，你回忆一下我们刚才所下的定义：   101 页

$$b^0 = 1$$

这里除 $b = 0$ 以外，对 b 的任何值都是适用的。

我们注意下面的除法法则，就可以得到这个定义。如果我们把公式

$$\frac{b^m}{b^n} = b^{(m-n)}$$

应用于以一个数去除它本身的情况，将会得出 b^0。例如，

$$\frac{b^3}{b^3} = b^{(3-3)} = b^0$$

但 $\frac{b^3}{b^3}$，或任何数字（除零外）被本身除均等于 1，于是我们下定义说 $b^0 = 1 (b \neq 0)$。

我们运用了一个除法过程去发现零指数的一个意义。很好，让我们看看使用这个除法过程还能得到哪些别的有趣的结果。让我们把除法法则运用到 $\frac{b^2}{b^3}$ 这一情况，我们将得到什么样的结果呢？

答案

$$\frac{b^2}{b^3} = b^1$$ 94 页

$$\frac{b^2}{b^3} = b^{(-1)}$$ 115 页

在这种情况下这条法则不适用。   119 页

选择 94 页的学生将发现：

你的答案是 $\dfrac{b^2}{b^3}=b^1$。　　　　　　　　　　　　　　　　94 页

你是怎么搞的！这法则是 $\dfrac{b^m}{b^n}=b^{(m-n)}$。

现在，在 $\dfrac{b^2}{b^3}$ 的情况下，我们知道 $m=2$，$n=3$，于是我们将得到

$$\dfrac{b^2}{b^3}=b^{(2-3)}$$

因而（$2-3$）不是 1，你看是不是？它是 -1。

现在，翻回到 101 页，不要再搞错这问题了。

选择 119 页的学生将发现：　　　　　　　　　　　　　　119 页

你的答案是：在这种情况下这条法则不适用。加把劲！除法法则使我们学会了 b^0，在那里 $m=n$，它将使我们学会 m 比 n 小的情况。在这个情况中我们将遇到

$$\dfrac{b^2}{b^3}=?$$

运用

$$\dfrac{b^m}{b^n}=b^{(m-n)}$$

这条法则，我们就得到

$$\dfrac{b^2}{b^3}=b^{(2-3)}$$

于是我们的商的指数是（$2-3$），也就是 -1，不是吗？因而写成

$$\dfrac{b^2}{b^3}=b^{(2-3)}=b^{(-1)}$$

看来，你应该知道它的意思是什么。

现在回到 101 页并选择正确的答案。

选择正确答案的学生将发现：

你的答案是 $\dfrac{b^2}{b^3}=b^{(-1)}$　　　　　　　　　　　　　115 页

你做对了。把我们的除法法则

$$\frac{b^m}{b^n} = b^{(m-n)}$$

运用到 $\frac{b^2}{b^3}$ 的情况中,我们看到

$$\frac{b^2}{b^3} = b^{(2-3)} = b^{(-1)}$$

现在,运用算术的教学,我们就能看到

$$\frac{b^2}{b^3} = \frac{b \cdot b}{b \cdot b \cdot b} = ?$$

这样,我们怎样来下 $b^{(-1)}$ 的定义呢?

答案:

$$b^{(-1)} = \frac{0}{b} \qquad\qquad\qquad 95 \text{ 页}$$

$$b^{(-1)} = \frac{1}{b} \qquad\qquad\qquad 104 \text{ 页}$$

如此,一个一个的框面选择下去,不多举了。

前面所说的分支式程序,还有更复杂的,即增加更多的子程序。例如你学习分式已忘了通分或根本不会通分,则可出一个子程序给你,复习小学的算术通分之后再继续学下去。[①]

(4) 程序教学的原则

① 小步子原则。即把学习内容按其内在逻辑关系分割成许多细小的单元,分割后的小单元按一定的逻辑关系排列起来,形成程序化的教材或课件。学生的学习是由浅入深、由易到难、循序渐进地进行的,这种学习方式称为小步子原则。

② 积极反应原则。要改变消极的学习状态,就要求对每一单元的学习内容都让学生做出积极反应。使学生通过选择、填空和输入答案等方式做出反应,以保持积极的学习动机。

---

① 卢仲衡. 自学辅导心理学[M]. 北京:地质出版社,1987:20—23.

③ 及时强化原则。当学生做出反应后,必须使他们知道其反应是否正确。要求对学生的反应给予"及时强化"或"及时确认",特别需要注意对学生做出的正确反应给予及时强化,以提高其操作能力。

④ 自定步调原则。为了让每个学生都能自由发展,必须由他们根据自己的特点定制学习进度和速度。学生在以适宜的速度进行学习的同时,通过不停的强化得到了进一步学习的内动力。

⑤ 低错误率原则。使学生每次都尽可能做出正确反应,将学习的错误率降到最低限度,提高学习效率。

斯金纳一派认为程序教学可以代替班级教学。普莱西(Sidney Pressey)则倾向于把程序教学作为课堂教学的补充手段。用程序教学补充课堂教学的具体形式可能是多种多样的,如解决教学中的重点、难点问题,补课,家庭自学或业余学习,选修课等等。

程序教学理论的代表人物是美国心理学家斯金纳,他是当代新行为主义心理学派的著名代表。他通过实验,发现动物的行为可以运用逐步强化的方法,形成操作性条件反射。他把这种操作性条件反射的理论引入人的学习行为,用于学生的学习过程,认为学习过程是作用于学习者的刺激和学习者对它做出的反应之间的联结的形成过程,其基本图式是:刺激—反应—强化。一种复杂的行为,可用逐步接近、积累的办法,用简单的行为联结而成。

程序教学把学习内容分成一个个小的问题,系统排列起来,通过编好程序的教材或特制的教学机器,逐步地提出问题(刺激),学生选择答案,回答问题(反应),回答问题后立即就知道学习结果,确认自己的回答正确或错误。如果解答正确,得到鼓舞(强化)就进入下一程序学习;如果不正确,就采取补充程序,再学习同一内容,直到掌握为止。其基本操作程序是:解释—问题(提问)—解答—确认。

这种教学模式让学生独立地学习,能适应个别差异,由于采用小步子的方法,复杂的课题可以化难为易。它的缺陷在于:只管学生学习的结果,不能判断学生理解的深浅和是否进行创造性思维;不适用于技能训练和艺术学科;缺少师生间、同学间的人际交往。

(5)程序教学的优缺点分析

优点:

① 程序教学有利于调动学生学习的积极性、主动性,促使学生动脑、动手。在学

校一般的班级教学中,学生作业的负担都较重,运用程序教学法可以减轻学生课外作业的负担。因此,在一定程度上有利于培养学生生动活泼地、主动地学习功课。

② 运用程序教学法能够使学生多做练习,在教师对程序教材中的问题和方法加以说明时,有条件地采用讲练结合,使学生在练中学。但是必须明确程序学习不是测验,从表面看一个程序序列,类似测验题目,但是,它不是一种测验方法,而是一种教学方法,它可以指导学生完成课业,是一种有次序的自我教学的序列。

③ 程序教学在一定程度上能体现因材施教。一般学校的班级教学,不容易做到既让成绩好的学生"吃饱",又让成绩差的学生学会,而程序教学大有可能解决这一问题。学生可以各尽自己的所能运用程序课本或教学机器。同时在班级教学中,学生因病因事缺课,常给他们以后的学习带来不良后果,而程序教学可以解除或减轻教师补课负担。

④ 程序教学能培养学生的自学能力和习惯。富有独立钻研的精神,这一点很重要。学生手持一套程序课本或教学机器,自己循序渐进地自主学习,不仅能解决课堂纪律不好的问题,而且有助于培养他们钻研课本的能力。

⑤ 推行程序教学的学校,大都表明程序教学的实验班(组)比教师授课的对比班更节省时间,学习成绩(书面考试分数)可达中等和中上教师的教学水平。

缺点:

① 国外程序教学法基本上排斥教师或者不注意教师的主导作用,只能教书不能育人。对于学习过程中发生的一系列思想问题,教学机器或程序课本不能有的放矢向学生及时进行思想政治教育。

② 斯金纳宣称:"对学习过程现在知道得比较清楚了,我们知识的大部分来自对低等动物行为的研究,但其结果可惊人地适用于人类受试者。"[①]把人类的学习和动物的"学习"无区别地混淆起来,这是学习理论上的一大缺点。

③ 国外程序教学法不利于教学相长,缺乏师生、同学之间的情感和知识的相互交流。由于程序本身不能根据情况临机变动,容易造成学习上的刻板化。虽然衍支程序可加上不同的分支,但是对于学生学习的多样性以及开发智力方面,仍将受到若干的限制。

---

① (美)普莱西,斯金纳,克劳德,等. 程序教学和教学机器(第2版)[M]. 刘范,曹传咏,荆其诚,等,译. 北京:人民教育出版社,1979.

④ 对于需要说理的复杂概念、训练学生运算的技巧、培养语言表达能力等方面,程序化教学有困难,必须结合其他教学方法并用才行。

第三节　行为主义对数学教育的涵义

从哲学观上分析,行为主义认为客观世界是独立于主体之外的客观实体,人们认识客观世界是主体对客体的拷贝,主体是一个被动反映的有机体,只能被动地接受外界的刺激而产生反应。因而,行为主义是一种机械的唯物论。在这一哲学观念下,形成了行为主义的数学教育观。行为主义者认为,学习是刺激与反应之间的联结,他们的基本假设是:行为是学习者对环境刺激所做出的反应。他们把环境看成是刺激,把伴而随之的有机体行为看作是反应,认为所有行为都是习得的。行为主义学习理论应用在数学教育实践上,就是要求教师掌握训练学生数学技能技巧的方法,为学生创设一种环境,尽可能在最大程度上掌握数学的知识和技能。数学学习是一种特定行为的习得过程。当一个人稳定地习得了这种特定行为时,这个人就发生了数学学习。人类的行为一般都源于对某种刺激的特定反应。数学学习的主要内容是数学文化的继承,不仅仅限于数学技能的获得。行为主义对数学教育的最大贡献是数学技能习得技术。数学知识和技能的获得无法简单依靠单纯的说服教育来完成。行为主义学习理论可以用"刺激—反应—强化"来概括,认为学习的起因在于对外部刺激的反应,不去关心刺激引起的内部心理过程,认为学习与内部心理过程无关。根据这种观点,学生的数学学习过程归结为被动地接受外界刺激的过程,教师的任务只是向学生传授数学知识,学生的任务则是接受知识和巩固知识。行为主义数学课程观强调知识和技能目标,这一点在泰勒的课程设计中表现得尤为突出。[①] 斯金纳的程序教学,则强调由易到难,分小步子组成教学单元,目前流行的程序教学、计算机辅助教学、自我教学单元、个别教学法等教学方式,就是以行为主义心理学为基础的。

行为主义学习理论的相关研究成果是行为主义教学理论的重要理论来源。

---

① 傅维利,王维荣.关于行为主义与建构主义教学观及师生角色观的比较与评价[J].比较教育研究,2000(6).

斯金纳认为,学生的反应能为他人所观察到,正确的反应,需要强化;不正确的反应,则需要改正。当学生做出反应后,必须使他们及时知道其反应是否正确,如果答案是正确的,反馈就是一种增强物;如果答案是错误的,反馈就是一种更正的方法。教学评价是教学过程的重要环节,通过教学评价可以了解教学活动各环节的信息,以及判定教学活动是否达到了预定的目标,对教学活动进行控制和对教学目标进行调整,为有针对性地解决教学问题提供依据。行为主义主张教学评价外显化,行为主义认为,人的行为是以存在于有机体外的外部环境变量作为依据的,教学评价以行为变化的观测为依据。因此,行为主义的教学评价有五个特点:

(1)注重形成性评价与终结性评价相结合。

(2)评价围绕教学的分类目标展开,逐项观察学生的行为变化。

(3)教学评价往往用动词表述行为水平。

(4)教学评价选择能够明确地表示反应结果的题目进行测验,强调测验题标准、答案唯一。

例如,在学校的学业成就测验中,最常用的就是标准化的成就测验,其中最典型的测验方式是单项选择。但行为主义教学评价关注的是作为客体的知识而不是教学主体本身,知识成为衡量教学的主要尺度,忽视教学活动的双主体性,导致教师与学生在教学评价过程中的被动地位。根据行为主义的观点,现实独立存在于学习者之外,知识仅仅是通过感官来获得的现实的印象,学习的功能如同一个中转站,当一个人把现实的普遍特性传授给另一个人时便发生了。斯金纳的观点是当刺激反应间的联结通过强化手段得以加强时便获得了知识。因此,教师的主要作用在于将数学知识技能分解,并由少到多、从部分到整体、有组织地加以呈现。在学生的独立练习活动中,奖励那些反映教师和教科书所呈现的现实的行为,强化习惯。数学教学活动从本质上说,是向学生呈现事实。与此相应的数学学习活动的性质,是通过倾听、练习和记忆再现由权威(教师)所传授的知识。对于作为知识传授者的教师而言,课堂活动可能包括让学生回答一章中的问题,记听课笔记,或对计算机的提示做出反应。

行为主义心理学对学习的阐释有合理的、积极的一面,在特定的历史条件下对教育理论的建构和教育实践的改革都发挥了重要的指导作用。但是,随着时代的发展,特别是计算机技术的产生,人们对心理学的研究视野逐步从个体的外部行为转向个体的内部认知,行为主义心理学的缺陷也就凸现出来。从认识论的层面看,其一,行为主义认为客观世界是独立于人心之外的客观实体,人们对这些客观实体的认识是感觉器官对客体的"拍照",人的认识是现实世界的复本,而没有认识到人们的感知必须经过人脑的加工,予以条理化和概括化,才能形成对客观世界本质的认识,而且这种认识过程是人类的一种能动行为。其二,行为主义认为人的复杂行为能够还原成简单行为的组合,因而,认识事物就必须对事物进行分割,从局部入手。然而,这种认识论无法解释人类认识许多事物是由整体到局部的客观现象。从方法论层面看,行为主义强调心理研究方法应与自然科学的研究方法相一致,要求严格使用各种客观的方法,注重对动物或人的外显行为的测量,从而也就忽视了对人的内部过程的研究。从理论建构看,行为主义心理学理论基于对动物实验的结果,姑且不论由于各心理学家实验选择的角度不同,从而导致对学习的偏颇解释,即使这些研究合乎严格意义上的科学性,其结论也很难直接推论到人类的学习。行为主义数学教育理论在历史上产生过重要的影响,而且强盛的生命力使它延续不竭。今天,许多教师仍持行为主义数学观,或者受这一观念的潜在支配。作为数学教育工作者,有必要对行为主义数学教育理论作出反思。①

　　数学学习不单纯是刺激与反应的简单联结。事实上,数学学习是一种高级智力活动,这就决定了数学学习的本质不只是一种刺激与反应的简单联结。加涅(Robert Mills Gagne,1916—2002)在他的累积学习模式中对此作了明确的分类,在8类学习中,前4类可归结为联结主义理论,也就是说,人类的学习有不同的水平,对于一些简单材料的学习,或对于一些复杂材料学习的开始阶段,可以用刺激-反应的联结作出解释,但当学习材料复杂程度增加而需要高级思维参与时,联结主义理论就很难自圆其说了。对此,斯根普(Skemp)作出了分析,他将学习分为两类:习惯性学习和智慧性学习。习惯性学习是指由外部刺激而引起的固定反应的学习;智慧性学习是依据个体内部拟定的目标而诱发反应的学习,主要依赖于个体从实践中抽取出概念同时借助于语言对此进行操作的能力,因而,智慧性学习就不是简单的联结性学习。对于联结主义学习理论,郑毓信更直接地指出:"这充其量只能被用以指导简单技能的学习,但学习却不能被等同于简单技能或

---

① 喻平.基于行为主义的数学教育理论[J].浙江师范大学学报(自然科学版),2003(4).

习惯的养成。"①

（5）数学知识的学习不能建筑在大量的机械练习之上。

这涉及一个问题：刺激与反应在学习者头脑中形成了联结，而且这种联结通过大量的重复训练而稳固下来，是否就意味着学习已经达成。下面用贝尔（Bell）的一个实验来说明这个问题。贝尔将 34 名 11 岁的儿童分为 A、B、C 三组。实验材料是一组图形，这些图形中有的材料可以一笔画（即笔尖不能离开纸，不重复地经过图形中每一条线），有的不能一笔画。第一次实验在 A、B 两组中进行，对 A 组被试，不仅告诉他们图形可按一笔画的规则完成，而且给他们解释这个规则产生的理由；对于 B 组被试，只告诉规则而不解释理由。然后给出 12 个图形让他们判断，结果两组儿童全都做对了。第二次实验让 3 个组的被试都参加（其中 C 组被试未受过任何训练，没有先前的知识），主试提出新的任务要求：①判断哪些图形可以一笔画并且终点要回到起点处；②找出这种画法的规则。实验结果发现，A 组学生完成得最好，其成绩与其他两组之间有显著差异，而 B 组与 C 组之间没有差异。

这个实验结论表明，知道规则，通过练习，可以建立刺激与反应之间的联结。但是，如果不理解规则产生的缘由，那么所建立的联结只是一种机械学习，当问题情境稍微发生变化时，则学习者便不能建立新的刺激-反应的联结，即使是经过大量练习建立起来的联结，也难以迁移到新的问题情境中去。因而，数学学习应建立在理解的基础之上，而不是依赖于单纯的练习和重复训练。

● 数学学习不是一种被动的接受过程。

行为主义学习理论将学习视为刺激与反应的联结，离开刺激人们就不能学习，这就完全忽视了人的主观能动性，把学习解释为一种被动的接受过程。当今建构主义认为，人的学习是一种积极主动的建构过程，人们通过个人建构和社会建构去获取知识，数学学习当然也是一个建构过程。数学学科具有高度的抽象性，其思维的复杂程度远非简单的刺激与反应就能作出解释，如果人们缺乏能动的学习意向，不主动地建构知识，那么数学学习是无法达成的。

● 数学教学评价应当是教与学的完整的统一。

行为主义数学教学评价观关注的是作为客体的知识而不是教学主体本身，知

---

① 郑毓信. 数学教育哲学[M]. 成都：四川教育出版社,2001：282—283.

识成为衡量教学的主要尺度。当教学主体与知识的传承产生矛盾时,教学评价就会成为一种制裁、惩戒的手段。这将割裂教与学的完整统一性,忽视教学活动的双主体性,导致教师与学生在教学评价过程中的被动地位和消极作用,从而使评价失去了应有的教学功能。

第二章　格式塔学习理论与数学教学

格式塔心理学（gestalt psychology），又叫完形心理学，是西方现代心理学的主要学派之一，诞生于德国，后来在美国得到进一步发展。该学派既反对美国构造主义心理学的元素主义，也反对行为主义心理学的刺激-反应理论，主张研究直接经验（即意识）和行为，强调经验和行为的整体性，认为整体不等于并且大于部分之和，主张以整体的动力结构观来研究心理现象。该学派的创始人是韦特墨（Max Wertheimer，1880—1943），代表人物还有苛勒（Wolfgang Kohler，1887—1967）和考夫卡（Kurt Koffka，1886—1941）。

第一节　格式塔心理学产生的背景

格式塔心理学的产生有深刻的社会背景。德国自 1871 年实现全国统一后，资本主义工业经过二三十年的迅速发展，到 20 世纪初迎头赶上并超过了老牌的英、法等资本主义国家，一跃成为欧洲最强硬的政治帝国。德国以最新的力量要求重新划分势力范围，积极参与瓜分世界的罪恶活动。后来更是妄图称霸世界、征服全球，使全世界归属于德意志帝国的整个版图中。在意识形态中，强调主观能动、统一国民意志、加强对整体的研究。德国的政治、经济、文化、科学等领域的研究，都被迫适应这一背景和潮流，心理学自然也不可能例外，格式塔心理学不过是这一社会历史条件下的一种产物。

同时格式塔心理学的产生还有其哲学思想渊源，我们大体可归纳为两个方面：第一是康德（lmmanuel Kant，1724—1804）的先验论；第二是胡塞尔（Edmund Gustav Albrecht Husserl，1859—1938）的现象学。

19 世纪末 20 世纪初，科学界出现了许多思想潮流，对格式塔派心理学家产生了很大影响。特别是物理学界在这一时期抛弃了机械论的观点，承认并接受了场的理论。场可以用磁力现象加以解释：把铁屑撒到一张纸的上面，当纸下放有一块磁铁并移动时，铁屑会随着磁铁向同一方向移动，并排列成特殊的形状。铁屑很明显地受到了磁铁周围磁力场的影响，这个场不是个别物质分子引力和斥力的总和，而是一个全新的结构。格式塔心理学家试图用场论解释心理现象及其机制问题。考夫卡在《格式塔心理学原理》中提出了一系列新名词："行为场"、"环境场"、"物理场"、"心理场"、"心理物理场"等。普朗克(Max Karl Ernst Ludwig Planck, 1858—1947)是现代理论物理学家，对场论有过重大贡献，他强调事件的自然属性及对量的测定背后特殊过程的探讨，他反对经验论和对量的测定的过分倚重。苛勒在1920年出版的《静止状态中的物理格式塔》一书的序言里专门向普朗克致谢。苛勒在此书中采用了场论，认为脑是具有场的特殊的物理系统。他试图说明物理学是理解生物学的关键，而对生物学的透彻理解又会影响到对心理学的理解。

就心理学本身而言，对格式塔心理学产生直接影响的主要有马赫(Ernst Mach, 1838—1916)和厄棱费尔(Christian Freiherr Von Ehrenfels, 1859—1932)这两个人物。而格式塔心理学的学术渊源可以追溯到19世纪末叶的"形质学派"。著名的心理学史专家E·G·波林(Edwin G. Boring, 1886—1968)明确指出："格式塔心理学在系统上起源于形质学派，有些关于知觉的实验研究也由这个学派所倡导。"

格式塔心理学虽然与构造主义和行为主义有诸多的分歧和争论，可是在心理学的研究对象方面却不谋而合。它既不反对构造主义把直接经验作为心理学的研究对象，也不反对行为主义视行为为研究主题，声称心理学是"意识的科学、心的科学、行为的科学"。格式塔心理学家的研究对象主要是直接经验和行为，格式塔心理学家不反对把意识作为自己的研究对象，并认为行为主义不用意识建立一种心理学是荒谬绝伦的，但为了避免误解起见，他们尽量不用"意识"一词，至于完全与意识一词有同义的词，苛勒即用"直接经验"代之。行为也是格式塔心理学的主要研究对象。考夫卡指出，"心理学虽可成为意识或心灵的科学，然而人们将以行为为研究的中心点"，因为"从行为出发比较容易找到意识和心灵的地位"。

格式塔心理学家们在心理学的研究方法问题上，同样既不反对构造主义所强调的内省法，也不反对行为主义所依靠的客观观察法，认为这两种方法都是心理学的基本研究方法。不过他们做了一些改进和修正。

由于格式塔心理学家把自然观察到的经验作为研究对象，所以知觉结构原则就成了他们早期研究的重点。韦特墨在1923年就指出人们总是采用直接而统一的方式把事物知觉为统一的整体,而不是知觉为一群个别的感觉。后来,苛勒又进行了进一步分析,指出华生(John Broadus Watson,1878—1958)的"刺激-反应"理论易使人产生误解。他认为反应很明显地依赖于组织作用,于是他提出了一个新的公式:刺激丛—组织作用—对组织结构的反应。格式塔心理学家通过大量的实验,提出了诸多组织原则,它们描述了决定人们如何组织某些刺激,以及如何以一定的方式构造或解释视野中某些刺激变量。

第二节　格式塔心理学的学习实验

格式塔心理学的实验研究主要包括以下三方面:

1. 似动现象

似动现象是指,两个相距不远、相继出现的视觉刺激物,呈现的时间间隔如果在1/10秒到1/30秒之间,那么我们看到的不是两个物体,而是一个物体在移动。

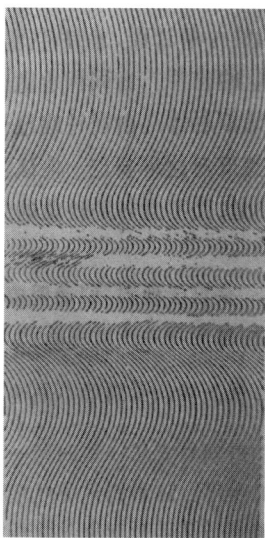

图 2 - 2 - 1

例如,我们看到灯光从一处向另一处移动,事实上是这只灯熄了,那只灯同时亮了。这种错觉是灯光广告似动的基础。在韦特墨之前,人们一般都认为这种现象并没有什么理论上的意义,只不过是一些人的好奇心罢了。然而,对韦特墨来说,这种现象正是不能把整体分解成部分的证据。这种现象的组成部分是一些独立的灯在一开一关,但组成一个整体后,给人造成这些灯在动的印象。

似动现象是形成格式塔心理学的基础。开始时,它主要关注的是知觉。如图2-2-1所示,如果你对着它多看一会儿,就会感到这些线条在移动。但倘若把每条线都分开,就不会有似动现象。后来,格式塔心理学还研究了其他方面的课题。它把重点放在整体系统上,在这个系统中,各个部分是以一种能动的方式相互联系在一起的,也就是说,仅根据各分离的部分,无法推断出这个整体。例如,漩涡之所以会那样,并不是由于它所包括的那些具体水滴的原因,而是由于水的运动方式。如果把漩涡分解成水滴,就无法理解漩涡这种现象了。又如曲调,因为曲调取决于音符之间的关系,而不是音符本身。为了强调这种整体性,韦特墨采用的德语"Gestalt(格式塔,或译完形)"一词,可以被翻译成"形式(form)"、"型式(pattern)"、"形态(configuration)"等,意思是指"能动的整体(dynamic wholes)"。由于韦特墨发起的这场运动关注的是这类完形或格式塔,所以人们把它称为"格式塔或完形心理学"。

2. 整体与部分

格式塔心理学家把重点放在整体上,这并不意味着他们不承认分离性。事实上,格式塔也可以是指一个分离的整体。例如,格式塔心理学家特别感兴趣的一个研究课题,就是从背景中分离出来的一种明显的实体。他们是用"图形与背景"这个概念来表述的。他们认为,一个人的知觉场始终被分成图形与背景两部分。"图形"是一个格式塔,是突出的实体,是我们知觉到的事物;"背景"则是尚未分化的、衬托图形的东西。人们在观看某一客体时,总是在未分化的背景中看到图形的。重要的是,视觉场中的构造是不时地变化着的。一个人看到一个客体,然后又看到另一个客体。也就是说,当人们连续不断地扫视环境中的刺激物时,种种不同的客体一会儿是图形,一会儿又成了背景。说明这种现象的一个经典性例子是图形与背景交替图。

事实上,这种图形-背景交替的现象在日常生活中随处可见。例如,当一位听众在聚精会神地听报告时,报告人的讲话就成了"图形",周围人的议论便成了"背景"。而当这位听众在与旁人讲话时,那么他俩的谈话就成了"图形",而报告人的发言则成了"背景"。格式塔心理学家认为,图形与背景关系的这类变化,不仅在知觉中起作用,而且在学习和思维中也起作用。

由此可见,把一个完整的图形分解成各个组成部分是可以的,但最重要的是了解部分与整体之间的关系。

3. 顿悟实验

实验中,苛勒常常会设置这样的场景:把一只饥饿的黑猩猩关在笼子里,香蕉挂在笼子高处,使黑猩猩无法够到。

同时,他又在笼子里放了一个箱子,然后悄悄地躲在一旁,观察黑猩猩能否发现箱子的用处。

因为拿不到香蕉,黑猩猩在笼子里焦躁不安,发出愤怒的吼声,来回跳个不停。有时,它甚至会拉着箱子到处乱转,跑累了,就把箱子扔到一边。显然,这时箱子只是它撒气的对象。

过了一段时间后,它似乎领悟到了什么,迅速跑到箱子处,把箱子拖到香蕉下面,爬上去,轻轻松松地拿到了食物。

苛勒在一旁露出了满意的笑容。

在另一个实验中,苛勒把一只黑猩猩关在笼子里,在笼子外它够不到的地方放了一串香蕉。黑猩猩手中有一根短棍,但不够长,无法够到香蕉。在笼子外不远处有一根长棍,苛勒在考验黑猩猩能否用手中的短棍把长棍拨过来,然后用长棍够到香蕉。

一开始,黑猩猩拼命地用手中的短棍去够香蕉,但都失败了。它很着急,就拼命地咬笼子,但也是徒劳。然后,它又不停地打量笼子四周,过了好一会儿,突然跳向笼边,用手中的短棍把长棍拨到身边,并用长棍拿到了食物。拿到食物的它似乎很得意。

在更复杂的一个问题中,苛勒为黑猩猩设计了两根棍子,两根棍子都不长,不能直接够到食物,但其中一根棍子较细,可以插到另一根棍子中去,恰好能够接起来变成一根长棍。

这个问题对黑猩猩来说似乎有些困难,它花了很长的时间也没办法把食物够到。因此,苛勒不得不给它一些提示,把一根手指插到另一根棍子中去,但可惜它还是不明白。

黑猩猩把两根棍子握在手里把玩,漫无目的。玩着玩着,黑猩猩发现它手里各拿着一根棍子,两根棍子的位置看起来像条直线。于是,它把细的棍子插到粗的棍子中,迅速跑到笼边,用接起来的棍子拿到了食物。

实验结论:

在苛勒的实验中,黑猩猩用棍子或箱子来获取食物,动作看起来似乎都非常简单,但却说明了"顿悟"与"试误"的不同。黑猩猩不单是对食物作出反应,更是对整个环境作出反应,其问题解决的方法不是试误,而是顿悟。在这样的理论基础上,苛勒结合自己的实验结果,提出了顿悟学习理论。他用翔实而丰富的实证材料证明:黑猩猩是有智慧的,它能理解环境与问题之间的关系,从而产生突然的、迅速的领悟,得出解决问题的办法,即顿悟。

实验应用:

对于人类的学习心理,心理学家们从未停止过研究的脚步。联结主义者认为,学习是经验的简单联结和拼接,行为主义者则认为学习是"刺激-反应"的条件作用,习得的行为是"刺激-反应"的联结。然而,苛勒,或者说格式塔心理学家们,对此却持不同意见。他们坚信,学习过程离不开思维和意识的作用,而不仅仅是"刺激-反应"的简单联结。

格式塔心理学家提出了一种新的学习观点,即学习的顿悟说。

这在行为主义理论盛行的当时,是需要勇气和自信的。苛勒的顿悟学习理论与桑代克的试误学习理论截然不同,前者注重思想和意识在学习中的作用。

虽然顿悟学习也有尝试和犯错的过程,但并非是盲目、胡乱的尝试,而是在对行为结果假设的基础上所做出的尝试行为,通过验证自己的假设,不断积累经验,领悟环境与事件之间的联系,进行事件重组,从而妥善解决问题,并非如行为主义者所坚持的那样依靠"刺激-反应"这样机械的方式来解决问题。顿悟学习是一个质变的过程,一旦顿悟发生以后,它能够迁移到类似的问题中去。对于顿悟现象,我们在日常生活中并不陌生。"恍然大悟"、"豁然醒悟"等词语都是形容顿悟的发生。

大家都知道著名数学家卡尔·高斯(Carl Gauss)的故事。高斯10岁的时候,老师让大家做算术题$1+2+3+\cdots+100$,看谁可以最快算出来。小高斯第一个举手,报出了5 050的答案。老师问:"在这么短的时间里,你是怎么算出来的?"高斯回答说:"如果按1加2加3这样加下去,会需要很多时间,可1加100等于101,2加99也等于101,照此类推,共有50个101,所以答案就是5 050。"小高斯之所以能够这么快就算出答案,正是因为他发现了数字之间的整体结构,在思考过程中产生了顿悟。

顿悟学习的产生有其固有的条件和特点,对环境有着相当的依赖性。学习者是依靠相互关系来感知、领悟外界事物的。也就是说,只有当学习者能够理解事件各组成部分之间的关系时,顿悟才有可能发生。关系是感知、记忆和学习的关键。

例如,孩子小的时候都喜欢玩搭积木游戏。一开始只是随便乱搭,胡乱摆放。但是当孩子注意和观察到外面的房子、柱子、拱桥、塔楼的结构后,他可能会领悟到积木就是外面大房子的缩小,从而会模仿外面房子的结构来搭积木。

积木与真实房子之间的关系是孩子通过观察领悟到的内容。

所以说,若要帮助孩子领悟学习内容,教育者就应为他们创设一些必要的环境,让孩子在环境中分析问题,发现联系,重组事件。

此外,顿悟学习的产生也离不开尝试和犯错,不可能一蹴而就。学习者需要通过尝试否定错误的假设,得出正确的结论。因此,在学习中要允许学习者犯错,允许他们大胆验证自己的想法,从错误中积累经验,领悟解决问题的关键。受传统教育方式的影响,我们的家长、老师总想为孩子"设计"未来,扶着孩子过河,生怕他们走弯路、受打击。有人指导固然好,但按部就班是否也意味着无法超越?当我们的未来无法超越前人的时候,这将是教育的失败。

苛勒的顿悟学习理论重新将思想、意识纳入学习中,强调整体论,这对后来的认知心理学、人本主义心理学等都产生了积极的影响。

1913 年至 1917 年,苛勒在腾涅立夫岛(Tenerife)的大猩猩研究站以大猩猩为被试,做了大量的学习实验研究。这些研究主要是给大猩猩设置各种各样的问题,并观察大猩猩解决这些问题的过程表现。由于他做的实验太多,篇幅所限,不能一一列举。

第三节　格式塔学派的数学教育思想

20 世纪 30 年代在美国出版了许多用格式塔理论来论述数学学习问题的著作,这些著作的作者都声称要以批判行为主义和联结论为己任。

1935 年,惠莱尔(Wheller)提出了以"新的教学心理学"为题的带有挑战性的论文。惠莱尔在论文的开头这样说——"可惜关于自然的原子论的观点渗入的教育制度和教学方法",他认为机械训练的原则反映着人的思想中的这种原子论的机械论的趋势。

他所提出的最紧迫的任务是"从学校系统中,消除这些错误和背后支持这些错误的理论"，特别要消除在他看来是荒谬的、算术心理学所依据的假设。惠莱尔为了对抗联结论的原理而提出了"新的"教学心理学的基本原理：他把数学学习解释为"成熟"(maturation)和发现，或领悟(insight)的机能。数学学习是一个逻辑过程，它一开始就是以对关系的理解为特征。学习不是用尝试错误法来完成的。学生回答不恰当，是因为不具备达到目的的方法或思维。

数学知识体系存在着广泛的联系，数学学习是靠迁移来完成的。"孤立"的学习是不存在的和没有效果的。在材料未按适当的方式讲授之前，迁移是不会发生的。惠莱尔为了反对桑代克所提出的练习律和效果律，强调学习与学习意志和学习目的之间的明确的依赖关系。他认为目的可以构成对学生的鼓励。惠莱尔根据这些原理研究了方法论的原则。有意思的是他对教师们发出了号召："忘掉机械的训练，合乎逻辑地组织你们的工作，把注意力集中在关系上吧"[①]；"把算术戏剧化、人格化"；"利用迁移，改变你们的应用题或试题以引用多种多样的数的关系"。

惠莱尔的研究反映了格式塔学派的基本立场：主张研究意识，但反对用分析的方法。在韦特墨看来，把意识分解成它的各个部分，会歪曲其中大部分意义。这与美国的机能心理学和德国的构造心理学形成鲜明对比，后者尽管也主张研究意识，但试图把意识分解成一些基本单位如感沉、映象。在方法上，美国机能心理学和德国的构造心理学与行为主义是相类似的，都是采用分析法，从事对基本单位的研究。

当然，行为主义的基本单位不是意识单位，而是行为单位，如刺激与反应。

从整体意识出发，格式塔给出一系列重要的数学教学建议，对改革数学教育有重大意义。

1. 顿悟学习可以避免盲目的试误，同时也有助于迁移

格式塔心理学家认为，通过对问题情境的内在性质有所顿悟的方式来解决问题，就可以避免与这一问题情境不相干的大量随机的、盲目的行动，而且有利于把学习所得迁移到新的问题情境中去。

① (苏)Н·А·敏钦斯卡娅. 算术教学心理学[M]. 孙经灏, 吴倜, 张文洸, 译. 北京：人民教育出版社, 1962：35.

　　韦特墨一开始从事格式塔心理学研究时,就特别关注学生在学校里的学习。如果说苛勒是为了理论阐述而研究猩猩的顿悟学习的话,那么韦特墨是为了学校实践而研究学生的顿悟学习的。韦特墨认为,一些教师过于注重机械记忆,不惜牺牲学生的理解能力。因此,他把自己的研究指向发现使学生能有更多顿悟发生的学习方式。他在《创造性思维》一书中,区别了两种类型的问题解决办法:一类是具有创造性的和顿悟式的解决办法;另一类是不适当地应用已有规则,因而不是真正解决问题的办法。韦特墨最喜欢引用的一个例子是,一位在病房里值夜班的护士,到了深夜 11 点时,把一个病号叫醒说:"现在到了你该吃安眠药的时候了。"这是不考虑与问题情境有关的特征、机械运用规则而导致愚蠢行为的一个典型事例。

　　顿悟学习的核心是要把握事物的本质,而不是无关的细节。遗憾的是,一些教育工作者意识不到这一点。韦特墨在《创造性思维》中举了一个例子。1910 年,一位学校视导员走访一个班级,想对这些学生的聪明程度作一番评估。他问道:"一匹马有多少根毛?"一位男孩回答道:"一匹马有 132 468 218 根毛。"视导员问:"你是怎么知道的?"男孩说:"如果你不信,可以自己去数。"全班同学哄堂大笑。该视导员在离开教室时对教师说:"我回去把这个故事讲给同事们听,他们一定会喜欢听的。"过了一年后,这位视导员又来到该教室,教师问他,他的同事对这个故事有什么看法。这位视导员说:"我是很想讲给他们听的,但我没有讲,因为我忘记了这个男孩所讲的数字了。"韦特墨认为,这个事例中令人惊讶的是这个视导员愚蠢的程度,因为他不理解实质性的东西,不知道这个男孩所讲的具体数字是无关紧要的,只要任何大到令人难以置信的数字都可以起到同样的作用。

　　韦特墨认为,学校学习的目的,是要把习得的内容迁移到校外情境中去。通过机械记忆习得的内容,只能被用于非常具体的情境中去,即被应用于类似于最初学习时的情境中去,只有通过顿悟理解的内容才能成为学生知识技能的一部分,随时可以被用于任何情境类似的问题中去。

　　为了说明这个问题,韦特墨经常以学生学习如何求平行四边形面积为例。他去听一堂课。教师在知道全班学生已学会如何求长方形面积后,开始讲解如何求平行四边形的面积。他先画了一个平行四边形(如图 2 - 3 - 1A),为了说明平行四边形的面积也是等于底乘高,教师在左上角往下画一条垂线,从右上角往下画另一条垂线,把底线向右边延长(如图 2-3-1B)。

　　根据左边三角形的面积正好等于右边三角形的面积,以证明平行四边形的面积等于底乘高。然后教师求了一些大小、形状有些不同的平行四边形的面积。下课前,教师又指定了十多个这类问题作为家庭作业。第二天上课,韦特墨又去了。课开始前,教师叫一个学生来证明平行四边形的面积是如何求得的。学生正确地解答了。许多人可能认为,这是一堂很出色的课,教学目标已经达到。但韦特墨在想的是另外一些问题:"学生们学到了些什么呢? 他们进行了一点思考吗? 他们已经掌握了要点了吗? 他们所做的是否只不过比盲目重复多一点罢了?"他问教师能否向班上学生提一个问题。教师欣然同意,他显然是以这门课为荣。韦特墨走到黑板前,画了图 2-3-1C。显然有些人吓了一跳。一个学生举手:"老师,我们还没有学过这个。"另外一些学生

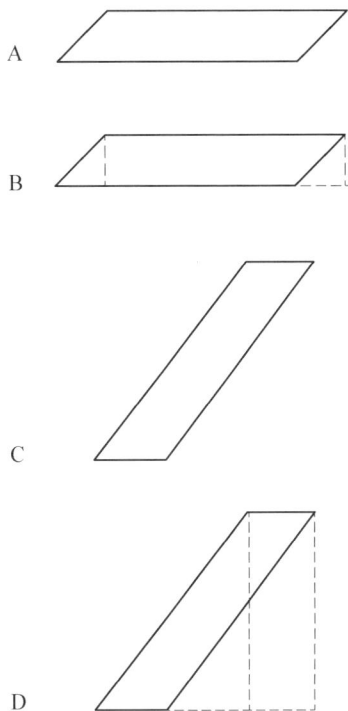

图 2-3-1

忙碌起来,他们把图抄在纸上,像老师教他们时那样画了辅助线(图 2-3-1D)。然后,他们看上去不知如何是好。另外有些学生则情况完全不同,他们笑逐颜开着把纸转了45°。图 2-3-1D 转过来当然也就是图 2-3-1A。显然,对许多学生来说,只是机械记忆所学的内容,这是因为他们只有一种狭隘的练习而没有真正理解,因而也就无法迁移。在韦特墨看来,如果教师在刚开始时,把图 2-3-1A 剪下来,让学生看着处于不同角度的平行四边形,从而对它有个整体了解,然后再加以分析,就不会出现上述情况了。[①]

2. 数学学习涉及知觉或认知重组

　　格式塔心理学家对学习的解释,往往倾向于使用知觉方面的术语。学习意味着要觉察特定情境中的关键性要素,了解这些要素是如何联系的,识别其中内在

---

① 施良方.学习论:学习心理学的理论与原理[M].北京:人民教育出版社,1994:151—154.

的结构。所以,学习与知觉、认知几乎是同义词。

像其他学派的心理学家一样,格式塔心理学家也认为,通过学习,会在头脑中留下记忆痕迹,记忆痕迹是因经验而留在神经系统中的,但格式塔心理学认为,这些痕迹不是孤立的要素,而是一个有组织的整体,即完形。因此,学习主要不是加进新痕迹或消除旧痕迹的问题,而是要使一种完形改变成另一种完形。这种完形的改变可以因新的经验而发生,也可以通过思维而产生。格式塔学习理论所关注的,正是发生这种知觉重组的方式。

图2-3-2 尽管这个图形是由一些不规则的黑点所组成,但如果把它颠倒过来后,仍能识别出它的结构。

所以,在格式塔心理学家看来,一个人学到些什么,直接取决于他是如何知觉问题情境的。如果一个人看不出呈现在他面前的问题,看不出各种事物之间的联系,那么他对事物的知觉就还处在无组织的、未分化的状态,因而也就无所谓学习了。一个人学习的方式,通常是从一种混沌的模糊状态,转变成一种有意义的、有结构的状态,这就是知觉重组的过程。例如图2-3-2,它们看上去好像是完全没有意义的一些不规则的黑点,但是,如果把它颠倒过来一看,可能会突然明白它是什么,就好像事情突然都到位了。原来无意义的一组东西被知觉重组后,便有了意义。所以,知觉重组是学习的核心,许多真正的学习都具有类似的特性。

当然学习并不是把以往无意义的事情任意地联结在一起。相反,知觉重组或认知重组注重的是要认清事物的内在联系、结构和性质。[①]

现在几乎每一本心理学教材都提及著名的遗忘曲线,即艾宾浩斯1885年的无意义音节的遗忘曲线。但在格式塔心理学家看来,人类所学习的内容都是有意义的。无意义音节的遗忘曲线在人类学习中并没有什么指导意义。恰恰相反,通过顿悟习得的内容,一旦掌握后,将成为我们知识技能中永久的部分。用现代认知信息加工心理学的术语来说,顿悟的内容进入了长时记忆并将永远保留在学习者的头脑中。

---

① 施良方.学习论:学习心理学的理论与原理[M].北京:人民教育出版社,1994:150—151.

　　在格式塔心理学家看来，只能按学习的顺序告诉别人他学了些什么的学生，实际上是没有理解所学的内容的（即没有经过认知重组，因而既无法迁移，也不能保持长久）。有人在一项实验中把 149 162 536 496 481 写在一张卡片上，要一组被试看 15 秒钟，然后试图回忆它。这是一项相当困难的任务。在一般情况下，除了记住其中少数几个数字外，没有人能全部记住。但在给另一组被试看这张卡片之前，告诉他们在试图记住它以前，先想一下这些数字为什么这样排列，是否有规律可循。结果不少被试都觉察到，这些数原是用 1 到 9 的平方排列起来的。这样一来，回忆这些数字就毫无困难，哪怕是在几周或几个月之后也能轻易做到。

　　格式塔心理学家认为，真正的学习常常会伴随着一种兴奋感。学习者了解到有意义的关系、理解了一个完形的内在结构、弄清了事物的真相，会伴有一种令人愉快的体验。例如，一些人对智力拼图、字谜填空玩得津津有味。有时看上去简直不大可能完成，但越是这样，当他们突然发现解决办法时，就越会有一种获得顿悟的快感。格式塔心理学家认为，这是人类所能具有的最积极的体验之一。

　　基于上述原因，格式塔理论家经常抨击滥用各种外部奖励，诸如使用糖果、好分数、五角星或金钱之类的东西来驱动学习。当然，在没有其他诱因动机时，在不可能用顿悟的方式来理解学习时，也不妨可以使用一些外部奖励。但作为教育工作者要意识到，不加区分地使用奖励物，可能会使学生分心，不把心思用在学习上，而只关心能得到什么奖励上，从而不可能达到对问题情境有顿悟的理解。就一般而言，达到理解水平本身就具有自我奖励的作用。

　　就数学学习来说，所谓知觉重组或认知重组就是强调学习过程中的理解和顿悟，也即对于环境整体和关系做了仔细了解后的豁然开朗。苛勒认为猩猩具有和人类相似的智慧行为，这种行为的明显特征在于它是在对整个情境完全概览后产生的。这种智慧行为是一个连续的顺利的过程，这一过程作为一个整体，是和情境的结构及其各组成部分的关系相适应的。苛勒的实验表明，猩猩在行动之前，已经领会到了自己的动作为什么进行、怎样去进行以及最终的结果为何，领会到了自己的动作与情境，特别是和目的物之间的关系。在苛勒看来，猩猩对问题的解决并非是一种盲目尝试错误的过程，而是处于对问题产生了顿悟。他把这种"从一开始就考虑到情境结构的行为"称为顿悟，他为顿悟定了这样一个标准："参照场的整个形势，一种完善解决的出现。"

　　有人在 1964 年对顿悟做了很透彻的分析："这样一些问题的解决，看来是突然来到的,俨如包含着能达到预期目的的整个错综复杂的手段在内。一个新'完形',在动物的意识中突然出现;它确实好像'顿悟一闪'而引起的适宜的动作。"①

在格式塔心理学家看来,学习是一种智慧行为,是一种顿悟过程,需要有理解、领会与思维等认识活动的参与,并且它是一种突现、速变、飞跃的过程。顿悟学习有其特点,可归纳如下:问题解决前尚有一个困惑或沉静的时期,表现得迟疑不决,有长时间停顿;从问题解决前到问题解决之间的过渡不是一种渐变的过程,而是一种突发性的质变过程;在问题解决阶段,行为操作是一个顺利的不间断的过程,形成一个连续的完整体,很少有错误的行为;由顿悟获得的问题解决方法能在记忆中保持较长的时间;由顿悟而掌握的学习原则有利于适应新的情境,解决新的问题。

格式塔学派的顿悟说与桑代克的尝试错误说是针锋相对、势不两立的。

就数学发明创造的本质而言,传统的观念认为,这可归结为概念的组合。法国数学家庞加莱(Jules Henri Poincaré)认为数学发明创造就是组合。人在思考数学问题时会出现多种想法和观点,各种观点联系在一起就形成一个组合。面对一个数学问题,人脑中会同时产生各种可能的组合。

从现今的观点看,这种把发明归结为概念的可能组合的观点显然是过于简单化了。人们从各个方面对此作了进一步的研究。在庞加莱看来,这些组合各式各样,但其中只有少数个别组合是有用的,这时就要进一步区分哪些是有用的组合,哪些是无用的组合。站在这个角度,创造就可以定义为形成、辨别和选择这些重要且有用的组合的过程。而庞加莱将"选择"看成是在可能做出成果与不能做出成果之间做出判断。庞加莱的观点后来得到一些认知心理学家的支持。埃尔温克(Ervynck)把数学创造过程描述为三个阶段。第一阶段称为初始技术阶段,涉及某种数学程序或技术的简单操作或应用,并不带着明显理论基础。第二阶段涉及演算性活动,主要包括实施数学程序,或按照一定的数学原理、概念进行分析、推证、运算。第三个阶段涉及建构性活动。在这个阶段真正的创造得以产生,并且主要做出一些非演算性的决定。做出非演算性的决定是一个发散性思考过程并且常常也是一个选择过程。尽管埃尔温克试图通过他的第一、二阶段描述数学家得到问题解答的过程,然而他对数学创造的描述还是类似于庞加莱和哈达玛

---

① 张西方.学习理论与方法[M].郑州:河南大学出版社,2006:102—103.

(Jacques Hadamard),特别是他使用的术语"非演算性的决定"与庞加莱使用的"选择"隐喻是类似的。埃尔温克还指出：通过组合先前已知的概念来构建有意义的新概念，或发现数学事实之间不曾知晓的关系可视为一个数学创造性活动。他还强调，创造在高级数学思维活动中起关键性的作用，为了发展新的数学理论、产生新的数学知识，必须做出合理的猜想，创造的作用就在于此。波登(Boden)也有类似的看法，他认为，把熟悉的思想观点用不熟悉的方法组合起来就可被视为一种创造性的工作。①

对于庞加莱的以上观点值得高度重视，因为这反映了他作为一个大数学家的亲身体验。一方面我们应充分肯定其对于选择性的强调；另一方面，我们又应看到庞加莱的观点也具有一定的历史局限性。就数学发明创造的本质而言，我们在此应清楚地强调认识的整体性。在很多情况下，新的发明创造主要取决于整体性的"认识框架"的转换。②

例如，波利亚在《数学的发现》中所给出的下述实例，就充分说明"认识框架"的转换导致了新的发现。

现给出了这样一个问题：

如图 2-3-3，已知三个圆 k、l、m 具有相同的半径 r，且通过同一点 O；另外，l 和 m 相交于点 A，m 和 k 相交于 B，k 和 l 相交于点 C。试证明 A、B、C 三点确定的圆 e 的半径也是 r。

如图 2-3-4，设圆 e 的圆心为 P，我们所要证明的即为 $PA=PB=PC=r$。

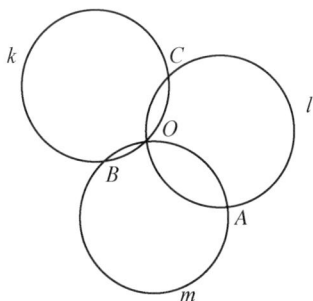

图 2-3-3

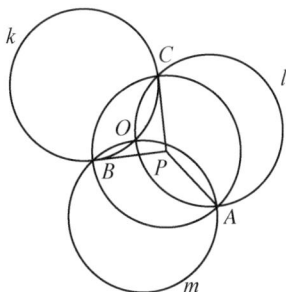

图 2-3-4

① 谢明初. 数学创造力的特征、培养与研究展望[J]. 全球教育展望,2020(5)：119—128.
② 郑毓信. 数学教育哲学[M]. 成都：四川教育出版社,1995：286—287.

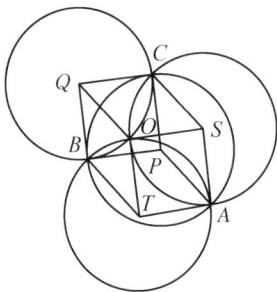

图 2-3-5

为了探索可能的解题途径,不妨把给定的三个圆 k、l、m 的圆心(设为点 Q、S、T)与相应的交点分别连结起来,这样就得到了一张"拥挤"的图(图 2-3-5)。你也许会注意到整个图形实质上是由其中的直线形所确定的,因此我们就可把注意力集中到图 2-3-6上。波利亚提示道:"这个图形是有吸引力的,它使我们想起一些熟悉的东西(想起什么?)";"它有点像老式杂志上的某些画面,这种画有不止一种效果,如果你按通常的方式去看它,它是一个图像,可是如果你转到另一个位置再换一种特殊方式去看它,那么另一张图像就会忽然闪现在你面前"。事实上,只需将图 2-3-6与图 2-3-7加以比较,我们即可清楚地领会波利亚的所指:图 2-3-7 是平行六面体十二条棱的一个投影图。由此,通过比较即可想到:我们也可把图 2-3-6看成一个"透明"的平行六面体的投影图。这样,原来的问题就解决了,因为依据立体几何的知识,如果一个平行六面体的投影方向选择的是看得见的九条棱的投影且都等于 r,那么,由那个"看不见"的顶点(现指点 P)所引出的三条棱的投影也一定等于 r,即有 $PA = PB = PC = r$。

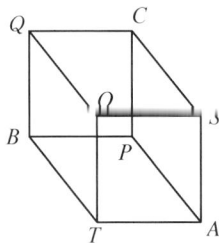

图 2-3-6

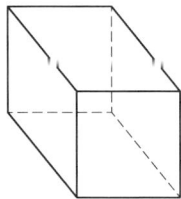

图 2-3-7

显然,波利亚所说的"换一种方式去看它",事实上就是"认识框架"的转换。这一例子表明了整体性的认识框架在数学的发明创造活动中的重要地位。这也就是说,数学的发明创造不能简单地归结为概念的组合。另外,就我们目前的论题而言,格式塔学派的关于知觉整体性的强调确实具有相当的合理性。当然,格式塔的心理学理论也具有一定的局限性。事实上,他们的工作主要集中于知觉的分析。另外,把学习过程完全归结为顿悟也是不合适的。但是,就其对于思维过程复杂性的认识而言,相对于联结主义的"简单化"显然是更具合理性。另外,由仔细分析可以看出,对于知觉整体性结构的强调,意味着主体在认识过程中并不是完全处于消极的被动地位,相反,主体在认识过程中具有十分重要的能动作用,这里所说的整体性结构即是主体思维活动的产物。由以上的讨论可以看出,格式塔学派的观念与现代认知心理学的基本观点是一致的。[①]

第四节　格式塔学习理论在数学课堂教学中的应用

以下是一个反映格式塔"顿悟与理解"过程的教学案例[②]:

在高中的一节研究性学习课上,老师提出了一个问题,在师生一起探讨了几种常规解法后,要求学生继续自主探索新的解法。并且为了有效展示和暴露学生在解题过程中"顿悟与理解"的思维轨迹,教师要求学生把解题中的思维过程真实地记录整理出来。

问题:已知 $a\sqrt{1-b^2}+b\sqrt{1-a^2}=1$,求证: $a^2+b^2=1$。

以下是几个成功发现构造性解法的探究记录。

学生1:"这里有二次根式,那我还是先求一下题中两个字母的取值范围再说吧,由 $1-a^2\geqslant 0$, $1-b^2\geqslant 0$,知 $|a|\leqslant 1$, $|b|\leqslant 1$。哦,从结论来看,容易联想到三角公式 $\sin^2\alpha+\cos^2\alpha=1$,据此构造 $a=\sin\alpha$, $b=\sin\beta\left(-\dfrac{\pi}{2}\leqslant\alpha,\beta\leqslant\dfrac{\pi}{2}\right)$,所以 $a\sqrt{1-b^2}+b\sqrt{1-a^2}=\sin\alpha\cos\beta+\sin g\beta\cos\alpha=\sin(\alpha+\beta)=1$。显然 $\alpha+\beta=\dfrac{\pi}{2}$,所以 $a^2+b^2=\sin^2\alpha+\sin^2\beta=\sin^2\alpha+\cos^2\alpha=1$。证毕。"

学生2:"我总觉得这个题的条件与结论与我们经常学的某个内容比较接近……呀,我想起来了,是单位圆(条件与结论中的等式的右边都是1)! 由圆的知识我可以这样解,已知条件表明,单位圆上的点 $A(a,\sqrt{1-a^2})$, $B(\sqrt{1-b^2},b)$

① 郑毓信. 数学教育哲学[M]. 成都: 四川教育出版社,2001: 286—288.
② 黄浩志. 认知重组基础上的"顿悟与建构"[J]. 数学教学通讯,2011(8).

满足点 A 是在过点 B 的切线 $l: x\sqrt{1-b^2}+by=1$ 上,由切点的唯一性,有

$$\begin{cases} a=\sqrt{1-b^2}, \\ \sqrt{1-a^2}=b, \end{cases} \quad 平方得\ a^2+b^2=1。好了,证完了!"$$

学生 3:"我们刚学过复数,能不能通过复数的知识加以求解呢?不妨试一试吧!先要设出几个复数呀,想一想……有了,可以这样做:

设 $z_1=a+\sqrt{1-a^2}\,\mathrm{i}$,$z_2=\sqrt{1-b^2}-b\mathrm{i}$。

因为 $|z_1z_2|=|z_1|\cdot|z_2|$,于是

$$(a\sqrt{1-b^2}+b\sqrt{1-a^2})^2+(\sqrt{1-a^2}\sqrt{1-b^2}-ab)^2=1,$$

得 $\sqrt{1-a^2}\sqrt{1-b^2}-ab=0$。移项平方即得 $a^2+b^2=1$。太好了!"

学生 4:"我的函数知识较好,能否转化成函数问题来解决呢?可是原问题中没有函数,应首先构造出具体的函数来……怎么始终不行呢?经常构造的函数是哪些呢?二次函数是常用的!思考一下,哦,可以如此构造:

构造二次函数 $f(x)=(ax-\sqrt{1-b^2})^2+(\sqrt{1-a^2}\,x-b)^2$

$=x^2-2(a\sqrt{1-b^2}+b\sqrt{1-a^2})x+1=x^2-2x+1=(x-1)^2$。

令 $x=1$,得 $(a-\sqrt{1-b^2})^2+(\sqrt{1-a^2}-b)^2=0$,

则易得 $a^2+b^2=1$。真妙!"

学生 5:"……能不能转换角度,用几何方法来解决这一代数问题呢?题目中是否隐藏有几何背景呢?如果我把 a、b 构造成一个三角形的两条边长呢?有了,1 可以看作此三角形的第三条边的边长,然后证明这个三角形是直角三角形!试一试。

如图 2-4-1 所示,作 $\triangle ABC$,使 $BA=1$,高 CD 分 AB 得:

$BD=a\sqrt{1-b^2}$,$DA=b\sqrt{1-a^2}$,且高 $CD=ab$,则 $BC=\sqrt{BD^2+CD^2}=a$,同理:$AC=b$。

又由于 $S_{\triangle ABC}=\dfrac{1}{2}BA\cdot CD=\dfrac{1}{2}ab$,恰好等于

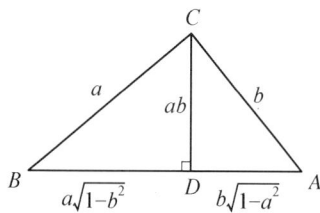

图 2-4-1

$\dfrac{1}{2}BC\cdot AC$,所以 $S_{\triangle ABC}$ 是直角三角形,

即有 $a^2+b^2=1$。"

教学后的思考与反思:

（1）认知重组基础上的"顿悟与理解"呈现方式的多样性和解决模式的相似性

以上案例清楚地表明：面对一个陌生的问题时，学生事先并没有准备好现成的工具或方法，而是在知觉选择的基础上，通过联想、化归的过程来进行认知重组，探索解题方法，从而使问题获解。在此，虽然由于个人知觉选择的不同，在此过程中采取的构造途径和知识建构历程均呈现出各自鲜明的特色，但是其中蕴含的建构模式是相似的。为了说明这一点，现将以上案例中体现出的建构模式作进一步的揭示，如表 2 - 4 - 1。

表 2 - 4 - 1

学生	认知重组基础上的"联想与构造"	建构知识
学生 1	觉察特征同质，考虑"系统转换"	凭借三角代换，顺利融合知识
学生 2	分析前后联系，考虑"隐含条件"	利用知识回路，沟通内外脉动
学生 3	通过知识迁移，考虑"状态转换"	立足复数运算，沟通条件结论
学生 4	巧用二次函数，考虑"变与不变"	借助函数特性，化陌生为熟悉
学生 5	采取图形构造，考虑"数与形"	假借直观图形，转译代数问题

（2）认知重组基础上的"顿悟与理解"基本模式的初步描述

在整个"顿悟与理解"的过程中，认知重组起决定作用，它决定所发现方法的性质，如有效性、简易性、独特性等。"数学发现的本质就是在于做出正确的选择"（庞加莱语），而正确的选择往往是建立在认知重组基础上的"顿悟与理解"。基于上述分析，我们可以作出如图 2 - 4 - 2 所示的结构框图，作为对认知重组基础上的"顿悟与理解"模式的初步描述。

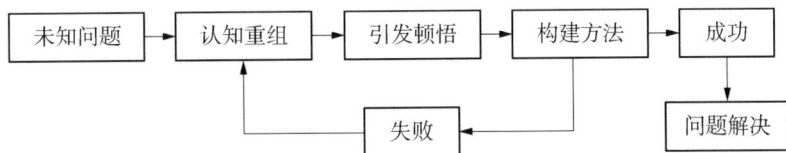

图 2 - 4 - 2

（3）认知重组基础上的"顿悟与理解"解题策略的几点认识

首先,在与外界事物接触时,人们对复杂的客观事物不可能全都清楚地感知到,总是有选择地以少数事物作为感知对象。因而在教学中,组织学生感知和理解实物、模型、图形、式子时,应提出具体的目标,使认知的选择性服从于教学目的和任务,使学生有意识地去注意它,不至于只被一些有趣的、刺激性强的部分所吸引。提出感知目标可使学生在认识事物时,能够顺利进行认知重组,切中要害,构造成自己所熟悉的对象,从而达到迅速认识事物的目的。

其次,在教学中,教师提供熟悉的感性材料,帮助学生建立认知模式。在感知的过程中,从熟悉的感性材料入手,构造出数学模型,内化为自身认知结构中的组成部分,在感性和理性之间建立联系,利于以后对具有同种模式的事物的感知。

另外,在培养此解题策略的过程中,还要注意以下几点:

➢ 面对新颖的问题情境,应注意引导学生主动构建生动的心志图像。

➢ 在问题的分析过程中,应要求学生学会并善于捕捉问题的暗示信息。

➢ 鼓励学生进行一题多解、一题多变、一法多用等方面的探索;鼓励学生进行问题求解的最优化、简易化探索;鼓励学生养成解题后反思的良好习惯。

➢ 适度地引导学生开展对开放性问题的讨论和探索活动,培养学生的发散性思维能力。

第五节　对格式塔学习理论的评价

格式塔心理学先是与德国构造心理学产生争论,后来是在与行为主义的学习理论直接对抗的过程中发展起来的。韦特墨曾对思维问题进行过系统的研究,他把顿悟学习原理运用到人类创造性思维探讨中,并建议通过把握问题的整体来进行这种思维。他的遗作《创造性思维》于 1945 年出版,书中研究了从儿童解决简单的几何问题的过程一直到爱因斯坦发明相对论的思维过程,以各个不同的年龄和难度不同的问题为依据,发现在各个解决问题的水平上都有创造性思维过程的例证。

韦特墨认为要想创造性地解决问题必须让整体支配部分。即使在必要的关注问题的细节时,也决不能忽视问题的整体,必须把细节放在问题的整体中,把它们与整体结构联系起来加以考虑。这是一种自上而下、由整体到部分的思维。他认为要使人们顺利地解决问题,必须把问题的整个情境呈现出来,使之能对问题有个完全概观,决不能像桑代克那样,有意地把解决问题的方法和途径藏起来,迫使被试不得不去盲目试误。

韦特墨强烈反对由试误说和条件反射说所引发出来的在教育领域中所采用的死记硬背和机械训练的方法。他认为盲目的重复训练和死记硬背很少有创造性成分,"因为它容易导致极端机械化的行为习惯,导致盲目性和奴隶式地操作的倾向,而不肯动脑,不能够自由地对待问题"。他指出,教师在教学中首要的任务是帮助学生通览问题情境,使他们明白怎样去解决,以及为什么这样解决问题,争取在理解、领会问题的前提下,产生顿悟。学生也不能过分依赖教师和权威,机械地记住一些法则和解决问题的方法,便以为万事大吉了。例如,要求用六根火柴组成四个等边三角形,如果只从平面上考虑问题,打不破原有的框框和定势,便无法解决。

韦特墨认为学习贵在打破旧有知识和模式的束缚,争取在对问题领会的基础上产生顿悟,掌握解决问题的原则,做到触类旁通、举一反三,促进智力水平的提高。

格式塔学派认为心理学的主要任务是"对直接经验予以朴素而又丰富的描写"。他们强调经验的整体性,认为经验不可分解为感觉元素,整体不等于部分之总和。任何一个整体都具有其特定的内在结构。学习就是通过认知重组把握这种结构。虽说格式塔心理学就其理论基础来说,属于主观唯心主义的范畴,但格式塔学派对知觉和学习等方面的问题做了很多有独到见解的研究。他们对似动现象、图形-背景交替等知觉问题,以及对顿悟、认知重组和创造性思维等方面的研究,至今仍是一般心理学教科书所讲述的基本内容之一。由于数学教育的焦点就是如何在掌握数学基础知识和基本技能的基础上发展学生解决数学问题的能力,培养学生的智慧,因此,格式塔心理学可作为解释数学教育的一个重要的学习理论。

当然,作为学习理论的一个流派,无疑会招致来自各方面的抨击。对这些批评,我们可以从两个方面来看。首先,有些人批评格式塔心理学搞理论太多,以致牺牲了适当的实验研究和有经验支持的资料。格式塔学派实际上导致数学学习理论的实验的退化,这一点我们从惠莱尔的宣告式论文中就可看出来。甚至那些企图从数学学习方面论述具体事实的论文,也找不到作者进行实验证明的意图。但有人则认为格式塔心理学从创始起就是强调实验的。从韦特墨的似动现象实验到苛勒从事的猩猩实验,有些实验还堪称是经典性的。有人认为,苛勒在腾涅立夫岛从事的实验,使学习研究领域中的实验技术和理论解释朝前跨了一大步。因为苛勒的目的是向猩猩呈现要它们展示智慧或"顿悟"的问题——这比桑代克等人描述的试误学习要复杂多了。

其次,有人批评格式塔心理学中最根本的同时又是说得最不完善的,是整体与要素的关系。因为格式塔心理学认为,一个整体中的一切要素或组成部分,只有在它们的相互关系中才能被理解,但格式塔学派根本就没有分析过要素或组成部分。如果说要素本身是无法解说的,那要素之间的关系又从何谈起呢?对此,苛勒作了反驳。他认为,格式塔心理学并没有否定分析的作用,但这种分析是要发现更为自然的单位,而不是构造主义和行为主义的那种基本单位。遗憾的是,苛勒没有具体说明这种"自然的单位"或"要素"是什么。

再者,有人批评格式塔心理学实验缺乏对变量的适当控制,而且所持的非数量化的资料不适合于作统计分析。确实,格式塔心理学的实验不如有些行为主义者的实验那样精细。但格式塔心理学家认为,他们的许多研究工作确实很少考虑定量的东西。因为格式塔的研究工作常常涉及某一领域的新问题,或者是从完全不同的观点来研究某一领域的老问题,所以往往注重定性研究结果。这就涉及定性研究与定量研究的关系问题了。

最后,有些作者往往喜欢把格式塔心理学家所注重的"顿悟"与行为主义者关注的"试误"绝对对立起来,以表明其冲突。但格式塔心理学家也并没有只是把像猩猩获得香蕉那样"戏剧性地"解决问题的方式看作是"顿悟"。他们把通过试误进行的学习过程,解释成一系列小的、部分的顿悟。从这个意义上说,顿悟与试误仅仅是不同心理学派,从不同角度解释同一现象的两个不同的术语而已。

可以说,格式塔的学习理论体系现已成为历史,但它为 20 世纪 50 年代末、60 年代初兴起的认知心理学奠定了基础。[1]

---

[1] 施良方. 学习论:学习心理学的理论与原理[M]. 北京:人民教育出版社,1994:161—163.

第三章　斯根普的数学学习理论

在英国沃瑞克大学有一个非常著名的数学学习理论研究群体,该群体的先驱就是著名的英国数学教育家斯根普(Richard Skemp)。斯根普的经历有点传奇色彩,他的大学专业的学业曾因二战而中断,并投笔从戎,在印度服役多年,升至上尉军衔。10 年以后他又回到牛津大学修完数学本科。大学毕业后他当了5 年中学数学教师,直到 33 岁时才重新走进校园攻读第二个学士学位。随后他继续在大学深造,并于 1959 年在曼彻斯特大学获得了心理学博士学位。他的特殊背景使他完全有资格获得"数学教育心理学之父"的称号,因为他既是一名称职的心理学家、数学家和教育家,同时也是一名经验丰富的教师、研究者和理论家。

斯根普不算是一位多产的作者,他所公开发表的有关数学教育的文章只有 3篇:"工具性理解与关系性理解"、"数学,无声的音乐"和"问题解决的理论基础"。出版的学术著作也只有两部:《数学学习心理学》与《智力学习与行为》。但让他自豪的是这些论著的质量。最著名的莫过于他的那篇题为"工具性理解与关系性理解"的经典论文。他有两句经常挂在嘴边的名言:一句是"再好的理论也不如实践";另一句是"最简单的理论才是最好的理论"。他认为"要把一件简单的事情弄复杂并不难,难的是把复杂的事情弄简单"。他的这两句名言很好地反映了他的学术态度,同时也成为他的弟子们的座右铭。

第一节　两种类型的数学理解

斯根普的数学教育思想主要集中于两个方面,即理解学习和概念学习。而理解学习这一部分的研究主要集中于《工具性理解和关系性理解》这篇重要论文,该论文以一个简单常见的例子开头,暗示了数学学习过程中最常见的一种现象,即老师和学生所谈论的和注重的常常不是一回事。接着引出了数学学习过程中的两种类型的数学理解模式,即工具性理解和关系性理解,通过对比总结各自的优缺点,最终提出关系性理解的优势。

1. 工具性理解

（1）什么是工具性理解

斯根普指出,工具性理解是指一种语义性理解或者一种程序性理解。例如:符号 A 所指代的事物是什么;一个规则 R 所指定的每一个步骤是什么,如何操作等。简言之,就是按照语词的本意和计算程序进行操作,即"只知是什么,不知为什么"。而关系性理解则还需加上对知识意义和替代物本身结构上的认识,获得概念和规律(定律、定理、公式、法则等)的途径,以及规则本身有效性的逻辑依据等。简言之,就是"不仅知道要做什么,而且知道为什么。"那么通常所说的理解是指哪一种理解呢？斯根普认为,工具性理解也是一种理解,并进一步指出这种理解还有许多优点。有些知识如两个负数相乘或分数相除,很难从关系上去理解。"负负得正"以及"一个数除以分数等于乘以这个分数的倒数"是很容易记住的规则,但不易解释其原因。斯根普的这种说法和中国研究者固有的一些理念发生冲突。长期以来,中国研究者一直认为"知其然而不知其所以然"乃是一种机械记忆,不能归属于理解的范围。2001 年新课改以来,更强调课堂教学要设定"过程性目标",即认为学习必须"知其然而且要知其所以然",必须揭示知识的发生过程。以下结合具体有关论述,进一步阐明工具性理解的意义。

以"教学平台理论"为例,"平台"是借用计算机科学的名词,例如"Windows"文字处理平台。对"Windows 平台"拿来会用就可以了。除少数专家外,一般人只知其然,不必详细了解它的"所以然"(编制过程)。事实上,许多数学内容已经作为平台在使用,例如希尔伯特（David Hilbert）严格的《几何基础》、戴德金(Dedekind)的实数分割说、康托(Cartor)的实数序列说、公理化的实数系等等。除非是这方面的专家,普通数学学习者不必都需要理解其所以然,只要懂得其意义和作用,能够站到这个平台上往前走就可以了。又如中学数学里的数轴,数轴上的点和全体实数能够建立起一一对应的关系,即实数恰好一对一地填满数轴。这是一个平台,只要"知其然",明了它的意义,会在建立直角坐标系时加以使用就可以了。至于它的所以然,要使用"可公度"和"不可公度"线段的理论,相当费时费事。这一理论在 20 世纪 50 年代还曾出现在中学数学教材里,后来被删除了。现在对数轴只做"工具性理解",将它当作平台加以使用。

中小学数学里,只做"工具性理解"的内容很多。大致说来,有以下几类:

第一类:前人使用的语言。数学课程里出现的许多专有名词、符号以及表述格式等,都是一种语言,乃是前人形成的习惯。我们只要记忆模仿,知其然即可。例如三角比之一的正弦,为什么叫正弦? 为什么用 sin 符号? 为什么二次曲线之一叫椭圆,不叫"扁圆"? 对这一类内容的继续学习,不在于"揭示过程",而是要真正"知其然",弄清这些名词、格式的内涵。

第二类:约定俗成的规则。例如,为什么自然数从零开始? 复数的乘法为何如此定义? 负负得正的理由何在? 设置平行公理是否合理? 为什么数学要用逻辑论证? 数学的严密性是怎样形成的? 等等。这些问题,都是前人根据经验加以概括而成的运算法则和思想体系。我们只能理解其价值,无法说明其所以然。这一类规则的"知其然"教学,重点是做一些说明,使得学生能够接受、认同其重要性,会使用就行了。

第三类:无法严格处理的内容。中小学数学中有许多概念,学生只能先模糊地承认下来,当作平台使用而无法知其所以然。例如面积和体积的定义。小学根本讲不清楚。现行教材的定义是:"物体表面的大小叫做面积。"没有面积,何谈大小? 因此这是一个不严谨的定义,只是描述而已。大家知道,依照测度理论,面积是一个有限可加、运动不变、单位正方形取值为 1 的平面点集类上的函数。这要在大学的《测度论》课程才能搞清楚。对于这类知识,中小学生无法知其所以然。

第四类:一些基本技能的训练。中小学课程里有大量的基本技能训练要求,在一开始时无法说清为什么要这样做,只能当作平台接受下来。例如高中里的许多恒等变换(三角变换、绝对不等式的证明等等),一开始也只能接受下来,做工具性理解。一个典型的例子是因式分解。为什么要将一个多项式分成两个多项式的乘积? 这在一开始是无法说明白的,只有在求解一元二次方程时才显示其作用。然而这也只是因式分解功能的一部分,而且永远也不能把其"所以然"说完整。因式分解的教学,我们只能从"和差化积"、"积化和差"这种哲学上的"互逆"机制上加以解释,给予工具性理解。

（2）工具性理解的优势与劣势[①]

实际教学过程中，工具性理解的教学活动反而占据绝对主流，斯根普对此做了具体的分析。他认为，服务于工具性理解的教学模式，具有三个明显的教学优势：

第一，对若干数学技能的学习而言，这种教学模式给学生提供了易懂、易模仿、易记忆，并可以很快得到标准性答案的捷径。

第二，工具性理解的教学过程所包含的知识较少，学生更容易迅速获得这类问题的正确答案。

第三，这样的教学可以使学生更快地得到学习上的回报，有利于引发其进一步的学习动机。

传统的评价所关注的正是学习者解答标准性问题的准确率和速度，使得众多的教学活动一直沿用着这种教学模式，因而也就将工具性理解作为了数学理解的最终标志。反过来，知识的关系性理解客观上必须经过长期的学习活动才可能为学生所获得，而学生往往在获得这种理解之前就必须在考试中应用它们，加上传统的数学教学氛围大都是有利于工具性理解的教学模式，包括对学生数学学习的评价、对教师数学教学的评价、教材中数学知识的过分简洁化表达，以及教师本人在构建自我有效的认知图式方面的心理困难等等，如此众多的客观因素，使得人们渐渐地远离数学知识的关系性理解的教学，而亲近工具性理解的教学。

但是工具性理解的教学所带来的弊端却是很明显的。斯根普举了这样的一个例子：

一位实习教师在使用上述教法教授长方形面积公式以后，对学生是否真正理解面积和面积公式的意义有所怀疑，便提出了如下的问题。

师：一个长为 15 码、宽为 20 厘米的长方形的面积是多少？

生：是 300 平方厘米。

师：为什么不是 300 平方码？

生：因为我们都是用平方厘米表示面积。

还有类似的例子：

[①] 马复. 试论数学理解的两种类型——从 R·斯根普的工作谈起[J]. 数学教育学报, 2001(3)：50—53.

一次，一位教师在与一位乘法学得很好、考试成绩高的二年级学生交谈。

师：如果一斤西瓜 3 角钱，6 斤多少钱？

生：1 元 8 角。

师：8 斤呢？

生：(很快回答)2 元 4 角。

师：10 斤呢？

生：(略有迟疑)3 元。

师：12 斤呢？

(也许是没有乘法口诀表可用，学生长时间无法回答，经这位教师再三启发后)

生：4 元。

师：理由？

生：我不会算 3×12，但是，我知道 $12 \div 3 = 4$。

而对于原先使用乘法，现在改用除法，学生则没有意识到。造成这种现象的原因很多，但其中一个重要的原因，就在于工具性理解的教学模式只关注学生能否依据固定的程序去获得答案，其他则很少关注，这使得学生通常更关心怎么做而不大去思考为什么可以这样做，以及更进一步的还可以怎么做等等。

由上述分析可以发现，工具性理解的教学较容易在短期内，特别是在与最初的学习情境相似的活动范围内产生明显的效果。例如，学生能够很快模仿课本或者套用公式去求解类似的习题。学生解题的速度甚至快于教师，但不利于学生在全新的情境内去应用该知识，不利于他们对自我现实环境的理解，也就不利于其长期的发展。对此，斯根普进一步指出，对特定的教师而言，究竟选择哪一种教学模式，不但取决于他对上述问题的思考，还与他对数学和数学教学的价值取向密切相关。因此促进工具性理解教学模式向关系性理解教学模式的改进本身是一个复杂而又艰难的工作，需要在教师的专业发展、教师对数学学习和数学教学的评价，以及课程与教材等方面同时做出必要的改革。在斯根普研究的基础之上，他的学生赫斯库维斯(N. Herscovics)、维纳(S. Vinner)等人对数学理解相继做了大量的研究工作，进一步提出了工具性理解、关系性理解、直觉性理解和形式性理解等理解模式，以及工具性理解与准工具性理解的差异等等。而斯根普本人也在 1982 年给出了工具性理解、关系性理解、逻辑性理解和符号性理解等不同理解模式,还提出了直觉与分析是获取理解的两种主要智力活动形式。

2. 关系性理解

（1）斯根普的关系性理解的四个层面的要素

① 知道——知道该对象的定义。一些本质属性、若干典型实例以及与若干其他对象之间的差异。

② 应用——能归纳、概括事物的特征与规律。可以在与最初接触该对象的相似情境中应用该对象的某些性质,通过模仿范例去解决一些问题,并且知道求解过程的合理性。

③ 联结——可以在该对象与自我认知结构中已有的相关数学概念之间构成本质上的联系,扩展知识网。

④ 新问题解决——能够在全新的问题情境中,把所学的对象作为一种解决问题的手段、方法甚至思路。用于新问题的关系性理解则还需加上对符号意义和替代物本身结构上的认识,获得符号指代物意义的途径以及规则本身有效性的逻辑依据等等。

（2）关系性理解的四个特征

① 揭示知识发生过程。包括情境创设、抽象概括、去粗存精、形式化表示等。

② 进行演绎逻辑分析。对数学定理、原理、规则进行逻辑证明,与周围知识进行逻辑连接。

③ 提升为数学思想方法。将数学知识的形成和论证提升为数学方法。

④ 形成自身的认知结构。学习者将数学知识经过以上的认知活动之后,形成个人的数学图式网络,并能运用于变式状态下的数学情境。

（3）关系性理解的教学过程: 以对数的教学为例①

对数和对数函数的工具性理解,在于能够识别符号 log,知道是指数运算的逆运算和指数函数的逆函数,并能用对数表进行计算,将数字的乘法化为较为简单的加法来进行。

进一步,关于对数的关系性理解有以下 4 个层面:

① 展示"对数"知识的发生过程。

---

① 蒋亮.高中的对数应该怎么教[J].中学数学教学参考,2011(6): 7—9.

高中阶段进行"对数"教学,因为已经有了集合对应的概念,在引入时不妨使用"对应"的概念,加强对"对数"的直觉了解。先给出如下两个对应着的数列:

1　2　3　4　5　6　7　8　9　10　11　12…

2　4　8　16　32　64　128　256　512　1 024　2 048　4 096…

探索下列问题:找出两个数列之间的对应关系。目的是培养学生观察发现、归纳类比、概括抽象、符号表示等数学思维能力。显然对应关系为 $N = 2^b$。模仿算术运算的符号,如(+, −)、(×, ÷),用 $\log_a N$ 表示对数运算。

② 对数性质的逻辑证明。

对数性质的关键在于把握运算规则 $\log_a MN = \log_a M + \log_a N$。

先举例计算 16×256 的值,可以先计算 $\log_2 16 + \log_2 256 = 4 + 8 = 12$。 然后用指数式进行逻辑推导。

③ 提升为数学思想方法。

对数概念的建立涉及"互逆"运算的数学思想方法。特别地,对 $\log_a MN = \log_a M + \log_a N$ 的证明过程,可以提升为"关系-映射-反演"(RMI)方法。

④ 形成认知结构。

这需要学习者进行反思,将相关知识融汇为一体,符号 log 作为一个特殊的运算和函数,能与其他运算和函数相区别又互相联系构成网络。

（4）关系性理解的教学过程: 以对称的教学为例[①]

对称是一个非常重要的数学观念,它不仅存在于几何内容的学习过程之中,还存在于代数、其他学科和学生的现实生活之中。进一步,它还可以被作为一种解决问题的手段、方法和策略。

第一步:感觉对称

问题 1:能否画一条直线,把已知的正方形 ABCD 分成 2 个相同的部分?

问题 2:还有其他直线满足"问题 1"的要求吗?

学生在解决问题 1 时,通常很快地得到 4 条直线(图 3-1-1),而且大多数学生也就停留在这一步,对于问题 2,可能有一些学生会尝试寻找几条合乎要求的

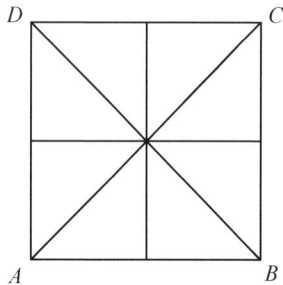

图 3-1-1

---

① 马复.试论数学理解的两种类型——从 R·斯根普的工作谈起[J].数学教育学报,2001(3): 50—53.

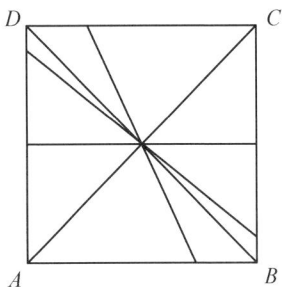

图 3-1-2

其他直线(图 3-1-2),但几乎没有学生能够自发地意识到可以应用正方形的"对称性"得到:任何一条通过中心的直线都满足问题 1 的要求。而这一命题的获得实际上正是对于"对称"现象的一种理性认识。这一步的意义在于让学生感受对称现象,并且获得对于对称的初步理性认识,这个工作可以通过求解问题 2 来完成,当然,最终结论不应当由教师直接给出。

第二步:获得对称概念(知道)

问题 1:有 2 个全等的正方形 $ABCD$ 和 $MNPQ$,A 在 $MNPQ$ 的中心,直线 AD 和 MN 相交于 MN 的 $\frac{1}{4}$ 处,问 2 个正方形的重叠部分的面积是多少?

问题 2:在求解问题 1 的过程中有什么新的发现?

问题 3:能否找到其他图形,使它与正方形具有相似的上述性质(第一步与第二步)?

对学生能否获得关系性理解来说,这是非常重要的一步,其中,问题 1 的求解过程与问题 2 的思考过程给学生提供了在不同的问题情境中抽象出"对称"的概念,并得到相关性质的机会;问题 3 则给他们提供了检验自我猜测的机会。换言之,这是让学生经历对称概念的形成过程,从中构建自己对于"对称"的理解。

第三步:把对称作为一种思维方法(应用)

问题 1:现有黑白 2 种颜色可以给已知圆上的任一点涂色,请你设计一种涂色方案,使得内接于该圆的任一直角三角形的 3 个顶点颜色不完全相同。

问题 2:若 $\triangle ABC$ 的周长为 l,其面积最大值是多少?

对学生而言,这里的思考对象已经不是"对称",而是各种问题,而且他们的任务是发现存在于问题结构之中的"对称现象",并且应用对称的有关性质去解决这些问题,对称不是被当作研究对象,而是思维的方法。

第四步:在新的情境中使用对称概念(联结与问题解决)

问题 1:求函数 $S=xy$ 的最大值,其中,$x>0$,$y>0$,$x+y=1$。

问题 2:若 a、b、$c>0$ 且 $a+b+c=1$,试求 $A=\left(a+\dfrac{1}{a}\right)^2+\left(b+\dfrac{1}{b}\right)^2+$

$\left(c+\dfrac{1}{c}\right)^{2}$ 的最小值。

这一步把"对称"的概念由几何的范畴引向代数的范畴,由位置上的一种"平等"关系引申为性质上的一种"对等"关系,使学生对于它的认识产生一个质的飞跃。进而有助于形成一种直觉的思维方式——在条件中处于"对等"地位的元素,在结论中也必定处于"对等"的地位。如这里问题 1 中的 x 与 y,问题 2 中的 a、b 与 c,在条件中它们处于对等的地位——可以互换,则在结论中也应当处于对等的地位——分别为 $x=y$ 时取最大值和 $a=b=c$ 时取最小值,这无疑有助于学生在更深刻的层次上理解。

第二节　两种数学理解学习的对比

让我们暂时不讨论一种理解方式是否比另一种好,其实这两种数学理解方式并不是同样的东西。

(1) 有些学生想以工具式的理解方式学习,但却被习惯用关系式理解的老师去教导。

(2) 另一种情况则刚好相反,老师习惯用工具式方式教导学生,而学生则想以关系式方式学习。

第一种情况对学生短期内来说是不会有太大问题的,只不过教师会感到矛盾。有些说理是深入学习的根基,但惯于工具式理解的学生却厌其烦,不愿寻根究底。他们只想取得一些法则以获得答案。当他们得到这些法则后,就认为所有问题都会迎刃而解,而将理解问题的原由置之不理。

如果教师问学生一个与法则不一致的问题,学生便不会有正确答案。我们前面提到一位实习教师在使用上述教法教授长方形面积公式以后,对学生是否真正理解面积和面积公式的意义有所怀疑,便提出了如下的问题:"一个长为 15 码、宽为 20 厘米的长方形的面积是多少?"得到的回答是 300 平方厘米。又问为什么不是 300 平方码? 回答是,因为我们都是用平方厘米表示面积。要避免上述错误,学生需要另一个法则(或者关系性理解),这个法则是长度和宽度都要使用同一个单位。从这个事例引申出,工具性理解需要人记忆很多规则,而不是几个可普遍应用的原理。

在很多情况下,总有少数的学生可以了解教师在做什么。如果目标只这样简单,则不需太费神。不过,要说服大部分学生不可以仅依法则并非易事。"得过且过"是人的通病。学生习惯了使用某种思维方式而获得正确答案,则往往不会接受建议再精益求精。

另一个错配是有些学生希望做关系性理解,但教师却不是这样教学,这种损害更为严重。

斯根普举例到,以前他邻居有一个七岁小孩,他十分聪明,智商达到140。当他五岁的时候,便能阅读时代杂志。不过在他七岁的时候,做数学功课时却经常哭泣。他希望以关系式方式理解数学,但很不幸他不是被这种方法教导,于是斯根普使用一本数学教科书,亲自以关系性理解教导他,小孩的进步神速而且感到很愉快。

另一个较不明显的错配亦经常发生,是关系到教师和教科书的。假设有一位教师认为理解概念应是工具式的,但阴差阳错却用了一本注重学生通过关系式方式理解的教科书,尽管如此,他很难改变他的教学风格。以前,斯根普曾在一所学校任教,这所学校使用的是他编写的教科书,其中在教第一册的第一章时,他注意到有些学生在回答问题时给出了"{花朵}的集合"这样的答案。

当斯根普向其中一位身为数学科主任的老师提及这个问题时,他就向全班学生说:"你们有些同学写的答案不正确,看清楚书的例子,你们做练习时,应确定你所写的答案和例子一样。"

虽然有些课堂名为"新数学",但教与学的方式仍然传统,多是机械式的。因为如果新的内容没有得到教师教学上的配合,那么新的改革可能是弊大于利。介绍一些新概念,例如集、映射和变数,如果教法恰当,可以达到关系式理解的目的。如果学生仍被工具式方式教导,那么"传统"学习方式可能对他们更为有益。传统的课堂注重一系列数学技巧,熟习这些技巧有助于学习其他科目。

斯根普指出,他举这些例子只是用来说明两种数学理解各有不同的特点,无意推崇哪一种数学学习方式。如表3-2-1所示,斯根普进一步分析了两种模式的有利条件和实施困境。

表 3-2-1　工具性理解和关系性理解的对比

	优　势	不足或实施困境
工具性理解	1. 内容有时更简单,经常更容易理解。可以更快、更容易地找出正确答案。 2. 奖励更快,更明显。相比关系性理解,学生能够更快、更简单地实现目标,需要借助成功重建自信心。 3. 涉及的知识较少,因此,相比关系性理解,学生可以更快地找出正确答案,学生更依赖工具性思维方式。	1. 短期内它存在,但长期内它的作用有限。 2. 学生需要记住一种数学方法对哪些问题起作用,对哪些问题不起作用,加重了学生的记忆负担。
关系性理解	1. 适应新任务的能力更强。因为关系性理解不仅需要知道什么方法起作用,也需要知道为何起作用,从而学生能够在每一类新问题中运用相关方法。 2. 更容易记忆。虽然刚开始学习时理解"为什么"比理解"是什么"要难一些,但一旦理解后这种学习就会更加持久。因为关系性理解知道相关规则间的联系,可以使学习更持久,且它涉及更多的知识。 3. 更有利于目标的实现。它大大减少了外在奖励和惩罚,学生内在学习动机增强,更有利于激发学生的认知动机。 4. 关系图式是一种高质量的关系组织形式。如果人们习惯关系性理解,会在相关素材给出前理解它的相关性,而且会积极寻找新素材、探索新领域,如同树扩展其根、动物在寻找食物过程中探索新领域。	1. 考试回流的影响。由于考试对学生将来就业有很重要的影响,教师很难责备学生将成功作为学习的主要目标。 2. 过分注重教学大纲。过于关注数学具体信息,数学知识被压缩成了单个信息。数学家通常需要运用多种信息去解决问题,而这却经常被学校忽视。 3. 很难评估某人的理解是工具性还是关系性。 4. 最大的困难是重构教师已有的认知图式。

第三节　从工具性理解到关系性理解
——一堂数学课的教学设计[①]

　　"鸡兔同笼"是我国的一道历史名题,既有趣又益智。北师大版教材是在五年

---

① 王永. 从程序性理解到关系性理解——"鸡兔同笼"教学设计与思考[J]. 小学教学(数学版),2011(10):
　28—29.

级上册安排学习这个内容的,并且突出"猜测与尝试"(列表)的解题方法。用列表法解决"鸡兔同笼"问题,是一个不错的方法。但怎样让学生在列表的过程中知其所以然,这是需要教师去研究的问题,因为工具性理解不等于关系性理解。

本节课用列表法解决"鸡兔同笼"问题,要达到关系性理解,还需要解决 3 个问题:

(1) 为什么"鸡兔同笼"问题可以用列表法来解?其实要弄明白的是什么样的问题能用列表法解,即列表法的适用条件。

(2) 怎么估计答案的合理范围?估计这个合理范围不仅要综合应用问题中所有的数量关系(明显的和隐含的),而且在合理范围内用列表法求解能够提高效率。

(3) 从列表法如何发展出其他解法(假设法、方程法)? 只有理解列表法与其他解法的本质联系,才能凸显列表法的基础性与重要性。

达成对列表法的关系性理解,是本教学设计的出发点和归宿。

学习目标

(1) 能估计"鸡兔同笼"问题答案的合理范围,会用列表法解决问题,并理解能够用列表法解决问题的原因。

(2) 探索列表法与其他解法的本质联系,体会列表法的基础性和重要性。

教学过程

【教学活动 1】尝试解决"鸡兔同笼"问题。

出示课本问题,学生独立思考,小组讨论。

问题:鸡兔同笼,有 20 个头,54 条腿,鸡、兔各有多少只?

注:独立思考,小组讨论。如果一种解法也想不出来,就看书议一议。在没有教师启发指导的情况下,学生通过合作,会想出哪些解法? 自学书本能学会什么? ——这是学生自己能够达到的学习水平,也是本节课的学习起点。

学生可能的解法:

解法 1:布置情境,操作情境,解决问题。步骤如下:

第一步:画出 20 个小圆圈,表示 20 只鸡或兔。

第二步：给每个圆圈画上两杠，表示它的 2 条腿。

第三步：再给一部分圆圈添上两杠，表示这些圆圈有 4 条腿。直到所画的杠的总数达到 54 为止。

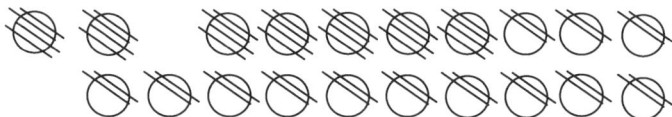

从上图可知，兔有 7 只，鸡有 13 只。

解法 2：从有 1 只鸡开始一个一个地试，把试的结果列成表 3-3-1。

表 3-3-1

头(个)	鸡(只)	兔(只)	腿(条)
20	1	19	78
20	2	18	76
20	3	17	74
20	4	16	72
...	...	...	...
20	13	7	54

注：北师大版教材中没有介绍画图法，只介绍了列表法。所以，如果学生先看了书，他用画图法的可能性不大，用列表法居多。因此，这节课就以学生自己能够学会列表法解决问题作为他们现有的发展水平。如果学生也想到画图法，应该肯定它是个很好的解题策略，那么这节课先深入研究列表法，然后再讨论画图法。

反思：

（1）"鸡兔同笼"问题为什么可以用列表法来解决？换句话说，在已知数与未知数之间具有什么样的数量关系才能用列表法寻找未知数呢？

（2）是否一定要从 1 只鸡开始一个一个地试呢？能否先估计正确答案的合理

范围? 有哪些方法有助于提高解题的效率?

讲解:

(1) 问题中的数量关系有什么特征呢?

如果鸡的数目确定,那么兔的数目也就确定,从而鸡与兔的腿的总数也就随之确定。也就是说,鸡(或兔)的数目与鸡兔的腿的总数之间具有确定性的关系(这就是所谓的函数关系)。只要已知数与未知数之间具有确定性关系,就能用列表法来寻找未知数。

(2) 根据问题的条件,我们能不能猜测答案(鸡或兔数目)的一个合理范围? 换句话说,能否知道鸡最少有几只,或者兔最多有几只?

兔最多有 13 只,因为如果兔有 14 只,兔的腿数就超过 54 条了;兔最少 4 只,因为如果兔只有 3 只,那么充其量加上 20 只鸡的腿,腿的总数也达不到 54 条。

所以,兔的数量的合理范围是最少 4 只,最多 13 只。由此又可以推出,鸡的数量的合理范围是最少 7 只,最多 16 只。

【教学活动 2】请在正确答案合理的范围内列表寻找未知数。

解法 3:列表 3-3-2。

表 3-3-2

头(个)	鸡(只)	兔(只)	腿(条)
20	7	13	66
20	8	12	64
20	9	11	62
20	10	10	60
20	11	9	58
20	12	8	56
20	13	7	54

反思:

(1) 观察表 3-3-2,你发现什么规律?

每多 1 只鸡,少 1 只兔,就会少 2 条腿。也就是说,把 1 只兔换成 1 只鸡,就会少 2 条腿;反之,把 1 只鸡换成 1 只兔,就会多 2 条腿。

（2）如果鸡有 x 只，你能用 x 表示兔的只数以及鸡和兔的腿的总数吗？

兔有 $20-x$ 只，鸡和兔共有 $2x+4(20-x)$ 条腿。

【教学活动3】 在列表的基础上，尝试用其他方法解决问题。

根据上述反思，你是否发现了新的解法？写出你的新的解法，先在小组内交流，再全班汇报。

解法4：假设鸡有7只，则兔有13只，它们的腿共有 $2×7+4×13=66$（条）。$66-54=12$（条），$12÷2=6$（只），即要用6只兔换成鸡。所以，鸡有13只，兔有7只。

解法5：设鸡有 x 只，则兔有 $20-x$ 只。

$2x+4(20-x)=54$。

注：北师大版教材只要求学生能用列表法解决问题即可。在教学中，如果学生出现了列方程的方法，也只要求学生能列出方程即可，小学阶段不要求解这样复杂的方程，但是可以留给学有余力的学生课外去解。

讲解：前面画图法的解题步骤，如果用算式记录过程与结果，与解法4有异曲同工之妙。假设20只都是鸡，它们共有40条腿。$54-40=14$（条），$14÷2=7$（只），就是说，兔7只，鸡有13只。

注：如果学生没有提出画图的解法，那么就不必画蛇添足地讲解这一点。

列表解法与方程解法有什么本质的联系？方程解法实际上是列表解法的逆向过程。（张景中院士说：方程是函数的逆运算。对小学生当然不用讲函数，但教师要明白）

【教学活动4】 估计教材①"练一练"3道题答案的合理范围。（先独立思考，再全班交流）

（1）鸡兔同笼，有17个头，42条腿脚，鸡、兔各有多少只？（可列表3-3-3）

表3-3-3

头（个）	鸡（只）	兔（只）	腿（条）
…	…	…	…

---

① 义务教育课程标准实验教科书·数学五年级上册[M].北京师范大学出版社,2009：81.

（2）小明的储蓄罐里有1角和5角的硬币共27枚，价值5.1元，1角和5角的硬币各有多少枚？（可列表3-3-4）

表3-3-4

硬币总数(枚)	1角(枚)	5角(枚)	总价值(元)
…	…	…	…

（3）用大小卡车往城里运29吨蔬菜，大卡车每辆每次运5吨，小卡车每辆每次运3吨，大小卡车各用几辆能一次装完？（可列表3-3-5）

表3-3-5

大卡车(辆)	小卡车(辆)	总质量(吨)
…	…	…

答案：

（1）兔最多10只，最少2只；鸡最多15只，最少7只。

（2）5角硬币最多10枚，最少5枚；1角硬币最多22枚，最少17枚。

（3）5吨卡车最多5辆；如果5吨卡车5辆，3吨卡车最多2辆；如果5吨卡车4辆，3吨卡车恰好需要3辆。

注：①要求解释估计的过程。②问题3中两种吨位的卡车的数量之间没有确定性关系。但两种卡车的数量一旦确定，它们的总吨位也就确定，所以，也可以用列表的方法寻找答案。估计正确答案的合理范围，只能估计各种吨位卡车数量的上限，无法确定下限。

【回顾小结】

（1）这节课你经历了哪些数学活动，你学会了什么？

（2）在这节课的数学思考中，你弄明白了哪些道理？

注：让学生安静地回顾学习的过程2分钟，自我小结，不用交流。

【课堂练习】

教材"练一练"第 2、3 题。

（1）学生独立完成题目。

注：学生能独立完成第 2 题就达标。第 3 题要求较高，不必要求所有学生都能做。

（2）补充题：下面的一道实际问题，你能用列表法解吗？

修一条长 32 千米的公路，已经修了 24 千米，已修的路程是剩下的几倍？

解决方法如下：

列表 3-3-6。

表 3-3-6

已修路程（千米）	已修路程是剩下的几倍	剩下路程（千米）	公路全程（千米）
24	1	24	48
24	2	12	36
24	3	8	32

答：已修的路程是剩下的 3 倍。

评论

数学理解是数学教育研究的重要课题，研究者多年来一直从多个方面进行理论和实践的探索。研究的内容包括数学理解的涵义、模式和水平、教学实践、教学评价等方面。虽然西方研究者都强调要重视数学理解的作用，但对什么是数学理解，学者们的看法又不尽相同。1935 年，布劳内尔（Browell W·A）试图从理解的视角认识算术教学，研究了影响教师"教"和学生"学"的心理学因素。1971 年，英国数学教育家斯根普从学习心理学的视角研究了理解的含义、特征与标准，在《数学学习心理学》一书中明确指出"心灵影像"的概念：我们的心智结构即个别概念适当地联结而成的概念结构。在概念形成过程中，心灵影像起了重要作用，概念是怎么形成的、概念之间是怎么联系的，这些问题都和心灵影像有着密切的联系。认识一个概念就是在心灵影像中形成了该概念的结构。1976 年，斯根普将理解细分为工具性理解和关系性理解两种模式，结合数学实例，阐述了这两类理解的涵义、优缺点、教学中的应用情况与实施困境。随后，他的学生赫斯库维斯、维纳进一步将理解划分为四种模式：工具性理解、关系性理解、直觉性理解和形式性理解。1978 年，巴克豪斯(Bachhouse J·k)详细描述了符号性理解的内涵，论证了数学概念和公式在学生理解数学中的作用。[①] 1982 年在学生和自己已有研究的基础上，斯根普将数学理解又细分为工具性、关系性、逻辑性和符号性理解四种模式，并概括了它们的特征。从那以后，关于数学理解的模式、水平的研究越来越多。

从 20 世纪 50 年代到 20 世纪 70 年代后期，在数学教育领域中较普遍采用的是分析法，认为在"决定教学效果的各个环节"、"决定数学能力的诸多因素"、"不同教学方法对比研究"、"数学学习各种差异"的研究中，我们只需对相应的测试结果，如学生做题的答对率做统计分析就可以了，这导致在数学学习考核时，普遍流行的是选择题的使用。定量研究的弊端是对学习的中间过程不够重视，过分重视结果，缺乏对学习思维过程的分析。

在 20 世纪 70 年代中期，有数学教育研究者指出：在获得对于思维过程更好地了解之前，应当暂停使用统计的研究方法。[②] 斯根普对数学学习过程的研究，特别是他区分数学理解的两种类型和提出心灵影像的概念是从研究可观察行为转到研究思维过程的典型例子，反应了数学教育研究的必然趋势。

美国心理学家托尔曼(E. Tolman)就曾提出了"中间变量"的概念，即认为应当把"刺激-反应联结"(S-R 联结)这一基本公式改造为"S-O-R"联结，其中 O 代表有机体的内部变化。托尔曼指出，尽管中间变量是不可直接看到的，但它对可见行为有着决定性的作用，是引起行为的关键。如，就学习行为而言，就包含有"认知"和"目的"这样两个中间变量。这也就是说，学习作为整体性的行为，它是具有目的性和认知性的：学习就是期待(目标、目的)的获得，就是对环境的认知。因此，在刺激和反应之间，我们还应注意研究中间变量，这也就意味着，我们不但要研究外部的可见行为，还应深入探究内在的思维活动。由于人的内部思维活动的不可观察性，尽管斯根普在研究数学学习的内部心理过程中做了积极的尝试，并取得了十分丰富的成果，但是相关的研究并未达到真正科学的水平。这也就是斯根普研究的局限性：相关的结论未建立在严格意义的实验基础之上。这就为后

---

① S. Kemp R. *Relational Understanding and Instrumental Understanding* [J]. Mathematics Teaching, 1976,77(3): 20 - 23.
② 郑毓信. 数学教育哲学[M]. 成都：四川教育出版社,2001：292.

来的数学教育人工智能研究和认知心理学研究留下了发展的空间。

　　当代著名的数学教育心理学家斯法德（Anna Sfard）曾这样来评价斯根普："他走进的是一片空地，留下的却是伟大的建筑。"韬尔（David Tall）在斯根普留下的"建筑"上进一步审视这座"建筑"的整体结构与局部规划。在韬尔及其同事、学生的研究中几乎涉及数学学习的方方面面，而每一方面既是一个相对独立的研究，同时又有一个共同的目标，那就是重新建造一座数学教育心理学的"大厦"。首先，他们的理论建构立足于数学的认知特征。按照韬尔的观点，数学理论是在"感知"和"行动"的基础上反思抽象的结果，而"感知"和"行动"的对象则是环境。其次，韬尔根据不同数学内容构建了数学思维发展的一个基本框架：学生从最基本的环境互动出发，沿着表象与过程性概念两条不同的认知途径，随着数学课程内容的发展逐渐从初等数学思维过渡到高等数学思维。最后，韬尔还借助脑科学研究成果和计算机直观表示来研究数学思维发展。

第四章　奥苏贝尔有意义学习理论与数学教学

　　奥苏贝尔(David P. Ausubel，1918—2008)是美国认知教育心理学家，主要关心学校教育，同时也是一位博学多才的学者。在理论医学、临床医学、精神病理学和发展心理学等领域都颇有建树。但就其主要的贡献和影响方面看，是在教育科学领域。他的教育心理学著作被译成多种文字，他先后被许多国家，如西德、意大利、奥地利、瑞典、挪威、丹麦、澳大利亚、加拿大和日本等邀请前往著名大学讲学。他曾担任美国心理学会、美国教育委员会、美国医学协会、美国科学院农业教育部、美国白宫吸毒问题研究小组、美国生物学课程研究委员会等组织机构的成员，于1975年从纽约市立大学研究院退休，后继续从事研究和著述工作。

　　奥苏贝尔对教育的重要贡献是为学校教学的理论和实践提供了较为系统和全面的心理学基础，对心理学的学习理论与教学论有机结合进行了创造性尝试和探索。

第一节　什么是有意义学习

　　奥苏贝尔对传统的学习理论持批评的态度。他认为，这些学习理论并不探讨在课堂里发生的学习，而只是根据实验室里的学习不加分析地往外推。在他看来，"一种真正实在的、科学的学习理论主要关注在学校里或类似的学习环境中所发生的各种复杂的、有意义的言语学习，并对影响这种学习的各种因素予以相当的重视"。

　　在他最有影响的著作《教育心理学：一种认知观》两版的扉页上，他写道："如果我不得不把教育心理学所有内容简约成一条原理的话，我会说：影响学习的最重要的因素是学生已知的内容。弄清了这一点后，进行相应的教学。"可以说，这一条原理是奥苏贝尔整个理论体系的核心，他所论述的一切，都是围绕这一原理展开的。

奥苏贝尔教育心理学中最重要的观念之一,是他对有意义学习(meaningful learning)的描述。在他看来,学生的学习,如果要有价值的话,应该尽可能地有意义。为此,他仔细区分了接受学习与发现学习、机械学习与有意义学习之间的关系。

奥苏贝尔根据学习材料与学习者认知结构中已有知识的关系,将学习分为机械学习和有意义学习。奥苏贝尔认为有意义学习是指符号所代表的新知识与学习者认知结构中已有的适当概念建立非人为的、实质性联系的过程。简而言之,就是符号或符号组合获得心理意义的过程。这一论断既给有意义学习下了明确的定义,也指出了划分机械学习与有意义学习的两条标准。

要判断学生的学习是有意义的或是机械的,必须了解符号所代表的新知识与学习者认知结构中原有的观念的联系(简称为新旧知识的联系)的性质。新旧知识联系的性质既受学习者原有的知识背景的影响,也受学习材料本身的性质的制约。

第一条标准,也就是"建立实质性联系",其含义为新的符号或符号代表的观念与学习者认知结构中的观念完全等值,用等值语言的不同方式表达,其关系不变。如学生掌握 $2 \times 5 = 10$,能确定 2 个 5 之和是 10,这是表明学生认知结构中的原观念(2 个 5 之和是 10)与 $2 \times 5 = 10$ 的新观念建立了实质性的联系。如果没有做到这一点,学生也能通过机械地背诵乘法口诀而得到 $2 \times 5 = 10$,但并没在新旧观念间建立起实质性的联系,并无心理意义,只是一种"言语连锁"式的学习。

第二条标准是新旧知识的非人为(非任意)的联系,即这种关系是一种合理的、别人可以理解的、自然的而非人们主观强加的关系。例如,乘法九九表所代表的知识并不能被 3 岁幼儿所理解,但是他可以机械背诵,这时建立的联系是人为联系;学习英语单词"Thank you",并不知道其构成及意义,仅以汉语类似发音"三克油"标记,通过读汉语而联想英文单词,就是人为联系,而真正理解"Thank you"的结构及含义,就是非人为联系。

无意义音节和配对形容词只能机械学习,因为这样的材料不可能与人的认知结构中的任何已有观念建立实质性联系。在获得数概念前的幼儿,凭借他们发展较快的机械记忆能力,可以将乘法九九表口诀背熟,倘若从中抽出一句问他们,他们将不知所云,这也是机械学习。一切机械学习都不具备上述有意义学习的两条标准。

第二节　有意义学习的条件

机械学习借助的手段是人为任意附加的联系。记忆术往往利用形象或其他媒介、线索将本来没有联系的事物连接起来,达到对无意义材料或人们没有掌握意义材料的记忆。奥苏贝尔提出了有意义学习必须具备的三个前提条件。

1. 学习材料本身必须具备逻辑意义

材料的逻辑意义是指学习材料本身与人类学习能力范围内的有关观念可以建立非人为和实质性的联系。不难理解,如果学习材料本身不具备逻辑意义,不表征任何实在的意义,如无意义音节等,那么它也不可能通过有意义学习来掌握。需要指出的是,有逻辑意义的材料内容并不一定都是符合客观实际的正确的知识。例如:"太阳每天从西边升起",从逻辑上讲它是可以表达特定意义的,但实际上太阳不会从西边升起。一般而言,学生所学习的知识是人类认识成果的总结和概括,因此都是具有逻辑意义的。

2. 学习者必须具有有意义学习的心向

所谓有意义学习的心向,是指学习者能积极主动地在新知识与已有适当观念之间建立联系的倾向性。学习材料具有逻辑意义,而且学习者认知结构中也存在适当观念的条件下(奥苏贝尔认为具备这两个条件时的新知识对于学习者而言是有潜在意义的知识),学习者是否具有有意义学习的心向,决定了他所进行的是否是有意义学习,是否通过有意义学习使学习材料的潜在意义转化为实际意义即获得心理意义。缺乏有意义学习心向的学生,常常面对有逻辑意义或潜在意义的材料不会主动地寻求新旧知识间的联系,而是机械地按字面的表述死记硬背。

3. 学习者的认知结构中必须有同化新知识的原有的适当观念

构成有意义学习的第三个条件来自学习者已有的认知结构。奥苏贝尔很重视认知结构在有意义学习中的重要作用,认为它是影响学生知识学习的最重要因素。认知结构对有意义学习的影响主要取决于原有知识的可利用性、新旧知识间的可辨别性以及原有知识的稳定性和清晰性。可利用性是指学习者已有的认知结构中存在可以与新知识发生意义联系的适当观念,这些观念对理解新知识的意义起着固定作用,即为新知识与原有认知结构之间提供一个契合点,使新知识能固着在原有的认知结构中,进而与认知结构中的其他有关的观念联系起来。新旧知识间的可辨别性是指新学习的材料与原有的起固定作用的知识间的可分化程度,如果新旧知识之间差异很小,不能互相区别,那么新旧知识间就极易造成混淆,新知识就会被原有的知识取代或被简单地理解成原有知识,而失去它所内含的新意义。原有的起固定作用的知识的稳定性和清晰性是指学生对原有知识的理解是否是明确无误的,是否已经巩固。如果学生原有的知识意义模糊,似是而非,或者掌握得不熟练,它不仅不能为新学习的知识提供有力的固着点,而且会在新旧知识间造成混淆。

奥苏贝尔认为,只有同时满足了上述三个条件,才有可能进行有意义的学习,使新学习的材料的逻辑意义转化为对学习者的潜在意义,最终使学习者达到对新知识的理解,获得心理意义。所谓心理意义是"一个或一组符号与认知结构建立非人为的和实质性的联系引起的",获得新知识的心理意义既是有意义学习的目的,也是它的结果。由于学习者在年龄、生活环境、个人生活经验等多方面都存在着一定的个别差异,因此,同一新知识经有意义学习,在不同学习者头脑中所获得的心理意义是不尽相同的。

第三节　有意义学习的心理机制[①]

"同化"原为生理学概念,指食物在体内的消化过程。社会学借用此概念,指不同文化单位融合成一个同质文化单位的渐进或缓慢的过程。在同化过程中,个人或团体因与另一文化团体直接生活在一起,采纳其态度与价值、思想的模式、行动的习惯。概言之,采纳其一切生活方式,与之形成共同的文化生活。

---

① 施良方.学习论:学习心理学的理论与原理[M].北京:人民教育出版社,1994:244—246.

在教育心理学中,奥苏贝尔将同化定义为学习者新学习的材料与他脑中原有的知识存在逻辑关系,发生相互作用,并认为只有这样的学习才是最有效的。

奥苏贝尔在 1963 年出版的《意义言语学习心理学》一书中提出的同化理论,奠定了他后来几本教育心理学专著的基础。他认为,同化是有意义学习的心理机制。

在奥苏贝尔看来,同化理论属于认知学习理论的一个部分,是要探索学生内部的心理机制。因而,他对行为主义持批判态度,认为这种理论在本质上是种外周论,只关注外部刺激和观察到的反应。而且,由于行为主义学习理论起源于对动物的研究,推广到人类学习之后,注重的是简单、机械性的学习任务。

虽说奥苏贝尔也不赞同皮亚杰和布鲁纳等人主张学生在学习中犯些错误是必不可免的观点,但他也反对以斯金纳为代表的程序教学所强调的学习步骤要小,使错误的可能性降到最低限度。因为这种方式不仅要花费太多的时间,而且对学习有潜在意义材料来说,也是不必要的。他认为,认知心理学探讨的是儿童内部心理过程以及对知识本质的理解。下位学习、上位学习和组合学习,都是学生内部认知的典型事例,即都涉及对新知识的同化。

奥苏贝尔认为同化理论的核心是:学生能否习得新信息,主要取决于他们认知结构中已有的有关概念;有意义学习是通过新信息与学生认知结构中已有的有关概念的相互作用才得以发生的;由于这种相互作用的结果,导致了新旧知识的意义的同化。

举例说来,在下位学习中,新知识(用"a"来表示)与学生认知结构中已有的概念("A"来表示)相互作用的结果,不仅使新知识获得了新的意义(用"a'"来表示),而且已有的概念在重新组织的过程中也获得了新的意义(用"A'"来表示)。也就是说 a 被 A 同化了,a 与 A 相互作用的结果,使 a 与 A 都发生了变化,即获得了新的意义,从而使 a 与 A 成为 a' 与 A'。更重要的是,新、旧知识相互作用的产物——a' 与 A' 之间仍然保持着关系,它们一起形成一种复合的意义(用"$A'a'$"来表示)或者说形成了一种新的复合观念。

同化理论假设,当 a 被 A 同化,产生 $A'a'$ 以后,遗忘的过程也同时开始了。因为原来的 a 已成为 a',所以,在有意义地学习新知识之后,学生只能回忆出它的实质性内容,而不能逐字逐句地全部回忆。因为逐字逐句地照原文回忆,必然会鼓励学生机械学习,所以奥苏贝尔把这种遗忘称为"有意义的遗忘"。

学生在习得新的意义后不久,还能够从 $A'a'$ 中把 a' 分离出来,即 a' 还没有被遗忘。但是,如果学生在学习后不再复习,过一段时间后,a' 就无法从 $A'a'$ 中分离出来;再过一段时间,学生认知结构中就只剩下 A',而 a' 被遗忘了。如果要使新知识习得后能保持下去,就要有一个连续同化的过程,使新知识逐渐分化,从而使其意义越来越精确。也就是说,只有连续不断地把新知识作为后继的有意义学习的固定点,才能使新习得的知识保持下来。

由此可见,在有意义学习后,同化过程并没有结束,只有通过知识不断地改组和重新结合,才能习得并保持知识。

奥苏贝尔对概念形成的过程与概念同化的过程作了区分,他认为,前者主要是学龄前儿童进行的,而后者是学生学习概念的主要形式。概念形成需要的是对物体或事件的直接经验,学龄前儿童是通过发现学习的形式,从这些物体或事件中抽象出它们的关键属性的。例如,他们看到各种各样的鸟,头脑中逐渐形成鸟的概念,但这些概念往往是不确切的。学生更多地是通过概念同化习得新概念的,新概念的关键属性一般都是由教师指出的,不需要学生自己去发现。奥苏贝尔认为,尽管对学生学习某些概念来说,提供直接经验可能是有益的,但是,学生一般都可以利用早期习得的语言和概念来同化大多数新的概念。言下之意,教师不必为学生提供直接经验而操心,重要的是使学生把新知识与头脑中已有的有关知识联系起来。

奥苏贝尔认为,同化理论之所以可以用来解释学习和保持,是因为它有助于说明有意义地习得的知识被保持的时间,以及在认知结构中组织知识的方式。同化是以三种不同的方式增强知识的保持的:(1)通过把已有的有关概念作为固定点,从而使它们成为认知结构中高度稳定的、比较精确的观念,同时又使新知识也可以分享这种稳定性,获得新的意义;(2)由于在贮存阶段新知识与已有概念一直保持着实质性的联系,因而,这些起固定作用的概念可以防止新知识受以往的知识、目前的经验和将来遇到的类似概念的干扰;(3)由于新知识贮存在与认知结构中的有关概念的相互关系中,这就使得提取信息成为一种较有条理的过程,较少带有任意的性质。

此外,同化理论还有助于我们了解学生是怎样把知识组织在认知结构中的。一般说来,新知识贮存在与认知结构中相应的有关概念的相互关系之中;其中的一个概念(不论是新习得的还是已有的)势必是另一个概念的上位概念,而且,这个上位概念必然比另一个概念更稳定。

第四节 有意义学习的过程

如果学习确实是以奥苏贝尔所提出的方式组织的,那么新的信息如何添加到已有的认识结构中呢?有三种可能的方式:新信息类属于(处于结构中的较低水平)、总括于(处于结构中较高水平)、并列结合于(处于结构的同一水平)已有的概念。

1. 下位关系与"类属学习"

学习者认知结构中的原有知识在抽象和概括水平上高于新材料,新知识从属于原有知识,这种关系为下位关系,相互联系和作用的过程就是类属学习。它又包括两种性质的类属关系:新知识只是原有知识的特例,新知识可以从旧知识中派生出来,这是"派生类属关系";当新材料类属于原有知识,需要扩展、精确、限制或修饰原来知识的意义,引起原来知识在意义上的某些变化时,这种性质的类属关系便产生"相关类属学习",它比"派生类属学习"在课堂有意义学习中更加普遍。

2. 上位关系与"上位学习"

先前知识在抽象概括和包摄水平上低于新的学习材料,学习者需要利用原来的下位概念或命题以归纳的方式学习和掌握新材料的意义,新旧知识间表现为上位的意义联系,这种学习便是"上位学习"。儿童在形成概念或要求学生通过发现学习或解决问题的活动获得概括性的命题知识时,常常要大量接触这种性质的学习材料。

3. 并列关系与"并列结合学习"

有许多学习材料,如物理知识与化学知识、哲学知识与经济学知识等,相互之间缺少直接的和具体的联系,但是这些材料仍然具有并列的、一般意义的联系,学生可以利用宽广的知识背景来理解和掌握这些学习材料,新知识对学生就有了潜在意义,这种学习就是"并列结合学习"。由于在并列联系的命题学习中学生只能利用一般的旧知识来理解新材料,学习和记忆都比较困难。为了解决这个问题,奥苏贝尔认为,如果能尽早帮助学生获取有广泛概括和包摄水平的上位学习材料,使同一学科或不同学科的新知识始终能同这些有"广泛解释效力"的类属观念系统建立直接的意义联系,就会减少"真正有用的知识"的遗忘,从而获得更多有价值的学科知识。这是他十分强调学科基本结构的早期学习,尽可能在课堂中采用"下位学习模式"的认知理论根据。他进一步指出,儿童由于对新学习的知识准备更多地受到认知发展水平的限制,小学低年级学生认知结构中可用来联系新知识的上位观念较少,因此归纳方式的学习较为普遍;随着年龄的增长和年级的升高,逐渐获得了更多的高级概念和命题知识,认知结构中的上位观念不断增加,可以进行更多的下位学习。华东师范大学心理系"学与教的理论、模式与应用"研究小组在研究师大附小六年级学生掌握几何概念与规则的学习中,已经证实了这种观点:"我们的观察表明,六年级的几何概念和规则的学习大多数属于下位学习。"①因此,奥苏贝尔关于新旧知识相互关系性质和作用过程的上述分析,对于课程设计和教材的组织必须确保前后知识的系统性和逻辑的序列依存关系提供了认知同化说的基础,主要是为了使新知识具有更多的潜在意义,与学生知识结构和认知发展水平相适应,确保有意义学习。

既然知识的逻辑意义向知识的心理意义转化直接取决于新材料的潜在意义程度,那么如何保证新材料有最大限度的潜在意义呢? 奥苏贝尔为课程和教材的设计编排和呈现提出了几条具体建议:

(1)定义和措词的精确性:尽可能少用陌生的技术性术语,以便传达确切的意义;

(2)考虑到儿童发展的特点,多利用具体的事例和类比手段,帮助学生获得、澄清和证实新知识的意义;

(3)学科内容要围绕最有概括性和最宽广解释性原理选择和组织材料;

(4)要仔细考虑到材料的难度水平,遵循材料难度的依次递进原则;

(5)鼓励学生积极地和有分析地运用自己的词汇、经验和观念结构重新组织

---

① 华东师范大学心理系"学与教的理论、模式与应用"研究小组:《认知结构同化论在几何概念与规则教学中的应用初探》(本文系提交1985年全国教育心理学专业年会论文).

材料内容,在某些情况下让学生独立发现解决问题的方法步骤;

(6)要明确解释各门学科不同的逻辑和哲学含义,包括学科的认识论含义,知识的因果关系,分类、探究和测量的一般问题以及适合于该门学科的学习策略。

奥苏贝尔关于学习材料的主观与客观因素、知识的逻辑意义与心理意义、新旧知识之间的关系结构的思想和理论原理,充分表明了他主张教材的逻辑顺序和知识的心理顺序必须有机统一结合的教学论思想,也表明了他尝试处理好课程论研究中长期存在和急待解决的理论问题。解决这一问题,正如希尔加德(E. R. Hilgard, 1964)指出的那样:"心理学家懂得学习,教育家知道教育。如果我们聚集一堂相互对话,就可以解决许多重大的问题。"显而易见,奥苏贝尔正是在做出这样的努力。

第五节 有意义学习的策略

先行组织者,也就是刚开始讲课时的广泛性陈述,可以帮助学生在新知识和先前知识间建立联系。组织者的任务是指导学生注意所要学习的材料中的重要概念,强调所呈现的观点间的内在关系,在新的材料和学生已有的知识间建立联系。研究者假设学习者的认知结构是分层组织的,因此一个范围很广的概念包含了下属概念。组织者要提供层次结构中高水平的信息。

组织者可以分为说明性组织者和比较性组织者。说明性组织者要为学生提供理解课本所需的新知识。它包括各种概念的定义和概述。概念的定义应阐明概念名称、上位概念及概念的特征。例如,教师在讲授"温血动物"这个概念时,教师可以给它下一个定义(如,体内温度相对恒定的动物),同时,教师还要把这个概念和它的上位概念联系起来(动物领域),还要描述这个概念的特征(鸟类、哺乳动物;参见第五章关于程序性知识的讨论)。概述就是对从假设和具体材料中得出的一般原则进行大体的描述。例如,在地形学习中,可以做一个比较恰当的总体描述:"海拔越高,植物越少。"教师先举几个概述的例子,然后让学生想想有没有其他的例子。

比较性组织者则是通过分析相似的材料而引出新材料。比较性组织者要去激活和连接长时记忆中的网络。如果教师要给学生讲解"人体的循环系统"这一单元,而这些学生又已经学过了"通信系统",那么,教师就可以在"循环系统"和"通信系统"之间建立一个联系,找出与二者都有联系的概念,如资源、媒介和目标。为了使比较性组织者有效,学生必须已经很好地理解了充当类比推理基础的资料。学习者还必须能容易地认识到材料之间的相似之处。认识不到材料间的相似性会阻碍学习。

奥苏贝尔的研究表明,使用了组织者的学习效果,要好于没有使用组织者的学习效果。然而,其他的研究却得到相反的结果。如果某课程涉及的是教如何在概念间建立联系,那么此时,组织者的作用似乎是最大的。如果教师把材料间的比拟伸展得太远,学生就可能不理解材料间的联系。在教难度大的学习内容时,如果利用学生熟悉的材料作比拟是合适的,这时,组织者也是非常有效的。

另一个要考虑的是学习者的发展状况。组织者一般在概括、抽象的水平上进行运作,并且,它要求学生在心理上建立各种观念的联系,这些认知活动是低年级的学生所不能完成的。这种演绎的教学法更适合于高年级的学生。

研究证据表明,组织者能够促进迁移。迈耶报告了她对一群没有计算机编程经验的大学生所做的研究。她给学生发了一些有关计算机编程的学习材料。将被试分成两组:一组学生得到了一个先行组织者,即有关编程的概念模式;另一组学生得到一样的材料,但没有得到那个概念模式。结果发现,得到先行组织者的那组学生在后测项目上表现得更好一些,而这些项目需要把学习迁移到和教材中所讲的内容不同的项目上。由此可见,组织者可以帮助学生把新材料和更广泛的经验建立联系,这有利于迁移。

第六节　奥苏贝尔学习理论应用于数学教学的实验探索①

20 世纪 80 年代,邵瑞珍教授领导的华东师大心理学系"学与教的理论、模式与应用"研究小组,就奥苏贝尔学习理论开展了系统的数学教学实验探讨。

---

① 参考华东师大心理学系"学与教的理论、模式与应用"研究小组. 认知结构同化论在几何概念与规则教学中的应用初探[J]. 华东师范大学学报(教育科学版),1986:36—48.

实验班选择华东师大附小六年级一个班,实验所用内容选用全日制十年制小学课本《数学》第九册中的"圆的周长和面积"和"圆柱"。执教的数学教师有较丰富的数学教学经验。具体做法是:在试教之前根据同化论的教材选择标准和程序化组织标准分析研究全部教材,并且明确它在整个小学几何知识体系中的位置;根据同化论,把塑造学生的良好认知结构作为教学的首要目的;根据概念和命题学习的各种同化模式,设计新知识最易于被学生同化的教学条件和方法。在课堂教学中观察记录学生的反应,适当测量教学效果,必要时与平行班的教学作一些对照研究。

同化论的内容很丰富。实验探讨涉及三个问题:

(1) 怎样根据同化论分析教材结构,确定要学习的各个概念和命题在整个知识结构中的地位,从而明确教学目的;

(2) 怎样运用概念和规则的不同同化方式,设计教学条件和方法,并促进概念和命题的学习;

(3) 探讨认知结构的塑造与智慧能力发展之间的关系。

1. 根据同化论分析教材结构,明确教学目的

在试教之前,研究小组根据有意义学习的三种类型(即符号学习、概念学习和命题学习)对教材内容进行了分类,分析结果如表 4-6-1。

表 4-6-1　实验教材内容分类

教学课题名称	概念	规则	具体知识
1. 圆的认识	圆(半径、直径、圆心) 圆的对称性和对称轴	$r = \dfrac{d}{2} \quad d = 2r$	符号 d、r、O 分别代表直径、半径、圆心
2. 圆的周长	圆的周长	$c = 2\pi r = \pi d$ $\pi = \dfrac{c}{d} = 3.14\cdots$	圆周率的符号是 π;我国古代数学家祖冲之最早计算圆周率精确到 3.141 592 6 至 3.141 592 7 之间
3. 圆的面积	圆面积 环形和环形面积	$S = \pi r^2$ $S = S_{外圆} - S_{内圆}$	
4. 扇形	扇形 扇形面积 圆心角、弧	$S_{扇} = \dfrac{\pi r^2}{360} \times n$	n 代表圆心角的度数

教学课题名称	概念	规则	具体知识
5. 圆柱体的表面积	圆柱(底面、侧面、高) 圆柱的表面积(包括底面积和侧面积) 圆柱的底面周长	$S_表 = S_底 \times 2 + S_侧$ $S_侧 = CH$	令 h 代表平面图形的高 H 代表柱体的高
6. 圆柱体的体积	圆柱体的体积	$V = S_底 H$	

由表 4-6-1 可见,几何教材内容主要是由几何概念和几何规则所构成的。因此,学习几何知识主要是学习几何概念和几何规则(命题的主要形式之一)。另外,教材中还有一些符号(如 d、r、π 等)和具体事实(如祖冲之最早计算圆周率精确到 3.141 592 6 至 3.141 592 7 之间)。为了突出几何中的概念与规则学习,研究小组在表 4-6-1 中列出了每一学习课题中所包括的概念和规则,而将其中的符号和具体事实合并为一类,即"具体知识"。这类知识的学习比较简单,不是教学的重点。

当然,教材中还附有 11 道例题和 61 道习题(只计大题数),这些例题和习题只不过是表 4-6-1 中所列概念和规则的运用实例而已。所以,经过教材分析,研究小组便明确了教学的主要目的,那就是帮助学生牢固掌握上述概念和规则。研究小组认为,用上述方式对教材内容和教学目的进行分析,也许还不能反映同化论的最重要特色。同化论不仅强调掌握个别概念和规则,更强调塑造整体的认知结构的重要性。而学生的认知结构又是由教材的知识结构转化而来的。所以,如图 4-6-1,研究小组在试教前又分析了试教教材和整个小学几何教材的内在结构。

图 4-6-1 是研究小组根据同化论的教材内容选择标准和程序化组织标准将原教材内容重新排列的结果。研究小组发现,原几何教材内容的选择与排列(组织)并不完全符合同化论。例如,曲线封闭图形是圆的上位概念,但整个小学几何教材中未出现曲线概念。所以当教师教圆概念时,问学生:"圆和三角形、四边形、多边形有什么不同?"所教过的两个班的学生都回答说:"圆是没有角的,三角形和四边形等是有角的。"这说明,从学习直线封闭图形过渡到学习圆概念,儿童认知结构中必须有曲线和曲线封闭图形的概念,而圆是曲线封闭图形的特例。又如,原教材在平面几何图形中,把长方形概念和长方形面积公式分别作为最重要的概

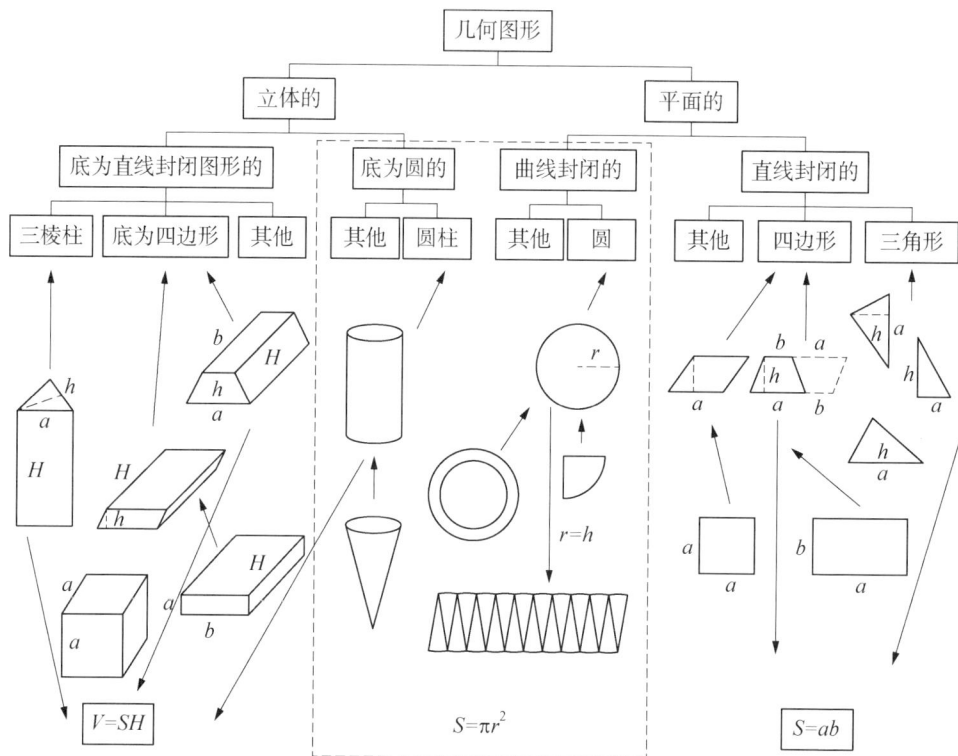

图 4-6-1　新学习的概念与规则同已学过的概念与规则之间的类属关系
（虚线包围部分为新学习内容）

念和规则,其实,长方形只是平行四边形的一种特殊情形,所以平行四边形概念和面积公式 $S=ah$ 才是最重要的概念和规则。一旦学生掌握了平行四边形面积计算规则,这一规则比长方形面积计算规则有更高的概括性和更大的包容性,因而也就具有更大的迁移的可能性(参阅图 4-6-1 右面部分的公式 $S=ah$ 的来源及其与其他平面图形的关系)。在立体图形中,原教材中有底为正方形、长方形和梯形的柱体的概念和计算公式,却没有底为平行四边形的柱体的概念和计算公式。由于后一概念和计算规则的概括性和包容性最大,研究小组在教学中补教了这一概念和这一计算规则(参阅图 4-6-1 左面部分的公式 $V=SH$ 的来源及其与其他立体图形的关系)。根据同化论中塑造最佳认知结构以促进迁移的原则,研究小组在教学中把平行四边形和底为平行四边形的柱体作为基本图形,把公式 $S=ah$ 和 $V=SH$ 作为最重要的上位规则,从而统计全部计算规则。对比教学实验表明,将教材结构作了这样的适当调整以后,教学效果很好(后面将要详细说明)。

2. 运用各种同化模式,改进课堂教学

当今许多教与学的理论都喜欢使用认知结构或知识结构一词,但在结构论中始终贯穿同化思想则是皮亚杰和奥苏贝尔的理论特色。奥苏贝尔在皮亚杰关于智慧发展的同化与异化作用的思想基础上,将同化概念应用于解释课堂知识学习,他提出的概念与命题学习的四种同化模式在教学中颇为适用。从研究小组的实验教材的教学来看,这几种同化模式几乎可以解释全部概念和规则的教学。

（1）上位学习模式在教学中的运用

当新的概念与规则在认知结构中找不到适当的可以起固定作用的上位概念或规则时,这样的概念或规则的学习必须符合上位学习模式(图4-6-2)。

研究小组在分析了表4-6-1所列的全部概念和规则后认为,其中只有圆概念和 $\pi = \dfrac{c}{d}$ 这个规则需要用上位学习模式来设计教学条件和教学方法,其他规则和概念都可以用下位学习模式来安排教学条件和选择教学方法。

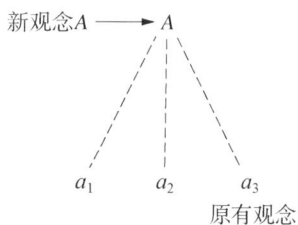

图4-6-2　同化中的上位学习模式

如图4-6-2所示的模式既规定了教学目的,即让学生获得虚线上的 A ,也规定了学习的内外条件:内部条件是学生先有虚线下面的 a_1 、a_2…;外部条件是箭头左边的 A ,这个 A 是由教师或教科书呈现的。从圆概念和 π 规则的教学来看,我们的教学目的是让学生理解并运用圆概念和 π 规则(A),外部条件是教科书或教师呈现的圆的定义(A)或 $\pi = \dfrac{c}{d} = 3.14$… 这个公式($A$)。但外部的东西必须同学生内部的东西相互作用,外部的东西被内部结构同化,才能变成学生内部的东西。当教学目的和外部条件确定以后,教师必须组织或创造学习的内部条件。以圆概念学习来说,教师引导学生回忆日常见到的具体的圆形物体,如碗、面盆等都是圆形的(a_1 、a_2…)。为了使教学生动,还呈现了如图4-6-3下排所示的圆和非

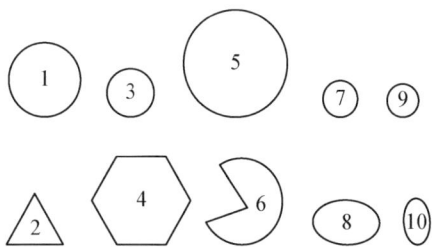

图4-6-3　教学中呈现的圆的肯定与否定例证(它们的颜色各不相同)

圆的变式图形。学生过去经验中的圆形和当前观察到的具体图形都是圆概念(A)的下位观念(a_1、a_2……),是同化圆概念的基础。

当学习的内部条件满足以后,研究小组积极引导学生思维,首先让学生辨别图 4-6-3 中哪些是圆,哪些不是圆。当学生把图 6、8、10 作为圆时,及时给学生提供否定信息,说它们不是圆;当学生正确地把图 1、3、5、7、9 作为圆,而把其余图形都作为非圆时,又问圆的共同特征是什么? 这一系列提问实际上运用了指导发现法的教学策略,使学生的思维处于高度活跃状态。尽管这样,学生仍然不能发现圆的最关键特征,即圆心到圆周的距离处处相等。最后教师在黑板上用圆规画一个圆,又叫学生自己照这样画一个圆,并告诉学生画圆时的那个固定点叫圆心,圆心到圆周的距离叫半径,从圆心到圆周可以作无数条半径,但所有半径都相等。这样揭示的圆的关键特征完全能被学生的原有观念同化。同化的结果在下位观念基础上形成了新的上位的圆概念,而原有的具体的圆形则被类属于这个新的上位概念之中,因而形成了一个新的结构。

到此为止,圆概念教学是否完成了呢? 同化论认为,还没有完成,因为这个新结构还必须纳入更上位的认知结构中,达到不断分化和综合贯通的目的。为此,研究小组在教学之前,给学生复习了有关的旧知识(这是学生在四年级时学过的),向学生呈现了图 4-6-4。

教圆之后,教师又引导学生比较新旧知识,发现圆和其他已知图形的共同点

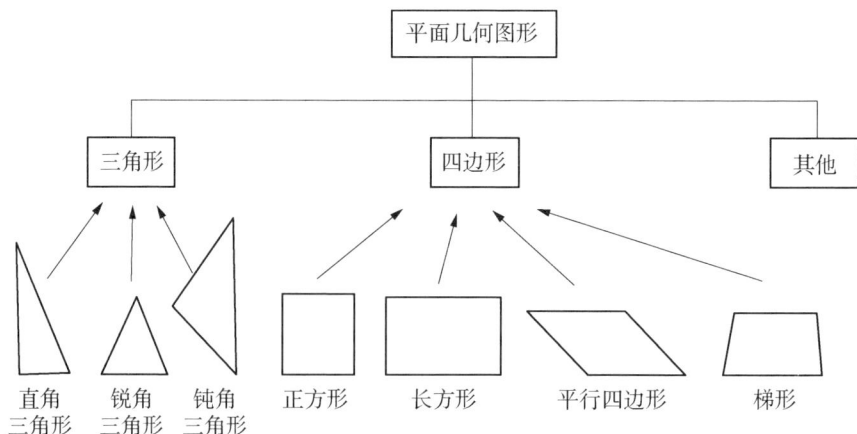

图 4-6-4 与学习圆有关的原有知识结构图

是：都在平面上，都是封闭图形。由于找到了新旧知识的共同点，新学的圆概念便可以纳入原有的认识结构中。与此同时，教师又引导学生比较新旧知识的不同点，发现圆是由曲线包围的图形，而已知的图形都是直线包围的。这样不仅深化了原有的认识结构，而且使学生所获得的圆概念更加清晰。认知结构经过这样一番调整，便可与图4-6-1所示的结构接近。教师向学生呈现了经过调整以后的知识结构图(图4-6-5)，帮助学生将新旧知识融汇贯通。

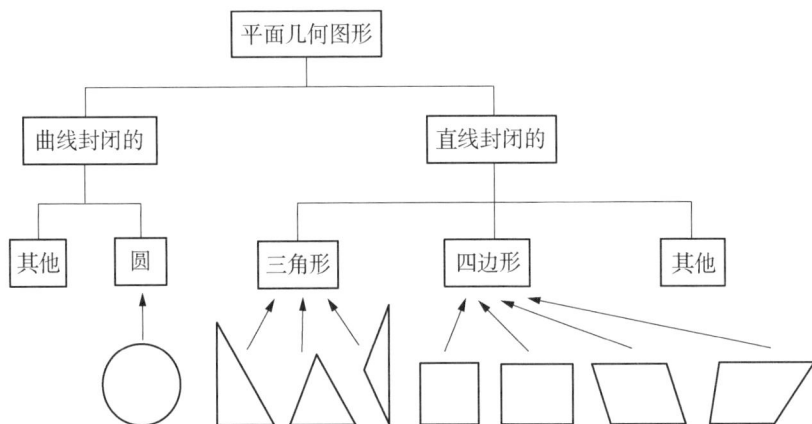

图4-6-5　圆被同化于平面几何图形以后知识结构的分化图示

在教圆周率(π)时，研究小组认为，π不是一个单一的概念，而是一个规则，即"π等于圆周长(c)和圆的直径(d)之比，等于3.14…"。由于学生认知结构中没有直接可以利用的上位规则来同化这个新规则，所以研究小组也根据上位学习模式设计教学条件和方法。教π和教圆概念不同，教圆时，学生已经有了圆的初级概念，它可以作为同化圆概念的基础，但学习π时，学生认知结构中没有这样的下位观念。研究小组便组织学生的实践活动，如要求学生回家以后找个圆形物体，用绳子量出它的周长，并量出它的直径。在课堂上发给每个学生三个圆形物体，其直径分别为1 cm、2 cm、3 cm。要求学生通过在尺上滚一周量出它们的周长。然后在黑板上呈现表4-6-2。学生把量的结果登记在该表中。看了这张表，学生立即发现，圆的周长和它的直径之比是一个常数。这时 $\pi = \dfrac{c}{d} = 3.14\cdots$ 这个上位规则便获得了心理意义。实践表明，这样的教学效果很好。

表 4 - 6 - 2　圆的周长与直径之关系

d(cm)	c(cm)	$\frac{c}{d}$(cm)
1	3.⋯	3.⋯
2	6.⋯	3.⋯
3	9.⋯	3.⋯
4	12.⋯	3.⋯
5	15.⋯	3.⋯
6		
7		

（2）下位学习模式在教学中的运用

同化论认为,低年级学生认知结构中可以同化新知识的上位观念较少,因此,上位学习的情形较多。随着年级升高,学生认知结构中可同化新知识的上位观念增多,因此,下位学习的可能性增加。研究小组的观察表明,情况的确如此。六年级的几何概念和规则的学习大多数属于下位学习。

下位学习的情况很多。同化论提出了两种模式:一种是派生的下位学习;另一种是相关的下位学习。下面分别介绍这两种同化模式的运用。

① 派生下位学习(或派生类属学习)模式的运用

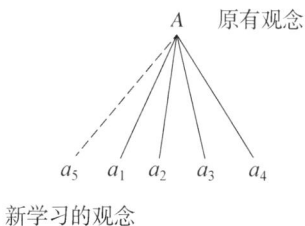

图 4 - 6 - 6　派生下位学习同化模式

派生下位学习的一般模式如图 4 - 6 - 6 所示。从这一模式我们可知道:教学目的是让学生获得新观念 a_5(可以是一个概念或规则的新例证)。学习的内部条件是学生已经具备同化 a_5 的上位观念 A。而 A 本身又是在概括 a_1、a_2、⋯的基础上建立起来的。在这样的学习中,关键是 A 本身是否牢固、清晰。如果 A 牢固而清晰,则 a_5 的学习极为容易。例如,在教"圆的对称性"与"圆的对称轴"概念时,就是利用这一同化模式。先让学生找出同化新概念的上位概念,在引导学生回忆两年前学过的有关内容后,教师呈现图 4 - 6 - 7。由于学生头脑中有牢固的对称图概念(即它们有对称轴,沿对称轴折叠,图形两部分完全重合),圆很快被对称图同化。学生立即能找出圆的对称轴(即它的直径),而且知道它的对称轴有无数条。

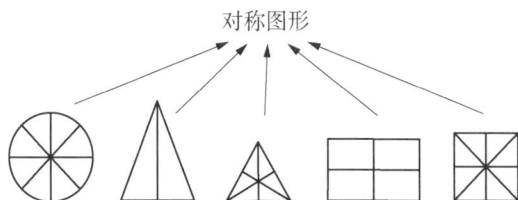

图 4-6-7 学生将圆纳入原有对称图形中后获得圆的对称性概念

实际上,学生理解圆是对称图,这只不过是原有的对称图概念的运用而已。新的例证在非本质特征上发生变化,被同化以后原有的上位概念没有发生质的变化,但运用范围扩大了。这样的学习在任何学科中都极为普遍。这也就是我们平常说的"举一反三"。由图 4-6-6 所示的同化模式可知,要"举一反三",首先必须"举三反一",这个"一"必须是一个上位的、具有概括性和包容性的"一"。只有这样的"一"才有广泛迁移的能力。又如,在教环形的面积计算规则时用的也是这种同化模式。因为"大圆面积-小圆面积=环形面积"这个规则实际上是从"大数-小数=相差数"派生出来的,而"大数-小数=相差数"这个规则,学生从一年级开始一直在不同情境中反复运用,所以环形面积公式的学习极为容易。在环形面积公式得出来以后,教师呈现应用这一公式的大量特例,学生能同化这些特例,所学得的规则便显得"活了"。所谓思维的"灵活性",实质上是不能离开习得的概念和原理在多种情形中的运用的。

② 相关下位学习(或相关类属学习)模式的运用

相关下位学习与派生下位学习不同,在派生下位学习时,上位的观念不需有实质性变化。而在相关下位学习中,上位观念必须在实质上作适当的调整,才能同化新观念。它的一般模式如图 4-6-8 所示。相关下位学习的情形极为复杂,但在奥苏贝尔等人的论述中并没有提出许多实例予以阐明。但他们提出,新知识被原有结构同化以后,能对原

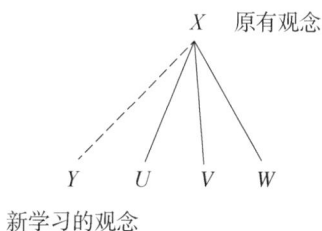

图 4-6-8 相关下位学习

有结构产生加深、限制、修饰或精制等作用。在研究小组的教学中,看来也存在上述情况。倘若获得圆概念以后,再学环和扇形概念,这两个概念可以被圆概念同化(即类属于圆概念),但必须加上某种限制:扇形和圆环都是圆的一部分。然而

在两种情况下,限制条件不同,在学习圆环概念时,圆的一部分是两个同心圆中的大圆减小圆所余下部分;在学习扇形时,圆的一部分是圆的两条半径和弧所包围的部分。

实际上,小学生掌握平面几何图形和柱体的计算规则的过程是认知结构不断深化的过程,也就是不断进行相关类属学习的过程。例如,儿童最早学长方形的计算规则 $S=ab$,再学习正方形的面积 $S=a^2$ 时,实际上,学生原有认知结构中有部分质的变化,这里加上一层限制,即当 $a=b$ 时,$S=a^2$。以后学习平行四边形面积 $S=ah$,这时儿童的认知结构又一次深化。$S=ah$ 比 $S=ab$ 和 $S=a^2$ 的包容性扩大,概括性提高。当圆面积 $S=\pi r^2$ 类属于 $S=ah(a=\pi r,h=r$,所以 $S=\pi r \times r=\pi r^2)$ 时,认知结构中加入了近似相等的概念以后,原有的上位规则从计算直线封闭图形面积,推广到计算曲线封闭图形面积。

从学习的目的和学习的内部条件来看,相关下位学习既不同于派生下位学习,又不同于上位学习。这里不仅要获得下位的新观念,而且下位的新观念被原有结构同化以后要使原有的上位结构发生部分质的变化。由于原有上位结构已经存在,一般比从头开始学上位结构较容易。但由于新观念不能从原有上位观念中直接派生出来,所以这种学习比派生下位学习难。在这类学习中,教师必须帮助学生找出同化新观念的原有上位结构,同时还要通过具体实例,组织学生的活动,让学生发现新观念与原有上位观念的相同点,以利于同化,同时又要让学生发现新观念与原有上位观念的不同点,以利于新观念获得特殊意义,使新旧意义分化。

除了上述三种同化模式以外,同化论还提出了第四种同化模式,即并列结合学习模式。

在研究小组的教学中未出现这种学习模式,这可能由于研究小组研究的教材内容范围比较狭窄,有待于进一步探索。

3. 塑造良好的认知结构与发展能力的关系

关心学生的能力发展,这是世界各国教育学家和心理学家共同的倾向。为此,美国在 20 世纪 50 年代以布卢姆为首的一个学术委员专门提出了教育目标分类系统。在认知领域,布卢姆的分类系统把认知能力分成六级:知识(记忆能力)、了解、运用、分析、综合和评价。到 20 世纪 70 年代,加涅把认知能力分为:(1)心智技能(包括辨别、概念、规则和高级规则);(2)言语信息;(3)认知策略。这两个分类被西方各国教育心理学界广泛认可。[1] 但不足之处是,这两个分类系统都缺乏结构观。认知心理学的最著名代表人物皮亚杰则强调结构的发展。他将儿童的智慧能力的发展看成是主体在环境作用下,借助其随身携带的两种不变的功能(即同化和顺化)改变认知结构,从而不断适应环境的过程(图4-6-9)。人们借助儿童心理内容的变化(其外在表现就是可观察的行为或作业的变化)推测内部结构的变化。[2] 奥苏贝尔等的同化论,对智慧能力的发展的看法同皮亚杰学派的观点颇为接近。同化论认为,智慧发展问题,实质上是良好的认知结构的塑造问题。而儿童在某门学科或某个领域的认知结构也就是他在该门学科或领域中的知识(包括具体知识、概念、原理)的实质内容及其组织特点。什么是良好的认知结构?奥苏贝尔提出了"三个特性":

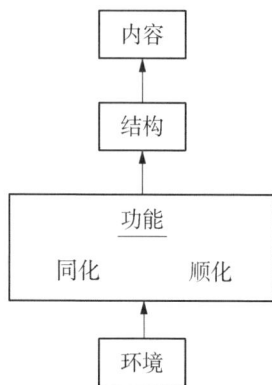

图4-6-9 皮亚杰的智力结构

(1)可利用性——当学习者面对新的学习或问题时,他的认知结构中是否有可以用来同化新知识的较一般的、概括的、包容广的观念;

(2)可辨别性——当原有结构同化新知识时,新旧观念的异同点是否可以清晰地辨别;

(3)原有观念的稳定性(或清晰度)。

教师通过选择教材内容、创设教学条件、选择适当方法,完全可以操纵学生认知结构的这"三个特性",从而达到塑造良好认知结构即发展智慧能力的目的。研究小组在实验性教学中,注意塑造认知结构的这几个标准,达到了良好的迁移效果。

例如,研究小组在教圆柱体的体积计算规则时,学生认知结构中原有有关的上位规则是$V=SH$。研究小组的预测表明,学生的这一规则并不牢固,而且包容范围小(图4-6-10)。要使原来只适用于长方体和立方体且不太牢固的上位规

① 皮连生.试论教学目的的设计的心理论与技术[J].华东师范大学学报(教育科学版),1984(3).
② Lefrencois, G. R. Psychology for teacher:A bear always faces the front 1972. 198-200.

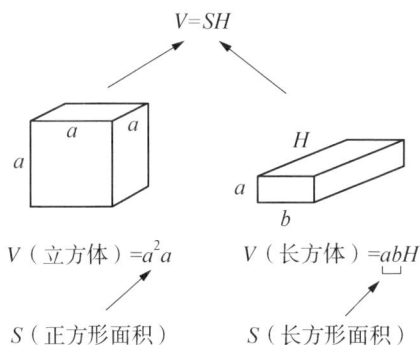

图 4-6-10　学习圆柱前学生认知结构中原有的有关上位观念图解

则迁移到圆柱体,是困难的。于是,研究小组在实验班创设新的教学条件,改变原有认知结构的性质。在教圆柱体积计算规则及其推导方法之前,研究小组首先引导学生复习长方体和立方体的计算方法,把二者的计算方法归纳为 $V=SH$。又引导学生回忆计算拦河坝体积(即底为梯形的柱体的体积)的方法,以加深对 $V=SH$ 的认识,再补教底为平行四边形的柱体的体积的计算方法,又从底为平行四边形的柱体的计算分化出三棱柱的体积的计算方法

$V=S$(三角形面积)$\times H$。通过复习和补充教学原有结构在包容性和巩固性上都发生了变化,接着研究小组给学生呈现如图 4-6-11 所示的结构。最后要求学生讨论圆柱体的体积的计算方法,并利用已学过的规则和推导方法推导出圆柱体的体积 $V=$ 底面积×高。结果表明,原有认知结构经过这一番改造的学生,大多数能够把原有的底为三角形和四边形的柱体的计算公式 $V=SH$ 运用于新的圆柱体中,而且有许多学生能用三种方法证明圆柱的体积公式。有的同学提出用切拼法,把圆柱体转化为长方体(这是教科书上的方法);有的同学提出把圆柱体转化为底为平行四边形的柱体;也有同学提出把圆柱体转化为很多

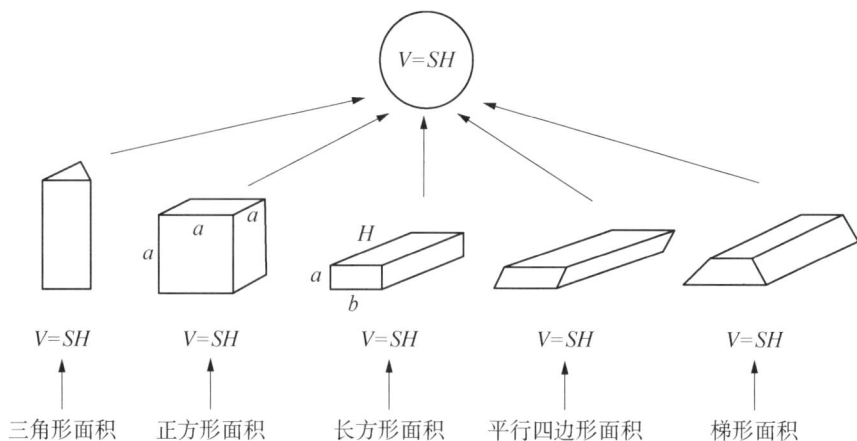

图 4-6-11　$V=SH$ 被推广以后的结构图解

底为小扇形的柱体,因为底为扇形的柱体的体积与三棱柱的体积近似相等。相反,认知结构未经过上述改造的学生只能运用教科书上的方法证明圆柱体的计算公式。

就研究小组涉及的教学内容来看,同化论的确有助于教师分析教材结构,并改进教材结构;同化论也有助于教师分析有意义学习的内外条件,选择适当的教学方法,改进课堂教学;同化论能指导教师把教学的主要目的放在塑造学生的良好认知结构上,促进学生迁移和运用知识的能力发展。

第七节　基于有意义学习理论的教学设计

案例1　椭圆及其标准方程的教学设计①

教学起点

从内容上分析,学生已经学习了圆锥曲线中最为特殊的一种——圆,同时本章的上一章节也学习了立体几何,这为学生的抽象思维和空间想象力奠定了基础。根据圆锥曲线的定义:圆锥曲线是通过平面切圆锥得到的相关曲线。因此,可以发现学习本章首先必须对空间几何体有一定的了解,所以在内容的安排上很符合学生的认知过程。

从学生的角度看,高二的学生已经拥有了很充足的数学基础,包括数学思维能力和空间想象力。教师在教学中只要适当地引导学生思考,并帮助学生将已有知识与新知识进行联系,学生会很容易掌握新知识。虽然本章内容相对于上一章,对学生空间想象力的要求有所降低,但是本章是以圆锥作为基础,对于空间想象力差的学生,教师应该从多角度进行教学。

教学目标

1. 知识与技能

让学生从宏观上感知圆锥曲线的定义,使学生理解椭圆的定义,掌握椭圆的标准方程及其推导。

---

① 田红娟.先行组织者教学策略在数学教学中的应用研究[D].陕西师范大学教育硕士论文,2015:17—23.

2. 过程与方法

通过设置先行组织者——圆锥曲线的定义,让学生知道椭圆的形成过程,并通过椭圆概念的引入与椭圆标准方程的推导过程,培养学生的分析探索能力,熟练掌握解决几何问题的方法——坐标法,以及利用待定系数法求解椭圆的标准方程。

3. 情感、态度与价值观

使学生从整体上感知本章内容,体会椭圆作为一种圆锥曲线的形成方法,并通过学习椭圆的定义和它的标准方程,让学生在学习的过程中体会数形结合的思想。同时点拨学生在解决问题时,注重发现数学问题背后不变的本质,并注意在解题的过程中培养学生解题的规范性。

教学重点

椭圆的定义、椭圆的标准方程。

教学难点

椭圆定义中常数与 $|F_1F_2|$ 的不同大小对应不同的轨迹,以及椭圆标准方程的推导方法。

教学过程

一、先行组织者的准备与分析

学生在前面的学习中已经了解和学习了圆锥。本章学习的是圆锥曲线,那么教师首先要向学生呈现的组织者是圆锥曲线的定义;通过回忆圆的定义,明白圆锥曲线其实学生已经接触过,并在此基础上延伸概念引发学生的思考,进而给出椭圆的概念,这样学生也清楚椭圆定义的限制条件;在新知识学习之后教师呈现下一个组织者,加强学生的认知。教师给出求解椭圆方程的一般方法——待定系数法,学生根据方法解决课堂练习。

二、呈现先行组织者并组织教学

1. 课堂目标

【教师】

(1)掌握圆锥曲线和椭圆的定义;

(2)了解圆锥曲线和椭圆的由来;

(3)能够推导椭圆的标准方程;

(4)掌握待定系数法求解椭圆方程。

2. 呈现先行组织者,提供教学系统

【教师】其实在之前已经了解了圆锥的相关内容,所以让学生思考用一个平面去切圆锥,我们可能看到什么样的截面?

设计目的:通过提问,使学生思考,初步感知圆锥曲线,并引入本章的教学内容。

【先行组织者】(圆锥曲线的第一定义法)圆锥曲线又叫圆锥截痕,或者是圆锥截面,是通过平面切圆锥得到的相关曲线。中学期间学生学习的圆锥曲线主要包括椭圆、双曲线、抛物线及圆,在直角坐标系下,它们与高中数学中的二次方程相对应。因此在数学上也可把圆锥曲线称作二次曲线。

【教师】思考两个问题:

(1) 用平面截取圆锥对应的截面都是什么形状的?

(2) 什么是圆?

设计目的:通过这样的提问,首先加深学生对先行组织者——圆锥曲线概念的理解;其次引发学生回顾已学的圆锥曲线——圆,通过分析圆的定义,发现椭圆与圆的相同点,从而轻松地引出椭圆的概念。

【学生】圆是到定点的距离等于定长的点的轨迹。

【教师】【比较性先行组织者】如果将圆定义中的定点由原来的一个拓展成两个,同时这时定长就相当于到两定点的距离和,也就是说到两定点的距离和为常数的点的轨迹是什么?

设计目的:由圆的定义很自然地给出比较性先行组织者,引发学生的思考。在思考中学生可能明白到两个顶点的距离和为常数的点的轨迹不一定存在,也可能是线段,又或者是一个类似圆的图形,这时教师给出这个图形的名称——椭圆。这样的设置可以让学生更加清楚椭圆的定义是有一定限制条件的。

三、呈现学习材料

【呈现概念】把平面内到两个定点 F_1、F_2 的距离之和等于常数(大于 $|F_1F_2|$)的点的集合叫作椭圆。这两个定点 F_1、F_2 叫作椭圆的焦点,两个焦点 F_1、F_2 间的距离叫作椭圆的焦距。

【教师】看完概念,大家对概念有疑问吗? 在椭圆的概念中,要求"到两个定点 F_1、F_2 的距离之和等于常数",这里的常数要大于 $|F_1F_2|$,为什么? 如果等于 $|F_1F_2|$ 会是什么样的轨迹? 又或者是小于 $|F_1F_2|$ 呢?(对这个问题学生可以通

过联系先行组织者得到解决;这里对于大于$|F_1F_2|$的情形学生可能不太明白为什么是椭圆,这就需要教师引导学生通过实际的操作回答和验证自己的猜测)

【学生活动】将一条绳子的两端分别固定在两个定点上,用笔尖勾直绳子,使笔尖移动。这时的绳子就是到两定点的距离,当绳子的长度小于两定点间的距离时,可以发现是不可能构成曲线的;当绳子长度等于两定点间的距离时,可以发现轨迹是一条线段;只有当绳子长度大于两定点间的距离时,得到的轨迹才是椭圆。

设计目的:通过对概念的分析和学生动手实际操作,加深对概念的理解,同时形象直观地说明椭圆定义中的必备条件。

【教师总结】(注意要点)学生开始只是强调主要的几何特征——到两个定点F_1、F_2的距离之和等于常数$2a$,这时教师要让学生注意到定义中的关键点:

(1)将穿有笔尖的细线拉到图板平面外,得到的不是椭圆,而是椭球体,使学生认识到需加限制条件"在平面内"。

(2)常数$2a$的限制:若$2a=|F_1F_2|$,则是线段F_1F_2;若$2a<|F_1F_2|$,则轨迹不存在;若$2a>|F_1F_2|$,则轨迹为椭圆。所以要使轨迹为椭圆必须加限制条件——此常数大于$|F_1F_2|$。

【教师】让学生思考一个问题:当F_1、F_2重合时,大家可以得到什么样的轨迹?

设计目的:通过这样的提问,我们从椭圆回归到了圆,这样学生将圆可以自然归于圆锥曲线,不再是孤立的,这样也有利于帮助学生形成和完善认知结构。

【学生】(在思考、讨论的基础上)因为F_1、F_2重合,所以到F_1、F_2的距离相等就相当于到定点的距离等于定长,所以它的轨迹是圆。

【先行组织者】教师给出求曲线方程的一般步骤:

(1)建立坐标系;(2)写出点的集合;(3)列出代数方程;(4)化简代数方程;(5)证明。

设计目的:直接给出先行组织者,学生根据求曲线方程的一般步骤和椭圆的概念,以及结合两点间的距离公式可以自主推导出椭圆的方程,这样有利于学生活动,加强记忆。

【学生活动】

(1)建立坐标系:

给椭圆建立如图$4-7-1$所示的坐标系,设两定点为焦点F_1、F_2,焦距为$|$

$F_1F_2 \mid = 2c$，以线段 F_1F_2 所在直线为 x 轴，线段 F_1F_2 的中垂线为 y 轴，建立平面直角坐标系 xOy，则焦点 $F_1(-c,0)$，$F_2(C,0)$，设 $M(x,y)$ 为椭圆上任意一点。

（2）写出点的集合：由椭圆的定义得椭圆的集合：

$$P = \{M \mid \mid MF_1 \mid + \mid MF_2 \mid = 2a\}。$$

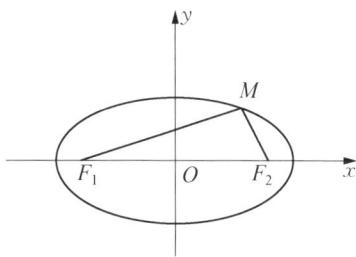

图 4-7-1

（3）列出代数方程：因为 $\mid MF_1 \mid = \sqrt{(x+c)^2 + y^2}$，$\mid MF_2 \mid = \sqrt{(x-c)^2 + y^2}$，所以得到的方程为 $\sqrt{(x+c)^2 + y^2} + \sqrt{(x-c)^2 + y^2} = 2a$。

（4）化简方程：移项后两边平方，整理后得 $a^2 - cx = a\sqrt{(x-c)^2 + y^2}$。

将上式两边同时平方得 $(a^2 - c^2)x^2 + a^2 y^2 = (a^2 - c^2)a^2$，

即 $\dfrac{x^2}{a^2} + \dfrac{y^2}{a^2 - c^2} = 1 (a > c > 0)$。

【教师】（总结概括）：为了使方程对称和谐，因为 $a > c > 0$，所以我们令 $b^2 = a^2 - c^2$，其中 $b > 0$，于是可得 $\dfrac{x^2}{a^2} + \dfrac{y^2}{b^2} = 1$。

由 $2a > 2c$，得 $a^2 - c^2 > 0$，又 $a > b > 0$，所以得方程 $\dfrac{x^2}{a^2} + \dfrac{y^2}{b^2} = 1 (a > b > 0)$。

设计目的：在学生合作完成时，对于不足和考虑不到的地方，教师实时地进行提示和改正。最后教师做完整的总结与归纳，并指出数学讲究简洁美与对称美，所以我们令 $b^2 = a^2 - c^2$。

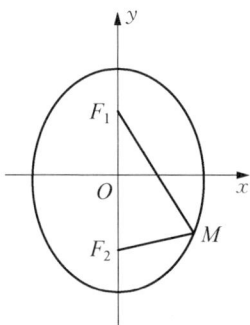

图 4-7-2

（5）证明：教师强调要证明所得方程是椭圆方程，也就是证明这个方程的每一组解对应的点在椭圆上。这时可以发现这个方程的每一个解正好对应椭圆上的点，所以此方程正是椭圆的方程。

【教师】在上面求曲线方程的过程中，询问学生有不同的想法吗？如果换一种建坐标系的方法，比如，以焦点 F_1、F_2 所在直线为 y 轴，建立直角坐标系，如图 4-7-2 所示，那么椭圆的标准方程是什么样？

设计目的：为了让学生清楚椭圆的方程是在坐标系的基础上得到，那么不同的坐标系得到的椭圆方程也不一样，让学生在学习数学的过程中体会几何图形的相对性。

【学生活动】应用相同的方法可以推导出它的标准方程为：

$$\frac{y^2}{a^2} + \frac{x^2}{b^2} = 1 (a > b > 0)，其中 b^2 = a^2 - c^2。$$

【教师】这是焦点在 y 轴上的椭圆标准方程。引导学生对比两种标准方程，并指出：在两种标准方程中，因为 $a^2 > b^2$，所以可以根据分母的大小来判断焦点在哪一个坐标轴上，从而设出相应的标准方程，根据已知条件可以解决相应的问题。

四、加强认知结构

【先行组织者】求解椭圆的标准方程的一般步骤——待定系数法：

（1）作判断：依据条件判断椭圆的焦点在 x 轴上还是 y 轴上，还是两种情况都有可能。

（2）设方程：

依据上述判断设方程 $\frac{x^2}{a^2} + \frac{y^2}{b^2} = 1 (a > b > 0)$ 或者 $\frac{y^2}{a^2} + \frac{x^2}{b^2} = 1 (a > b > 0)$；

在不能确定焦点位置的情况下也可以设为：

$$mx^2 + ny^2 = 1 (m > 0，n > 0，m \neq n)。$$

（3）找关系：依据已知条件，建立关于 a、b、c 或 m、n 的方程组。

（4）得方程：解方程组，代入所设方程即为所求。

【教师】（例题）已知椭圆两焦点坐标分别为 $(0，-2)$、$(0，2)$，并且椭圆经过点 $\left(-\frac{3}{2}，\frac{5}{2}\right)$，求椭圆的标准方程。

【学生合作】

（1）作判断：两焦点坐标在 y 轴上。

（2）设方程：设它的标准方程为 $\frac{y^2}{a^2} + \frac{x^2}{b^2} = 1 (a > b > 0)$。

（3）找关系：

① 由已知给出焦点和椭圆上一点，根据定义我们知道椭圆的集合是：

$P=\{M\mid\mid MF_1\mid+\mid MF_2\mid=2a\}$。因此有

$$2a=\sqrt{\left(-\frac{3}{2}\right)^2+\left(\frac{2}{5}+2\right)^2}+\sqrt{\left(-\frac{3}{2}\right)^2+\left(\frac{2}{5}-2\right)^2}$$

$$=\frac{3}{2}\sqrt{10}+\frac{1}{2}\sqrt{10}$$

$$=2\sqrt{10}。$$

又已知 $c=2$，所以 $b^2=a^2-c^2=10-4=6$。

② 因为点 $\left(-\frac{3}{2},\frac{5}{2}\right)$ 在椭圆上，又 $c=2$，从而得到关系 $\begin{cases}\dfrac{25}{4a^2}+\dfrac{9}{4b^2}=1,\\ a^2-b^2=4。\end{cases}$

解得 $b^2=6$ 或 $b^2=-\dfrac{3}{2}$（舍去），则 $a^2=10$。

（4）得方程：椭圆的标准方程为 $\dfrac{y^2}{10}+\dfrac{x^2}{6}=1$。

【教师】学生在解决这道题的过程中，在第三步中大家用的关系有所不同，但是方法都是正确的，而且两种解题思路的步骤依然延续着我们的待定系数法。因此，根据待定系数法，学生不难得到椭圆的标准方程，但是也可以发现，没有一个方法是固定不变的，在同一道题中，学生找到的关系就不一定相同，所以做题中我们要灵活运用。同时，在有些题中这四步并不是必须要有的，有时可能会少了其中的一两步，所以给学生强调还是要根据具体情况进行解答，数学禁忌死板硬套、墨守成规。

【学生练习】（独立完成）已知 B、C 是两个定点，$\mid BC\mid=10$，且 $\triangle ABC$ 的周长等于 22。求顶点 A 满足的一个轨迹方程。

案例 2　比较线段的长短[①]

教学起点

"比较线段的长短"是北师大版初中数学七年级上册第四章第二节的内容，学生在小学中已经了解了一些平面图形，在本书的第一章了解了生活中的立体图

---

① 尹荣.先行组织者教学策略在初中数学教学中的应用研究——以七年级基本平面图形模块教学为例[D].宁夏大学教育硕士论文,2014：17—32.

形,在上一节也学习了线段、射线、直线的定义及表示法。根据学生的课堂举例及作业,了解到学生知道什么是线段,会表示线段。学生在生活中也积累了一定的生活经验,能够根据生活中的实例做出相应的判断。

教学目标

1. 知识与技能:能够在具体的实际问题中了解"两点之间线段最短"这个基本事实;能够根据具体情况比较两条线段的大小;能够用尺规作图法作一条线段等于已知线段。

2. 过程与方法:通过"狗吃肉"实际事例了解"两点之间线段最短"这一基本事实;通过思考想象、动手操作等数学活动,了解比较线段长短的方法;学习用几何工具画图,发展几何图形意识;通过折纸等操作了解线段的中点,并进行简单的应用。

3. 情感与态度:在解决问题的过程中,激发学生的学习兴趣、解决问题的积极性和主动性。

教学重点

比较线段长短的方法,中点概念的理解及应用。

教学难点

掌握用叠合法比较线段的中点的方法,线段中点的应用。

教学过程设计

一、教学导入

1. 对教学中先行组织者的设计进行分析

(1) 准备先行组织者

学生在前面已经学习了线段的表示方法,在本节课的学习中依然会用到线段的表示方法,所以首先要设计先行组织者对线段的表示方法进行回顾。

课本上的引例如下:

如图 4-7-3,从 A 到 C 的四条道路,哪条最短?

虽然对书本上的引例学生能够很快地回答出来,但是实际意义不强。为了加强数学与实际生活的联系,可以这样设计先行组织者,假如 A 处站着一只狗,C 处有一块肉,你们想想狗会从 AC、AFC、ADEC、ABC 这几条路中的哪条路过去? 引例出两点之间的距离概念,涉及概念的同化,直接进行讲解。

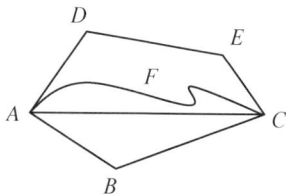

图 4-7-3

（2）确定先行组织者的类型、呈现方式

经过判断,引例中的实际问题是即将要学的基本事实的一个导入,此概念的学习属于概念同化,是一个说明性组织者。我们可以以问题的形式呈现先行组织者。

（3）强化认知结构

应用狗捕食的实例,对于学生来讲认识是很深刻的,对于两点之间的距离概念只需要学生知道就可以了,所以此处不再另外设置其他的方式来强化认知结构。

2. 呈现先行组织者,并且组织教学

师:上一节课我们已经学习了直线、线段、射线及其表示方法。如何来表示线段?

生:线段可以用两个大写字母来表示。

师:如图 4-7-3 所示,假如 A 处站着一只狗,C 处有一块肉,你们想想狗会从 AC、AFC、ADEC、ABC 这几条路中的哪条路过去?

师:狗为什么只走 AC 这条路呢?

生:因为这条路最短。

师:我们将从 A 到 C 的所有连线看作路,哪条路最短?

生:AC 最短。

师:AC 是什么?

生:线段。

老师引导学生说出两点之间的所有连线中,线段最短。

师:这条性质也可以简洁地表述为:两点之间线段最短。

师:在数学中,我们把两点之间线段的长度叫做这两点之间的距离。

师:如果有两条线段比较长短,你如何比较呢? 这一节课我们来学习比较线段的长短。

二、问题探究,比较线段的长短

1. 对教学中先行组织者的设计进行分析

（1）准备先行组织者

对于如何比较两条线段的大小,根据学生的实际经验,学生会通过目测、测量的方法来比较,也会根据实际的经验将两个物体放在一起来比较大小,但是不知道这种方法叫做叠合法。

教科书对比较线段的长短的方法设置了"议一议"。这种比较线段的长短的设计比较合理,并且涉及比较线段的长短的三种方法,因此在教学中可以引用此例。

(2)先行组织者的类型、呈现方式

通过对教学内容的分析,可以看出这三种比较与比较线段的长短的方法很像,因此此种类型的先行组织者是比较性组织者,又是比较性组织者中的类比组织者,可以以实际问题兼实验操作的形式呈现先行组织者。

(3)强化认知结构

学生根据实际情况可以掌握比较线段的长短的几种方法,在这里只需要用变式对叠合法进行强化。

2. 呈现先行组织者,并组织教学

怎样比较两棵树的高矮? 怎样比较两支铅笔的长短? 怎样比较窗框相邻两边的长短? 小组讨论。

图 4-7-4

师:如图 4-7-4,把两棵树的高度、两支铅笔的长、窗框相邻两边的长看成两条线段,怎么比较它们的大小?

生1:用目测。

生2:用测量方法。

生:把两个放在一起比较。

师:放在一起,其中的两个端点都不重合能比较吗?

生:不行。一定要有一端相互重合。

师:如图 4-7-5,像这样,把其中的一条线段移到另一条线段上去,将其中的一个端点重合在一起加以比较的方法叫做叠合法。用 PPT 展示叠合法的比较动画。

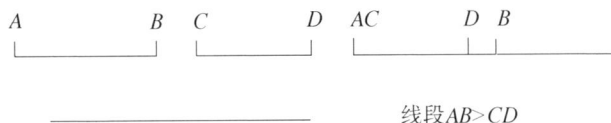

线段 $AB>CD$

图 4-7-5 叠合法比较线段的长短

师：你能总结出比较两条线段长短的方法吗？

生：目测法、测量法、叠合法。

教师总结：

比较线段长短的方法 $\begin{cases} \text{目测法} \\ \text{测量法} \\ \text{叠合法} \end{cases}$

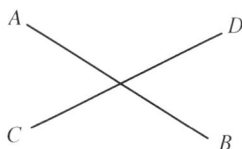

图 4-7-6

练习：比较图 4-7-6 中线段 AB、CD 的长短。

三、例题讲解，尺规作图

1. 对教学中先行组织者的设计进行分析

（1）准备先行组织者

学生在以前学过作图，但是作图只是限于用三角板、量角器等工具，没有学过用尺规作图，这是第一次接触，对于尺规作图的理解水平处于中等偏下，必须引导学生来解决。教科书上直接告诉我们作图的步骤，因此我们可以设计这样的先行组织者：你能否作出一条线段，使这条线段等于已知线段？如果在你的手中只有没有刻度的直尺和圆规，你能作出来吗？

（2）确定先行组织者的类型、呈现方式

根据以上分析，本文的先行组织者类型是陈述性组织者，可以以问题的形式呈现。

（3）强化认知结构

在讲授尺规作图法的时候可以引导学生进行有意义的接受学习，并且做相应的变式练习。

2. 呈现先行组织者，组织教学

师：你能否作出一条线段，使这条线段等于已知线段？

生：能。用尺子量，用头发丝量，然后作。

师：如果在你的手中只有没有刻度的直尺和圆规,你能作出来吗?

生：能。

师：你是怎么作的?

学生拿圆规,分开圆规角的两边,做了一个量的动作。

师：大家演示得很对。具体怎么作呢?

教师总结：如图 4-7-7,我们要先画一条射线,用圆规量一下已知线段的长度,用圆规在射线上作出与已知线段相等的弧,弧与线段的交点就是线段的另一个端点,并做演示。

图 4-7-7

练习：如图 4-7-8,已知线段 a、b,你能作出线段 $c = a + 2b$ 吗?

图 4-7-8

教师先进行一定的引导及讲解,也就是以问题的形式呈现先行组织者,让学生独立完成。在学生做题的过程中,观看学生的作图,并指出其中的错误。

四、问题探究,线段中点的讲解

1. 对教学中先行组织者的设计进行分析

(1) 准备先行组织者

学生已经学过线段的概念、线段的表示方法,但是并没有涉及线段的中点、线段的加减。学生第一次接触线段的中点以及线段的长短的计算,这种抽象思维,学生学起来有困难。

书本上直接给出线段中点的概念,看起来比较抽象,学生也不容易理解。所以在讲课的过程中可以设置实验型先行组织者,让学生首先直观地理解线段的中点,再从具体思维过渡到抽象思维。

（2）确定先行组织者的类型、呈现方式

根据如上的分析，就可以判断此先行组织者属于陈述性组织者，属于陈述性组织者中的实验型组织者，可以用实验的方式呈现先行组织者。

（3）强化认知结构

对于线段中点的计算类问题，抽象程度比较高。因此在教学的过程中不仅要强调学生的动手实践和数形结合的思想方法，还要经过变式练习，强化学生根据图示进行计算。

2. 呈现先行组织者，组织教学内容

师：每位同学在你的纸上画出一条线段，并且标出字母，动手折叠，使得到的两部分的线段长度相等，在折出的这个点上标上点 M。（如图 $4-7-9$）

$$A \quad\quad\quad M \quad\quad\quad B$$

图 $4-7-9$

师：在你折出的图中，AM 和 BM 有什么关系？

师：像这样，点 M 把线段 AB 分成相等的两条线段 AM 和 BM，点 M 叫做线段 AB 的中点。这时有 $AM = BM = \dfrac{1}{2}AB$（或 $AB = 2AM = 2BM$）。

练习：

1. 已知线段 AB，点 C 是线段 AB 的中点，假如 $AC = 3$ cm，则 $AB = $ _____。

2. 已知线段 AB，点 C 是线段 AB 的中点，假如 $AB = 7$ cm，则 $AC = $ _____。

3. 在直线 l 上顺次取 A、B、C 三点，使得 $AB = 4$ cm，$BC = 3$ cm。如果线段 AC 的中点是点 O，那么线段 OB 的长度是多少？

这 3 道题的难度在逐步增加，正符合学生认知发展的特点。前 2 道题是基础题，根据中点的定义就可以直接得到。第 3 道题则比较难，需要教师引导着学生画图，并且要用到"数形结合"的思想来解决此题。

五、课堂小结

师：通过本节课的学习，你有什么收获？能用图示的方式来展示你的收获吗？

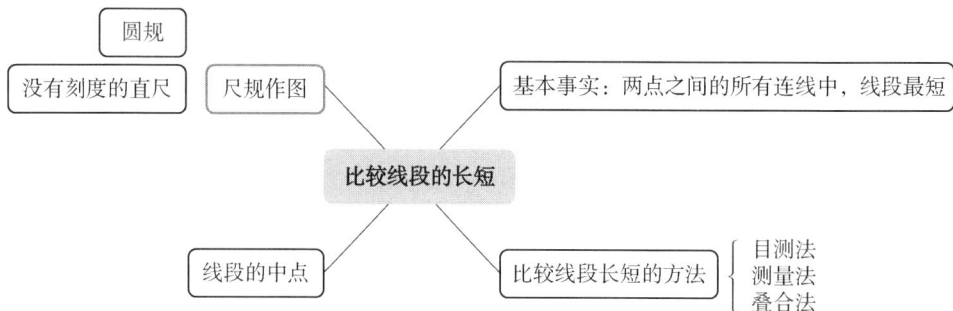

图 4-7-10　比较线段的长短知识图

布置作业：知识技能的 2、3。

案例3　多边形和圆的初步认识①

教学起点

本课题是北师大版初中数学七年级上册第四章第五节的内容。本节课主要内容是认识基本的平面图形,以及寻找规律。虽然学生在小学阶段已经认识了许多基本平面图形,但是根据图中的条件寻找规律以及圆心角的应用也是有点难度的。

教学目标

1. 知识与技能：能够抽象出现实世界中的平面图形；能够在具体的情境中认识多边形、正多边形、圆、扇形、圆弧、圆心角。

2. 过程与方法：让学生通过展示的图片认识多边形、多边形的顶点、多边形的边、多边形的内角及多边形的对角线,进而认识特殊的多边形——正多边形；丰富学生对圆的相关概念的认识,包括圆的定义、圆弧、扇形、圆心角。

3. 情感与态度：让学生感受生活中图形世界的丰富多彩,养成从生活中认识数学,用数学解决生活中的实际问题的习惯。

教学重点

认识现实世界中的平面图形,并认识多边形、圆、扇形、圆心角等。

教学难点

认识现实世界中的平面图形；认识多边形的对角线,并解决对角线的相关问

① 尹荣.先行组织者教学策略在初中数学教学中的应用研究——以七年级基本平面图形模块教学为例[D].宁夏大学教育硕士论文,2014：32—40.

题;认识圆心角,解决圆心角的相关问题。

教学过程设计

一、创设情境,多边形的认识教学

1. 对教学中先行组织者的设计进行分析

(1) 准备先行组织者

学生在小学的时候已经学习了三角形、四边形、五边形等,知道正方形、长方形的对角线,但是本节所要学习的多边形、多边形的对角线是从三角形、四边形、五边形等中归纳总结出来的,具有一般性。

在本节课的引例中设计了一些生活中的关于多边形的图片,这些图片与生活的联系紧密,容易引发学生的思考。所以可以引用书本中的问题情境作为本部分的先行组织者。

该部分内容的设计主要是让学生根据生活中的实际情境认识多边形,并了解多边形的相关概念以及概括规律。通过对此概念的阅读,可以知道这属于概念的形成。

(2) 确定先行组织者的类型、呈现方式

多边形概念的教学是陈述性组织者,对于多边形的顶点、边、对角线的讲解则是类比型先行组织者,可以以问题的方式呈现。

(3) 强化认知结构

多边形的认识主要涉及一个多边形是几边形;是否是正多边形;多边形的对角线的认识,以及总结相关的规律。对于前两个问题学生很容易理解,对于多边形的对角线的认识在教学中需要运用复述策略对其进行强化,对于规律的总结则需要在教学的过程中强调“归纳”的思想方法,引导学生总结规律。

(4) 呈现先行组织者,组织教学内容

师:如图 4-7-11 所示,有哪些熟悉的平面图形?

图 4-7-11

生：三角形、正方形、长方形、梯形、五边形。

师：这些图形的边之间有怎样的位置关系？

生：这些边不在同一直线上。

师：这些边的端点之间有什么关系？

生：端点重合。

师：你能概括出这些图形的共同特征吗？

由于此概念比较复杂，因此教师直接给出多边形的概念。像三角形、四边形、五边形等由若干条不在同一直线上的线段首尾顺次相连组成的封闭平面图形叫做多边形。

师：如图 4-7-12，在四边形 ABCD 中，A、B、C、D 叫做四边形的什么？

生：顶点。

师：在四边形 ABCD 中，AB、BD、CD、AC 叫做四边形的什么？

生：边。

师：在四边形 ABCD 中，AD、BC 叫做四边形的什么？

生：对角线。

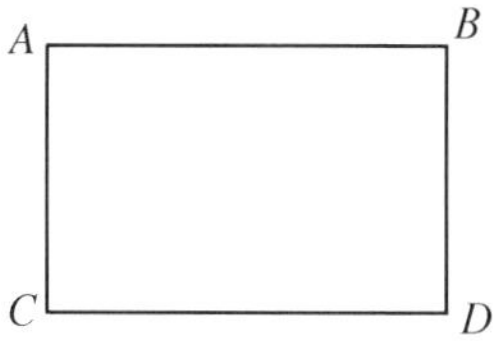

图 4-7-12 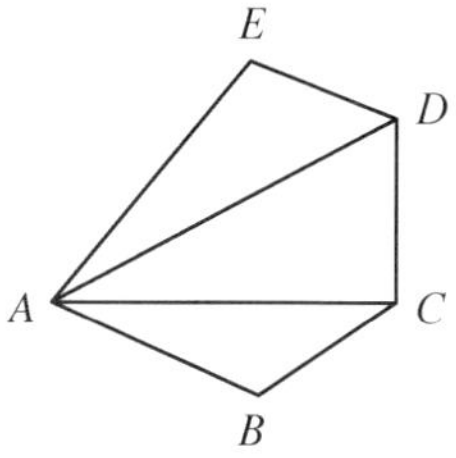   图 4-7-13

师：如图 4-7-13，类似于四边形，在多边形 ABCDE 中，点 A、B、C、D、E 叫做多边形的顶点；线段 AB、BC、CD、DE、EA 是多边形的边；∠EAB、∠ABC、∠BCD、∠CDE、∠DEA 是多边形的内角；像 AC、AD 这样连接不相邻的两个顶点的线段叫做多边形的对角线。

呈现做一做：n 边形有多少个顶点，多少条边，多少个内角？

只要学生对多边形的顶点、边、内角、对角线这些概念理解了，并且懂得类推的方法，就可以准确地解决此问题。因此可以以问题的方式呈现先行组织者，并绘制表格,一目了然地得出结论。

师:三角形有几个顶点?几条边?几个内角?

生:3 个顶点,3 条边,3 个内角。

师:四边形呢?

生:4 个顶点,4 条边,4 个内角。

师:五边形呢?

生:5 个顶点,5 条边,5 个内角。

师:假如边的条数有 n 条,那么有几个顶点?几条边?几个内角?

生:n 个顶点,n 条边,n 个内角。

由此可得到表 4-7-1。

表 4-7-1　n 边形的顶点个数、边的条数、内角个数比较

多边形	顶点个数	边的条数	内角的个数
三角形	3	3	3
四边形	4	4	4
五边形	5	5	5
…	…	…	…
n 边形	n	n	n

变式:

(1)经过 n 边形其中的一个顶点有几条对角线?

(2)连结 n 边形某边上的一点与各顶点,可以得到多少条线段?

(3)连结 n 边形内的一点与各顶点,可以得到多少条线段?

解决此题的关键是知道对角线的定义及类推的方法,因此在解决此题时,可以再强调对角线的定义,以及在前面学过的类推的思想方法,作为解决此问题的先行组织者。

师:三角形有没有对角线?四边形有几条对角线?五边形有几条对角线?六边形有几条对角线?依次类推 n 边形有几条对角线?通过对学生的引导使得学生思考这些问题,将这些问题一一思考并回答正确之后,可以让学生列一张表格进行对比,以便更清晰地理解结论(表 4-7-2)。

表 4-7-2　n 边形过每一个顶点的对角线的条数

n 边形的边数	3	4	5	6	⋯	n
过每一个顶点的对角线的条数	0	1	2	3	⋯	$n-3$

有了问题(1)做铺垫,对于问题(2)、(3),只要理解什么是连结 n 边形某边上的一点和 n 边形内的一点与各顶点的连线,类比问题(1)就可以得出结论。得到了这三个问题的结果后,我们可以将这些结论做成一个表格(表 4-7-3),作为先行组织者,加深学生的理解。

表 4-7-3　三个问题的结论比较

	连结 n 边形的一个顶点与不相邻的顶点	连结 n 边形一条边上的一点与各顶点	连结 n 边形内的一点与各顶点
得到线段的条数	$(n-3)$ 条	$(n-2)$ 条	n 条

师:我们学习了一般的多边形,大家观察图 4-7-14 中的多边形,它们的边、角有什么特点?

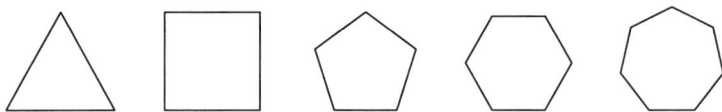

图 4-7-14

经过分析,此问题是一个比较简单的问题,不需要在此设置先行组织者,学生一看便知。

师:这些图形有什么共同特点?

生:边相等,角相等。

师:像图 4-7-14 中这样各边相等、各角也相等的多边形叫做正多边形。大家来说说图 4-7-14 中分别是什么图形?

生:正三角形,正四边形,正五边形,正六边形,正八边形。

二、圆的相关概念,应用的教学

1. 对教学中应用先行组织者的分析

(1) 准备先行组织者

学生在小学的时候学过圆和扇形的概念,以及圆的面积的计算。但是没有接触过圆弧、圆心角,与圆心角相关的圆的面积的计算问题也没有接触过。

教科书上首先给学生呈现了生活中的圆、扇形的图片,又通过问题的形式提问如何画一个圆,并且直接给出圆、圆弧、扇形、圆心角的概念。因此在教学的过程中可以利用图片、实际生活中的例子、实物来作为先行组织者,组织教学。

(2)先行组织者的类型、呈现的方式

通过以上的分析,可以知道在本部分的先行组织者属于陈述性组织者,可以以问题、生活中的实际问题、学生的操作来呈现先行组织者。

(3)强化认知结构

学生在前面学过了圆,对于圆的概念并不陌生,理解起来也不困难。而对于弧、扇形、圆心角这些概念则是第一次接触,理解起来有些困难。设计扇子的实例来讲解相关概念,则比较容易理解。

2.呈现先行组织者,组织教学

师:如图4-7-15,有哪些我们熟悉的图形?

图4-7-15

生:圆和扇形。

师:利用什么工具可以画一个圆?

生1:圆规。

生2:胶带的内圈。

生3:尺子上面的圆圈。

师:这些画法都是可以的,但是在数学上为了作图的精确,我们常用圆规作图。你能用一根细绳和笔画出一个圆吗?

生:可以。

师:两个人一组画一个圆。

学生动手实践。

教师总结画法及圆的概念。

平面上,一条线段绕着它固定的一个端点旋转一周,另一个端点旋转形成的图形就是圆。其中固定的端点称为圆心,线段的长度称为半径。

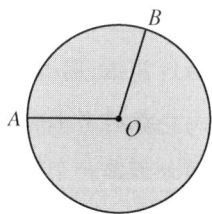

图 4 - 7 - 16

教师讲解弧、扇形、圆心角的概念。

师:如图 4 - 7 - 16,圆上任意两点 A、B 间的部分叫做圆弧,简称弧,读作"圆弧 AB"或者"弧 AB"。一条弧 AB 和经过这条弧的端点的两条半径 OA、OB 所组成的图形叫做扇形,顶点在圆心的角叫做圆心角。图 4 - 7 - 16 中的 $\angle AOB$ 就是圆心角。

师:你能举例说明生活中的弧、扇形、圆心角吗?

生:扇子。

师:拿出扇子,让学生根据模型,指出其中的弧、扇形及圆心角。

三、例题、练习题讲解

1. 先行组织者分析

(1)准备先行组织者

例题:将一个圆分割成三个扇形,它们的圆心角的度数比为 1：2：3,求这三个扇形的圆心角的度数。

(2)确定先行组织者的类型、呈现方式

根据上面的分析,知道此先行组织者属于陈述性组织者,可以以实际问题的形式呈现。

(3)强化认知结构

通过以上的分析,虽然有关圆心角的问题是一个比较难的问题,但是设置了一个与实际问题相关的先行组织者,不仅提升了数学学习的趣味性,而且还降低了教学难度,强化了学生的认知。设置议一议和变式练习也是为了强化认知结构。

2. 呈现先行组织者,组织教学

师:你过生日的时候,爸爸妈妈给你买一个大蛋糕,你们家有四口人,你该如何将其平均切分?

生:横着切一刀,竖着切一刀。

师:爷爷奶奶正好到你们家做客,你又如何平均切分?

生：把蛋糕切成每个角为 60° 的几份。

教师引导学生说出将这个蛋糕看成一个大圆，也就是将其平均分为 6 份，用 $360° \div 6 = 60°$。

师：假如你将此蛋糕按 1∶2∶3 的比例将其分为三份，你又如何分呢？

生：部分学生经过思考回答按 60°、120°、180° 分为三部分。

师：为什么要按 60°、120°、180° 分为三部分呢？

生：将蛋糕按 1∶2∶3 的比例将其分为三份，可以将其看作平均分为 6 份，它们分别占 $\frac{1}{6}$、$\frac{2}{6}$、$\frac{3}{6}$，每一部分的圆心角的度数为：

$$\frac{1}{6} \times 360° = 60°;$$

$$\frac{2}{6} \times 360° = 120°;$$

$$\frac{3}{6} \times 360° = 180°。$$

因此，可以按照这样的度数来切蛋糕。

呈现刚才的例题：

将一个圆分割成三个扇形，它们的圆心角的度数比为 1∶2∶3，求这三个扇形的圆心角的度数。

在教学中设置先行组织者，利用渐进分化原则将教学难点一步一步地分化了，学生很容易就解答了此问题。

展示议一议：

（1）如图 4-7-17，将一个圆分成三个大小相同的扇形，你能算出它们的圆心角的度数吗？你知道这个扇形的面积和圆的面积的关系吗？

（2）画一个半径为 2 cm 的圆，并在其中画一个圆心角为 60° 的扇形，你会计算此扇形的面积吗？

有了前面的先行组织者，对于第一题第一问的解答会很容易，对于第二问的解答可以从直观上看出来。

对于第二题，从直观上看是求扇形的面积，没有学过，但

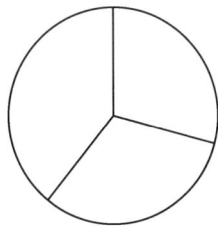

图 4-7-17

是引导学生将图形画出来，学生就会恍然大悟。

四、总结、布置作业

师：通过本节课的学习，你有哪些收获？

如图 4-7-18 所示，可以列出本节课的知识结构。

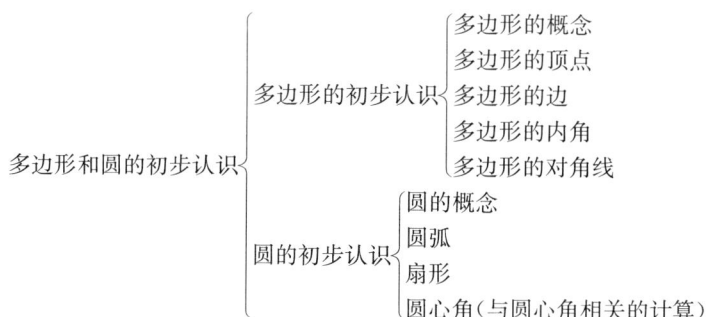

多边形和圆的初步认识
- 多边形的初步认识
  - 多边形的概念
  - 多边形的顶点
  - 多边形的边
  - 多边形的内角
  - 多边形的对角线
- 圆的初步认识
  - 圆的概念
  - 圆弧
  - 扇形
  - 圆心角（与圆心角相关的计算）

图 4-7-18　多边形和圆的初步认识知识图

第五章　产生式学习理论与数学教学

产生式学习理论,主要从产生式的视角,解释人类特定领域的知识可以表示为产生式,通过考察例题或者解决问题直接获得产生式规则。这表明,过程性知识的直接获取依赖于特定任务的性质,从而为研究知识的获取提供了新思路。现有研究显示,产生式理论主要应用于数学、物理、计算机等逻辑性很强的领域。产生式学习理论认为,知识可以统一表示为产生式,强调通过加强对产生式条件学习,促进人的知识获取,培养顺向推理的问题解决技能。问题解决过程是一个获得新产生式和新行为的过程。

其代表主要有刘维尔(Newell)的"自适应产生式系统"以及西蒙(Simon)和朱新明的"条件建构-优化理论",该理论的基本观点是[①]:(1)包括概念、原理和问题解决过程的特定领域知识可以表示为一系列的产生式规则,掌握了这些产生式规则,也就发展了相应的认知技能;(2)作为一个自适应的产生式系统,人可以直接获取产生式规则,这个过程是通过条件建构和条件优化两个阶段完成的;(3)在示例学习中,可以通过加强对产生式条件的学习促进知识的获取,并使学习者发展顺向推理的问题解决技能。由于产生式的"如果……,那么……"结构特征,与数学的概念、命题、定理、问题解决等过程不谋而合,故在数学教育中,创设恰当的情境和问题,让学生通过做中学,获得产生式,发展数学问题解决能力,对提升学生的数学核心素养具有重要的理论意义和实践价值。

第一节　陈述性知识和程序性知识

知识的分类是现代知识论中的一个根本问题。不同的流派,有不同的划分方

[①] 朱新明,李亦菲,朱丹.人类的自适应学习——示例学习的理论与实践[M].北京:中央广播电视大学出版社,1997:130.

法。现代认知心理学把知识概括为陈述性知识和程序性知识[①]。

1. 陈述性知识

（1）什么是陈述性知识

陈述性知识是个人有意识地提取线索，从而能直接陈述的知识。这类知识主要用来回答世界是什么的问题。检查的标准是看学生能否回答"是什么"的问题，有关概念、规则、命题、网络、图式等可直接陈述的知识均是陈述性知识。陈述性知识是可以用文字、语言来描述的，它是人所知道的事物状态的知识。例如关于二次函数性质的知识、关于三角形的外角和的知识，等等。

陈述性知识一般通过记忆获取，可以称之为记忆性知识或语义知识。

（2）陈述性知识的分类

陈述性知识可以分为简单陈述性知识和复杂陈述性知识两类。

简单陈述性知识主要是指符号表征学习和非概括性命题的学习。这类知识反映的是符号与特定事物之间的关系，其学习的难度不在于理解而在于记忆和保持。

复杂陈述性知识主要是指概念和概括性命题。这些知识习得的关键是理解。理解的实质是学生知道新知识的内在联系，也清楚新旧知识的关系。数学知识的学习重要的是理解，是在理解基础上的记忆。

有时遇到不会解的问题，我们会说是因为概念不清的原因。对于概念的学习和理解是随着应用概念解决问题逐步深化的，是一个不断发现其与已有知识联系的反复过程。在开始学习概念时，学生接触到的是由文字描述的孤立的概念，在教师的引导下，学生将此概念与从生活或学习中得来的经验相联系，得到对概念的初步认识。然后学生要进一步学习其他的相关例子，要解决一些相关的问题，在有些问题的解决过程中，需要回到概念，这种反复过程促使人们去反思，重新认识概念。经过这样的学习，我们习得的不再是孤立的概念，而是一个有丰富材料支持的概念，相关的材料越多，对概念的认识就越全面，对概念的理解也就越深刻。

陈述性知识的学习要达到成诵的水平。成诵不是指能背诵定义、定理等，而

---

① E. D. Gag ne. The Cognitive Psycology of School Learning, 1985.

是能把概念、定理等在理解的基础上用自己的语言清楚、准确、完整地说出来。

所以,陈述性知识的教学目标主要是培养学生回忆知识的能力。

2. 程序性知识

(1) 什么是程序性知识

程序性知识是个人没有有意识地提取线索,只能借助某种作业形式间接推测其存在的知识。程序性知识主要用来解决"怎么办"的问题。程序性知识可以是方法、策略或技能,它们总可以归结为一些规则或操作步骤,操作步骤实质上也是一种规则。

在本质上,程序性知识是由概念和规则构成的。掌握程序性知识的实质是掌握做事的规则,规则包含了概念。一条规则总是由若干个概念通过一定的关系构成的。因此程序性学习的前提是先要学习相关概念等陈述性知识,程序性知识掌握的前提是对其中蕴含的概念等陈述性知识有较为深刻的理解。

在学生的实际学习过程中,陈述性知识的学习和程序性知识的学习是相互促进的。学生在学习目标的指引下有选择地接受新信息,并将它暂时储存于短时记忆中,新知识与处于激活状态的原有知识相互之间产生联系,之后以一定的方式与原有知识形成联系,新知识进入原有的命题网络。这一阶段,所有的知识都是陈述性知识,对于程序性知识来说,习得的只是它的前身,即程序性知识的陈述性形式。如果学生能按这些规则或操作办事,这些规则或操作支配了他的行为,则这些知识已转化为程序性知识,变成了学生的技能。

(2) 程序性知识的分类

根据运用概念和规则办事的指向性不同,程序性知识又分为两个亚类:将经过练习后能自动激活产生式系统从而达到熟练技能的一类称为智慧技能;将受意识控制而难以达到自动激活程度的产生式系统称为认知策略。另一方面,从受意识控制到自动化是一个连续不断变化的维度,有大量的程序性知识介于两者之间,对于数学知识而言,这种情况尤为突出①。我们将在受意识控制和自动化之间但又偏向自动化的程序性知识称为复杂操作性技能,并将其归入智慧技能。于是智慧技能又分为简单操作性技能与复杂操作性技能两类。对于认知策略,在两个

---

① 喻平.知识分类与数学教学[J].数学通报,2000(12):12—14.

层面上予以刻画：一层是数学思维方法，称为策略性知识；另一层为个体对自己认知过程的思维，包括对自己的信息表征、组织、贮存、提取方式及对思维过程本身的调节和监控，称为反省认知或元认知。这样，从数学学科角度看，数学知识的分类可表述为如图 5-1-1 所示。

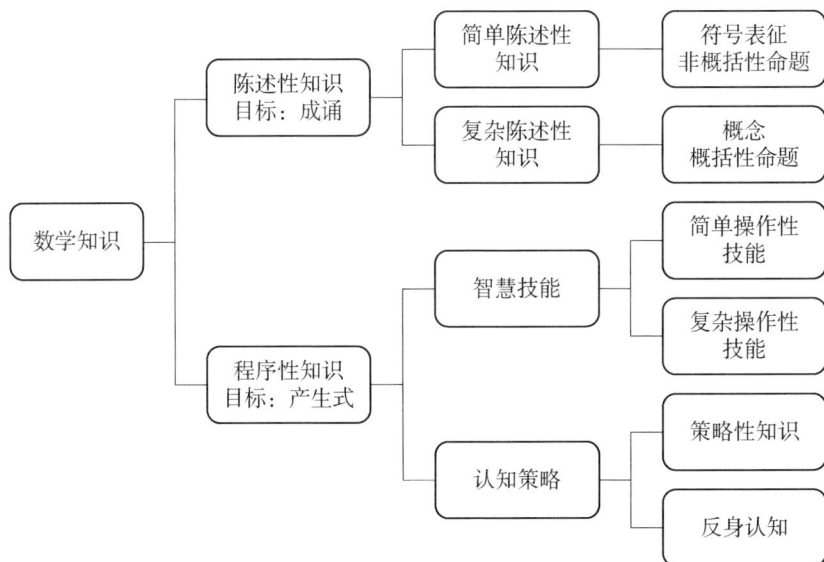

图 5-1-1　认知心理学视角下的数学知识分类

程序性知识学习的目标是形成自动化的产生式。所以，程序性知识的教学目标是培养学生依照程序顺利完成某项活动的行动能力。

3. 陈述性知识与程序性知识获取顺序的论争

关于产生式规则的获取，目前主要有两种不同的观点：一种观点认为，产生式规则的获取要经过陈述性知识的阶段，即学生必须首先学会陈述性知识，然后经过知识编辑转化为程序性知识（即产生式），持该观点的以安德森（Anderson）的知识编辑理论为代表；另一种观点认为，产生式规则可以不通过陈述性知识的阶段直接获取，持该观点的以内维斯（Neves）、安仔（Anzai）、西蒙（Simom）、朱新明等为代表。

一些心理学家认为，获取知识所经历的学习过程在很大程度上依赖于所执行任务的性质：对基于符号（或概念性知识）的任务，一般是陈述性知识先于过程性知识获取；对基于复杂感知线索的任务，则是过程性的知识先于陈述性知识而获取；有时，陈述性知识与过程性知识可以并行地获取。

朱新明等人的示例学习研究表明，过程性知识的直接获取，不依赖于任务的特点。从心理表征的角度看，陈述性知识在人类的记忆中是不存在的，人类记忆中的知识具有过程性的特点，可以统一表示为产生式规则。产生式的获取必然是一个直接的过程，没有经过陈述性知识的阶段。

第二节　产生式和产生式系统

1. 产生式及产生式系统的概念

（1）产生式

产生式（Prodction）一词最早是由波斯特（E. Post）在 1943 年提出来的。他用串替换规则建立了一个进行符号串替换操作的计算模型。其中的替换规则就是产生式。在该模型中，每个产生式包含一个情境描述部分和一个动作部分，表示为"情境-动作"对。解释的规则为：如果一个产生式的条件部分得到满足，那么就执行这个产生式的动作部分。

后来，产生式进一步发展成为一种以操作为中心的知识表示法，用来描述多种不同类型的知识。在问题解决系统中，产生式描述为"状态-动作"对，表示问题的状态与相对应的动作之间的联系；在推理系统中，产生式描述为"前提-结论"对，表示推理规则的前提与结论之间的关系。综合上述两种情形，人们一般将产生式描述为"条件-动作"对。[①]

产生式在我们生活中最直观的例子是：过马路的红绿灯规则。

规则 1：如果是红灯，那么停下来等。

规则 2：如果是绿灯，那么可以通过。

1965 年，刘维尔和西蒙将产生式作为描述人类在问题解决中的信息加工过程

① 朱新明,李亦菲,朱丹.人类的自适应学习——示例学习的理论与实践[M].北京:中央广播电视大学出版社,1997:57—64.

的形式化语言,在此基础上,模拟了人在不同领域问题解决中的行为。他们的基本假设是:人类解决问题的知识可以表示为产生式规则,人或者计算机一旦获得了这些产生式规则,他(它)就能有效地解决相关问题。

以"条件-动作"对形式表示的产生式与行为主义的"刺激-反应"理论很相似,即都是按一定的条件引起一定的结果。但产生式与行为主义刺激反应理论有很多不同之处(表5-2-1)。

表5-2-1　产生式与行为主义刺激反应理论的区别

	产 生 式	行为主义"刺激-反应"理论
条件	既可以是外界的某种刺激,也可以是短时记忆中存储的信息	外在刺激
动作	除了外部动作外,还包括对短时记忆中的内容所进行的内部心理操作	外显的反应或者腺体分泌
结果	具有概括性,一系列的概括的产生式可以用来解决范围很广泛的同类问题	简单的一对一的"刺激-反应"对

信息加工心理学家安德森提出迁移的产生式理论,用于解释基本技能的迁移。其基本思想是:先后两项技能学习产生迁移的原因是这两项技能之间产生式的重叠,重叠越多,迁移量越大。安德森认为,这一迁移理论是桑代克相同要素说的现代化。在桑代克时代,心理学没有找到适当的形式来表征人的技能,以致错误地用外部的刺激和反应(即S-R)来表征人的技能,所以不能反映技能学习的本质。信息加工心理学家用产生式和产生式系统表征人的技能,这样就抓住了迁移的心理实质。所以,导致先后两项技能学习产生迁移的原因,不应该用它们共有S-R联结的数量来解释,而应该用它们之间共有的产生式数量来解释。安德森等设计了许多实验来验证这一迁移理论,结果表明,预测的迁移量和实际测量到的迁移量有很高的一致性。

(2)产生式系统

产生式能够细致地描述人类在推理和问题解决中的信息加工过程。因此,基于产生式规则建立起来的产生式系统(Production System)成为计算机模拟人类思维活动的一种重要模型。

在人工智能研究中,一个产生式系统主要由三部分组成:一个全局数据库、一个产生式规则集、一个控制系统。在这个产生式系统的结构中,全局数据库是使用某种数据结构(如符号串、向量、集合、矩阵、树、表等)表达的问题状态,即问题中的事物、事件和它们之间的关系。产生式规则集是由一系列产生式构成的,它们以"条件-动作"对的形式描述问题解决过程中的各种操作。控制系统中有一些特殊的产生式,它们负责对问题解决的过程性进行协同控制,包括产生式规则的选择与实施。在这三个组成部分中,全局数据库对应着陈述性知识,执行类似于人的短时记忆的功能;产生式规则集对应于过程性知识,执行类似于人的长时记忆的功能;控制系统对应于控制性知识,表现为一些估计函数。

产生式系统的工作过程可以描述为如下算法:

① 将问题的初始数据调入工作记忆中的临时数据库;

② 重复执行下面的过程,指导数据库中的内容满足终止条件;

③ 过程开始;

④ 在产生式规则集中选择能作用于数据库的规则集;

⑤ 控制系统根据一定的策略从选出的规则集中确定一条规则输出;

⑥ 执行规则的动作部分,改变数据库中的内容;

⑦ 过程结束。

这是一个非确定的算法,因为它没有具体说明在第四和第五步中如何选择和确定一个适当的规则来作用于数据库中的内容。这是主要由控制系统的控制策略所决定的。

一般地,从选择和确定规则到执行操作的过程包括如下三个步骤:

① 匹配。即把当前数据库的内容和规则的条件部分进行比较。如果某条产生式规则的条件部分与当前数据库中的内容相匹配,那么这条规则就被选择了(称为激发的规则)。在这个阶段,可能有几条规则的条件部分同时被满足,这些规则都会被选择,称为激发的规则。这时需要进行冲突裁决,以确定一个最合适的规则。

② 冲突裁决。当有一个以上规则的条件部分和当前数据库中内容相匹配时,就需要决定首先使用哪条规则,这叫做冲突裁决。

③ 操作。即执行被启用产生式规则的动作部分,其结果是当前数据库的内容被修改,使得其他的规则有可能被选择和使用。

产生式系统与一般的非智能计算机软件相比,有如下三个特点:

① 全局数据库中的内容可以由所有的产生式规则访问,没有任何部分是专为某一规则建立的。

② 产生式规则本身不能直接调用其他规则,规则之间的联系必须通过全局数据库进行。

③ 全局数据库、规则集和控制系统之间相对独立,这种积木式的结构便于整个系统增加和修改知识。

在人工智能中,产生式系统是一个使用范围很广泛的概念。一个人工智能程序,不管其具体形式如何,只要具有全局数据库、规则集和控制系统的结构,都可以被称为产生式系统。

产生式系统既可以作为一种通用的问题表达模型描述多种人工智能的问题求解技术(特别是搜索技术),也可以用来解释人在问题解决和学习过程中的各种现象。用产生式系统作为人工智能问题表达模型,需考虑如下方面的问题:

① 全局数据库的内部表达形式

全局数据库中包含用某种数据结构表示的问题状态数据和解决问题的指示。一般地,问题状态可用集合、数组、矩阵等数据结构来表示,解决问题的指示则用产生式来表示。在人工智能研究中,为了有效解决各种问题,需要寻求表达力强、便于使用和便于理解的知识表达模型。这是人工智能中的"知识表达",也叫"知识表示"。

② 搜索过程中不断改变的全局数据库的表达问题

从全局数据库的初始状态开始,每条规则的作用都可能引出一个新的状态,新状态与原有状态一般只有部分不同。在人工智能中,把这种动态改变全局数据库的表达和存储问题称为画面(Frame)问题。如果采用从原始数据库拷贝不变信息到新的数据库中,则不但会耗费拷贝时间,还要占用大量的存储空间;另一种常用方法是不拷贝重复信息,而是在新的数据库中记录改变的内容,这虽然节省了存储空间,但增加了处理的复杂性。这是产生式系统表达模型中的一个重要问题。

③ 控制策略的问题

产生式系统中的控制策略是影响问题求解效率的最关键问题。它不仅表现在不同的问题求解策略会产生不同的解题效率,而且如果控制策略选择不当,还可能导致在有限的时间和空间内得不到问题的解答。控制策略主要由规则选择策略和搜索过程表达策略两部分组成。可用规则的选择顺序直接影响到某个问题的求解效率,而不同的搜索结构则对应着不同的时间和空间需求。

大多数的产生式系统都是直接针对问题解决的,这种产生式系统可以被称为目标级产生式系统或者 0 级产生式系统。在一些复杂的情况下,一个目标级产生式系统的控制系统本身又可以是一个产生式系统。这个产生式系统要解决的问题是如何选择目标级产生式中的规则,它可以建立起它自己的全局数据库(描述目标级问题求解系统的状态)、产生式规则集(描述改变目标问题求解系统状态的规则)和控制系统(描述选择相应规则的策略)。这个产生式系统可以被称为产生式系统或者 1 级产生式系统。同样,也可以有 2 级、3 级等更高级的产生式系统。

我们将仅含有 0 级产生式系统的系统称为 0 阶产生式系统;将有 0 级和 1 级产生式系统的系统称为 1 阶产生式系统;……将含有 0 级、1 级……n 级产生式系统的系统称为 n 阶产生式系统。1 阶以上的产生式系统称为高阶的产生式系统。高阶产生式系统对于复杂环境中的综合性问题解决和学习功能的实现是十分必要的。例如,学习的本质是系统所具有的知识的改变,如获得新知识、修改原有的知识等,这些改变可以在各类知识上发生,尤其在控制性知识上。因此,要在一个目标级的问题求解系统中实现学习的功能,必须有另一个更高级的产生式系统的参与。也就是说,学习系统必然是一个高阶的产生式系统。目前,只有少数人工智能系统属于 1 阶产生式系统。

复杂的产生式系统的另一种形式是由多个产生式系统组成的并行分布式系统。主要有两种情况:一种是多个问题求解部件组成协作网络,每个部件是一个产生式系统;另一种是由多个人工智能系统组成的联合网络,每个系统本身是综合性的人工智能系统,由一个更高级的产生式系统将它们联合成为更复杂的系统。第一种系统相当于多方面专家组成的协作组,第二种相当于由多个协作组组成的专家集团。

2. 产生式系统的代表性理论

刘维尔和西蒙将产生式概念用于建立人类认知模式以来,一个重要的假设被建立起来,即问题解决的知识可以表示为一系列的产生式,只要获取了这些产生式,人或者计算机就能解决相应的问题。如果一个产生式系统只能解决某些特定的问题,没有学习的功能,则这个产生式系统被称为"固定的产生式系统"。反之,如果一个产生式系统能通过观察例题或者解决问题获取新的产生式,并把这些规则添加到它的记忆中去,从而扩大能解决问题的范围,则这个产生式系统被称为"自适应产生式系统"。

"自适应产生式系统"为探索人类学习机制提供了一个全新的视角,受到认知科学界和人工智能学界的高度关注。自 1970 年代以来,认知心理学家们从"自适应产生式系统"概念出发,对学习机制进行了大量的研究。内维斯曾将自适应产生式系统的观点用于研究学科知识的自适应学习,他建构了一个通过例中学和做中学掌握一元一次方程解法的计算机程序,这一程序可以通过分析有解答步骤的例题发现导致成功解题的规则,并修改程序来执行这些规则解决类似的各种问题。几乎在同一个时期,安仔和西蒙通过分析被试在解决河内塔问题中的学习过程,证明了人也可以表征为一个自适应的产生式系统,它可以通过解决问题获得相应的产生式规则。

此后,认知科学家们从自适应产生式系统的角度对人或者计算机的学习机制进行了大量研究。[①] 在人的学习方面,主要是验证人利用各种自适应学习方式(如做中学和例中学)获取特定领域知识和技能的效果,并对这些学习的信息加工过程进行探索,进而提出各种学习机制的理论。在机器学习方面,主要是提出各种自适应学习的算法,并将它们用于复杂的人工智能系统。这些关于学习机制的理论和算法被统称为自适应产生式系统的学习模型。它们有两个共同特点:一是利用问题空间描述人类完成各种认知任务的信息加工过程;二是将特定领域中的过程性知识表示为产生式规则。

(1) 做中学理论

安仔和西蒙在一个实验中,让被试解决河内塔问题,被试在解决问题的过程中,相继运用了四种不同的策略:顺向搜索策略、目标固着策略、目标递归策略,以及金字塔子目标策略。为了解释这种通过问题解决获得更为有效的策略的过程,他们认真分析了被试的口语报告,发现被试能够从前一种问题解决策略中抽取有关问题结构的知识,而正是这种知识使得他能生成更加有效的策略。他们认为,

---

① 朱新明,李亦菲,朱丹. 人类的自适应学习——示例学习的理论与实践[M]. 北京:中央广播电视大学出版社,1997:57—64.

被试的这种能力依赖于他的固有学习潜能和长时记忆中已有的关于策略类型的知识,这些知识与从问题解决中抽取的信息一起推动着被试的学习进程。从被试的口语报告中,他们推论出被试进行学习的五种重要方式:①有选择性的搜索;②对子目标的组织;③组块式移动;④形成目标性概念并采用整套盘的移动;⑤感知线索的应用。

根据上述分析,安仔和西蒙构建了一个自适应产生式系统,成功模拟了被试在解决问题中获得和逐步完善所用策略的过程。在该模型中,系统首先通过观察,学会避免一些无效的操作,从而能缩小其搜索空间并发展出一种目标递归策略;接下来,被试就可以发展出金字塔目标策略,这种策略可以辨别特定的问题状态,并由相应的操作获得所需的子目标,从而形成一系列产生式,在各种子目标状态中执行相应的操作。

在安仔和西蒙的自适应产生系统中,一个重要的观点是:只要一个人能解决某个问题,对这个问题的正确的解答就成为建构新的、更加有效的产生式的基础。在这里,新的产生式规则的获取不需要先有一个陈述性知识的阶段,它所需要的只是一些必须的先行知识(这些知识也可以表征为产生式的形式)和从问题的解中抽取的关于问题结构的信息。后来,安仔进一步描述了自适应产生式系统通过重复解决同样的问题获取产生式规则的一般过程。

这个过程一般分为如下几个阶段:建立初始问题空间;收集不成功的算子;避免不成功的算子;成功算子的收集和子目标序列的建立;子目标序列中的模式发现。

(2) 内维斯的"例中学与做中学"系统

1978 年内维斯构建了一个通过考察例题和解决问题学习一元一次方程的计算机程序,即"例中学与做中学"系统。在这个系统中,他用产生式规则描述解一元一次方程所需要的知识:

P1:如果在方程的左边有一个常数,那么在方程的两边同时减去这个常数。

P2:如果在方程的右边有一个带 x 的项,那么在方程的两边同时减去这个带 x 的项。

P3:如果方程的左边有两个同类项,那么合并同类项。

P4:如果方程化简为"$ax = b$"的形式,那么方程两边同时除以 a。

P5:如果方程化简为"$x = c$"的形式,那么结束。

系统一开始没有这些产生式规则,只有一些基本的代数知识。例如,能识别代数方程的表征、识别链接表征的信息、执行简单的代数操作、知道要求解的目标等。这个系统由示例模块、执行模块、学习模块等三个模块组成。示例模块接受有解题步骤的例题并调用学习模块;执行模块利用各种启发式方法(如手段-目的分析)解决问题,同时生成新的例题并调用学习模块;学习模块接受"输入-输出"对(即例题中连续的两行内容),生成新的产生式。

这三个模块的流程图如图 5-2-1 所示。

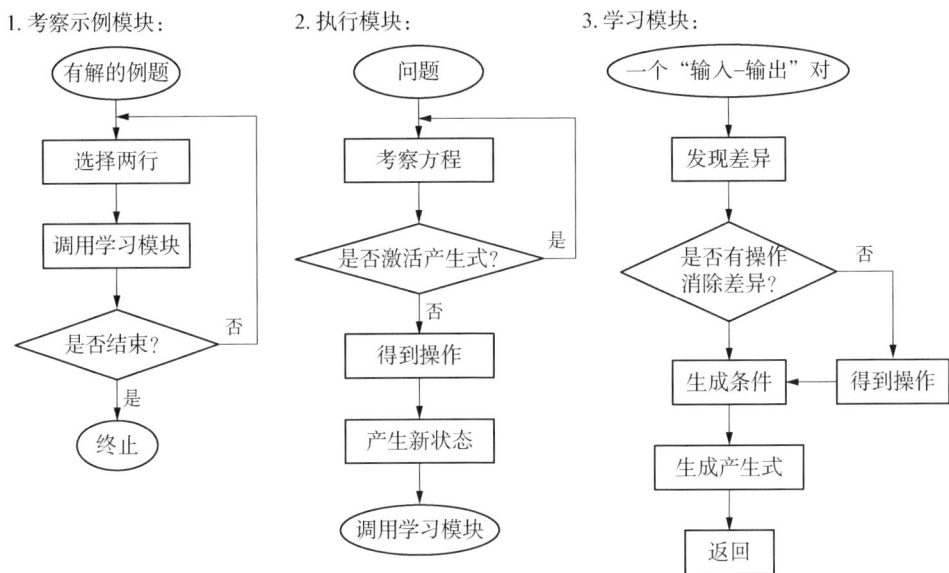

图 5-2-1 "例中学与做中学"系统的工作流程

从图 5-2-1 可以看出,学习模块是这个系统的核心,它接受从示例模块和执行模块形成的"输入-输出"对,通过分析生成新的产生式规则。

下面举例说明这个系统获取产生式规则的过程。

首先,考察示例模块(或执行模块)从一个有解题步骤的例题中(或已解决的问题中)选择相连的两行内容,并以它们作为一个"输入-输出"对调用学习模块。为了便于程序识别,这两行内容表示为如下的表结构形式:

输入 $x-3=5$ ———— (left+x)(left-3)(right+5)

输出 $x=5+3$ ———— (left+x)(right+5)(right+3)

学习模块接受这个"输入-输出"对后,先要对它们进行差异分析,确定在第二行中：(1)从第一行去掉了什么——REM；(2)增加了什么——ADD；(3)有什么发生了变化——TRANS。对这个"输入-输出"对，差异分析的结果是：(REM (left−3))(ADD(right+3))。即从第一行的左边去掉了−3，在右边增加了+3。

为了生成能够通用的产生式规则，必须对这种具体的差异进行概括化。进行概括的方法是预先在程序中规定好的。

例如，一个概括的原则是："将所有的具体数字都概括为符号 num，即数的概念。"根据这条原则，上面的差异可以进一步描述为：(REM(left−num))(ADD (right+num))。

在得到一个"输入-输出"对的概括化差异后，接下来要寻找导致这种差异的操作，以生成一条"条件-动作"对形式的产生式规则。对以上这种差异，程序可以发现是由在"方程的两边减去左边的常数"的操作造成的。于是，程序就可以将"输入-输出"对的第一行作为条件，将这个操作作为动作，生成新的产生式规则：如果在方程的左边有一个常数，那么方程的两边同时减去这个常数。

当然，为了生成这个新的产生式规则，需要给程序赋予一些启发性的规则，这些启发性规则也可以用产生式的形式描述。

例如，与上面的产生式相关的两个启发性规则是：

① 如果一个操作导致了某种差异，那么这个操作的条件可能就是它作用的那组代数符号。

② 如果在差异中有被去掉的成分，那么这个去掉的成分应放在产生式的条件中。

在获取产生式的过程中，有时可能会找不到现成的操作来解释"输入-输出"对之间的差异。这时，就要通过其他方法来寻找相应的操作。

内维斯提出了 5 种方法来解决这个问题：

① 询问指导人员；

② 使用简单的操作；

③ 使用"手段-目的"分析法寻找操作；

④ 对差异实行部分匹配；

⑤ 使用其他的表征形式。

由此看出，这个程序可以通过分析有解的例题和解决具体问题生成新的产生式规则，并将它们存储在程序的产生式记忆中。在获取产生式规则的过程中，并没有事先经过陈述性知识的阶段,再转变为过程性知识,而是通过对"输入-输出"对的差异分析发现条件,然后寻找相应的操作直接获取产生式。

（3）安德森的自适应控制理论

在自适应控制理论(Adaptive Control Theory，ACT)中,安德森将人的长时记忆分为陈述性记忆和过程性记忆,提出了如图 5-2-2 所示的认知结构模型。

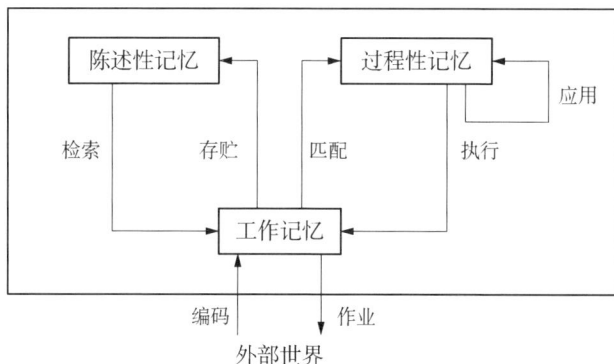

图 5-2-2　ACT 理论的认知结构模型

在该认知模型中,陈述性知识存储在陈述性记忆中,它们可以通过检索被提取到工作记忆中,然后与过程性记忆中的产生式规则的条件部分进行匹配。如果匹配成功,则由工作记忆执行产生式的动作部分,实行对外部世界的作业。

产生式是 ACT 理论中的核心概念,因为它在陈述性知识和人的行为之间搭起了一座桥梁。安德森认为,产生式是一种程序性知识,它的获取与陈述性知识的获得是不同的。为了阐述产生式的获取机制,他提出了"知识编辑理论"。这一理论包含两个基本假设:

① 将问题解决的程序性知识表示为产生式规则;

② 首先获取陈述性知识,然后再转化为程序性知识。

假设 1：将问题解决的技能表征为产生式规则

在知识编辑理论中,安德森将特定领域的技能表示为一系列产生式规则。

例如,在 LISP 语言中,下面的一条语句执行的功能是将一个表(list1)的第二个元素插到另一个表(list2)的前面:

```
(defun insert-second(list1    list2))
(cons(car(cdr list1))list2)
```

写出这条语句的技能可以用如下的产生式规则来完成：

① 定义功能的产生式(P-defun)

如果：目标是定义一种功能；

那么：写出 defun,并设立以下子目标。

1) 写出这个功能的名字；

2) 写出这个功能的参数；

3) 写出执行这个功能的各种运算。

② 写出名字的产生式(p-name)

如果：目标是写出这个功能的名字,且 * name 是这个功能的名字；

那么：写出 * name。

③ 写出参数的产生式(p-params)

如果：目标是写出这个功能的参数；

那么：为每一个参数产生一个变量,并将它们写在一对括号内。

④ 插入运算的产生式(p-insert)

如果：目标是将一个元素插入到一个表的前面；

那么：写出 cons,并设立子目标。

1) 写出这个元素；

2) 写出这个表。

⑤ 取一个表的第二个元素的产生式(p-second)

如果：目标是取出一个表中的第二个元素；

那么：写出 car,并设立子目标：写出这个表的表尾。

⑥ 取表尾的产生式(p-tail)

如果：目标是写出一个表的表尾；

那么：写出 cdr,并设立子目标：写出这个表。

根据这种方法,用 LISP 语言编程的技能可以表征为 500 条这样的产生式。这些产生式描述了学习者是怎样解决用 LISP 语言编程的问题的,可以被称为理想的学生模型(ideal student model)。

假设 2：由陈述性知识转化为程序性知识

安德森认为,虽然熟练的技能可以表征为一系列的产生式规则,但在技能形成的初期却并不是这样。他指出,我们不能将这些产生式规则展示给学习者,并期望他们直接将这些知识编码成头脑中的产生式规则;相反,学习者必须首先将相关的知识编码成陈述性知识的形式,然后再转换成产生式规则。

这一过程可分为以下三个阶段:

第一阶段是解释(Interpretation)。

在这一阶段,领域特定的陈述性知识被解释成一般的产生式规则(即"条件-动作"对,动作的激活必须以相应的条件得到满足为前提)。非领域特定的产生式规则用一般性策略(如目标分解、逆向推理等)来组织陈述性知识,便于进一步的应用。例如,在解答几何证明题时,一个可用的解释性的产生式规则是:"如果目标是解决一系列的问题,那么将解决第一个问题作为子目标。"

第二阶段被称为知识编辑(Knowledge Compilation)。

主要完成对单个领域特定的产生式规则进行组合,包括程序化(Proceduralization)和合成(Composition)两个子过程。程序化是指将领域特定的陈述性知识融入产生式规则,从而在记忆中改变了知识的组织形式,形成领域特定的产生式。合成是对一系列相关的产生式聚合成一个更大的产生式,被称为宏产生式(Macro-production),它能以较快的速度实现与一系列小的产生式同样的结果。经过知识编辑阶段,领域特定的陈述性知识被程序化,并整合成更大的宏产生式,从而简化了一步一步的推理过程,提高了问题解决的效率。

第三阶段是产生式的调优(Fine tuning)。

安德森认为,随着产生式越来越多,学习者通过概括(Generalization)和细分(Discrimination)两种过程对产生式系统进行调优:概括是指学习者根据一些问题共有特点系统地总结出更一般的产生式规则,以指导今后的问题解决;细分是指学习者对过于一般的产生式增加约束条件,使它们只在适当的范围内起作用。

此外,安德森也承认有另外一种学习途径,即通过包容(Subsumption)的学习,也即从原有的解决问题的图式(Problem-solving schemata)中发展出新的图式。这种学习有两种不同的形式:一种是完善已有的图式并应用于新的问题情境;一种是从原有图式中建立新的图式。安德森等把这种学习称为"结构化理解的学习"。[1]

---

① Neves, D. M & Anderson, J. R. Knowledge compilation: Mechanisms for the automatiziation of cognition skills. In J. R. Anderson(Ed.) Cognitive skills and their acquisition. Hillsadale, NJ: Erlbaum: 57-84.

安德森的 ACT 理论将学习过程中知识的获取和运用两个主要环节紧密地联系起来,为解释知识和技能的获取过程提供了清楚的描述。但是,这一理论也有一些不足之处:第一,它是建立在传统教学模式的基础之上的,因此这一模型只适合于传统的教学模式,不能解释示例学习的信息加工过程;第二,在这一理论中,新的产生式虽然可以被创造和调整,但没有解释新动作产生的原因;第三,由于没有考虑个体的元认知因素对学习过程的影响,它不能解释在同等训练的情况下不同的人表现出来的快慢差异。

(4) ABLE 模型

拉金(Larkin)描述了学习者从教材中所能学到的最低限度的知识,并提出一些方法促进所学知识的运用以解决具体的问题。他提出的 ABLE 模型是计算机模拟的学习模型,包括新手的模型(BARELY ABLE)和专家的模型(MORE ABLE)。该模型中,新手在解决问题中发展他的知识并最终变成专家,这一过程可描述为:首先,新手在解决问题时应用非领域特定的一般策略(如"手段-目标"分析)进行逆向搜索的方法来寻找解题法则;一旦某条法则被成功运用,新手就会以这一法则得以运用的问题情境作为"条件"以提取相应的知识作为"动作"构造一个产生式,并存入长时记忆中;随着产生式的建立,在解决同类问题时,不再需要进行逆向搜索和转换,对解题法则的选择将变成一个自动化的过程。

ABLE 模型假设产生式只需在解决问题中成功地运用一次法则后就能被建立起来,这是不符合实际情况的。

事实上,由于个体所经历的学习过程不尽相同,产生式建立快慢也是不一样的。此外,ABLE 模型也没有考虑在学习过程中产生式的迭加作用。尽管如此,ABLE 模型成功地模拟了由新手变成专家的过程中,在解题方法上由逆向搜索向顺向搜索的转变。[①]

(5) 学习的组块机制

学习的组块机制是由莱尔德(Laird)、刘维尔和罗森布鲁姆(Rosenbloom)提出的,后来成为人工智能系统 SOAR 的核心机制。SOAR 是一个用来建立智能系统并模拟人的认知活动的通用计算模型,它利用一整套统一机制来解释范围广泛

---

① Sweller, J. & Cooper, G. A. The use of worked out examples as a substitute for problem solving in learning algebra. Cognition and Instruction 1985: 59 - 89.

的认知活动,譬如:人的记忆、问题解决、学习、决策以及日常行为等。其中主要的机制包括两个:

一是利用决策周期和子目标分解的机制实现"手段-目的"分析。

SOAR 在完成各种认知任务时,产生式规则的提取、执行和释放等认知操作都是通过一种被称为决策周期(Decision Cycle,DC)的基本过程来实现的。在一个决策周期中,首先是工作记忆中的内容与产生式规则的条件部分进行比较,同时激活所有满足条件的产生式(称为精细化阶段);然后是评价这些产生式的动作部分被执行的优先级,并决定执行哪个动作以修改工作记忆中的内容(称为决策阶段)。在这一过程中,产生式规则是通过对工作记忆内容的识别(即与产生式的条件进行比较)而被激活的,而某条产生式的动作被执行的优先级则是由 SOAR 的底层结构通过语义学的评价而获得的。某个动作被执行后,工作记忆中的内容就发生改变,另一个新的决策周期又重新开始。

然而,有时在决策周期的第一个阶段可能没有激活能有效评价其执行优先级的产生式规则,从而出现僵局(Impasse)。在这种情况下,SOAR 能够自动地设立一个子目标(Subgoaling),并生成一个新的问题空间来实现这个子目标。这个新问题空间的初始状态是僵局发生时的问题状态,它的目标状态是僵局被解除。一个新的决策周期在这个问题空间中运行,以解除所面临的僵局。一旦找到足够的知识来解除这个僵局,这个子目标就被实现了。这时,SOAR 又回到原来问题空间中的决策周期,继续完成任务。

二是利用组块机制获取新的产生式规则。

组块(Chunk)这一概念最早是由美国心理学家乔治·米勒(Miller)提出来的,他认为,人是以组块的形式将从环境中获得的知识组织和储存起来的,在学习过程中存在这种有结构的组块的集合。在 SOAR 系统中,组块这一概念被赋予了新的涵义,并发展成为一种通用的学习机制:一方面,组块不是一个单一的符号,不是能用于解码或编码的项,而是由刺激符号和反应符号组成的产生式规则;另一方面,组块是一个完整的学习过程,而不仅仅是过程的结果。

在 SOAR 解决问题的过程中,每当一个子目标实现时,组块机制就获取一条新的产生式规则,并加到长时记忆中去。这些生成的产生式规则被称为"组块",它们的条件部分是存在这个子目标形成之前的工作记忆中的内容,动作部分是子目标实现后工作记忆中的内容。这些组块能够在以后的问题解决过程中有效地避免类似僵局的形成,并直接激活相应的算子实现子目标。

(6) 归纳理论

赫兰德(Holland)等人认为:典型的产生式系统是序列结构的,不能说明在感知水平发生的并行处理过程。因此,他们提出了解决问题学习中的并行处理理论——归纳理论(Framework of Induction)。在这一理论中,人被看作是一个积极的目标搜寻系统,它能对外部环境中的事件进行不确定性的推理并做出准确的预测,这种观点与凯利(Kelly)的人格理论对人的描述极为相似。

归纳理论把产生式系统作为知识的基本构造单元,并将产生式规则分为三类,即经验性规则、推理性规则和系统操作规则。与传统的观点不同,赫兰德等人认为产生式系统在运行中存在着并行处理的过程,即有许多产生式规则将同时被"点燃"(fire),而只有那些条件部分全匹配的产生式规则才被"登记"(register),然后,这些被登记的规则将比较强度,只有强度超过一定阈值的规则被激活并执行。在归纳理论中,新规则是通过对推理性规则的应用而产生或改变的,主要有概括化(generalization)和特殊化(specialization)两种机制:概括化是指去掉某一规则的部分条件而使这一规则能用于更一般的问题情境,主要是通过从例子的有关特征中区别出一些小的规则而进行的;特殊化是指当一条规则的条件被满足,但不能得出适当的操作时,通过改变原有规则的条件部分并与适当的操作相匹配而引出一条新的产生式规则。此外,规则的改变也可以通过不完全推理(adduction)的方式进行,在这种情况下,认知系统通过搜索找到一个最恰当的解释性假说(这种假说往往是一种多重的、不完全的推理),并以此假说解释一系列的事实和观察结果。

归纳理论的另一个重要观点就是关于规则的重新组合。赫兰德等人认为:在已有的产生式系统中,最有用的规则将进行重新组合;组合后产生的新规则并没有取代旧的规则,而是与旧规则共存。这一观点可以部分说明新规则的创造过程。

(7) 条件建构-优化理论

中国科学院心理学家朱新明与美国认知科学家西蒙,探讨了学生通过考察有解答步骤的例题和解决问题掌握学科知识的有效性,并研究了示例学习的信息加工过程。研究结果表明:①通过示例学习,被试能够有效地获取产生式规则,并运用这些规则解决问题,表现出较强的问题解决能力。②在提取产生式规则解决问题时，要以识别产生式的条件作为前提，学习者对产生式条件线索识别的敏感与否，直接影响着产生式规则的匹配、初选、运用和调优的过程。这些研究一方面证明了人类在获取特定领域的知识和技能中的自适应特性，发展了自适应的产生式系统的学习模型；另一方面提出了将示例学习作为人类获取领域特定知识的一种有效的模式，为改革传统的课堂教学模式提供了一条新思路。朱新明等提出了"条件建构-优化理论"(Theory of Constructing and Elaborating of Condition)，这一理论是建立在将知识表示为产生式基础之上的，强调通过加强对产生式条件的学习促进人的知识获取，进而培养顺向推理的问题解决技能。

条件建构-优化理论的基本观点是：①包括概念、原理和问题解决过程的特定领域知识可以表示为一系列的产生式规则，掌握了这些产生式规则，也就发展了相应的认知技能；②作为一个自适应的产生式系统，人可以直接获取产生式规则，这个过程是通过条件建构和条件优化两个阶段完成的；③在示例学习中，可以通过加强对产生式条件的学习促进知识的获取，并使学习者发展顺向推理的问题解决技能。

第三节　将数学知识统一表示成产生式

产生式概念的提出，为知识表示研究提供了一个新的视角。这种表示方式的优势是将知识理解为过程性的，强调在具体的认知活动过程中把握知识的内容，让学生在做数学中领悟数学的精髓，让学生对数学理解得更深刻。

综观我国的数学课程标准（教学大纲）的发展历程，可以发现对数学课程目标的定位，经历了从"双基"到"四基"的拓展，即从原来的数学基础知识、基本技能，增加了数学基本思想、数学基本活动经验[①]。如何将"四基"作为一个整体加以考虑？数学产生式将是一个新的切入点。

认知心理学认为，人类的大部分认知活动，都可以分解为一系列的动作，其中

---

① 中华人民共和国教育部. 普通高中数学课程标准(2017 年版 2020 年修订)[M]. 北京：人民教育出版社，2020：8.

的每一个动作都在一定的知识模式下被激活；产生式通过用"模式-动作"对来描述认知活动的步骤反映了这一特点。因而，产生式准确地把握了人类知识的过程性特点，与传统心理学中用图式和命题等用来表示人类知识组织方式的概念相比，具有独特的优势。

然而，产生式这一概念，也存在一定的局限性。其中一个缺点是，它难以表达结构复杂的知识，不能充分反映人类知识的结构性特点。所以，在人工智能的研究中，产生式表示常常是和其他的知识表示方法结合起来描述知识。对不同的问题，产生式可以用不同的数据结构描述，如逻辑、语义网络、框架、脚本、人工神经元网络等。同时，我们也看到，陈述性知识和过程性知识不是绝对区分的。

罗米索斯基（A. J. Romiszowski）将知识分为"事实性知识"和"概念性知识"两大类，具体包括事实、程序、概念、原理。这种分类方法和哲学上的感性知识与理性知识的划分是一致的。也就是说，事实性知识相当于感性知识，概念性知识相当于理性知识。我们在用这个分类去分析学科知识的时候，发现一个有趣的现象，即人们通常认为的学科知识只包含概念和原理，将事实和程序归为学习概念和原理过程中所积累的"经验"。因为概念和原理是能够用语言或者符号来进行精确描述的知识，且数量有限；但事实和程序难以用语言或者符号描述，且数量无限。故此，概念和原理可以被理解为显性知识，事实和程序可以被理解为隐形知识。

就数学学科而言，如何将数学概念、数学原则、数学程序、数学事实等数学学科知识表示为产生式？下面我们将作一个初步的探索。①

1. 如何将数学概念表示为产生式

概念被定义为反映事物本质特征的思维形式。根据概念特质的不同性质，可将概念分为具体概念和抽象概念。其中，具体概念是指根据事物的感知特征形成的概念，譬如大小、形状、颜色等等；抽象概念是指根据事物的本质特征形成的概念，譬如复数、分子、函数等等。一般地，具体概念难以用语言明确定义，主要用于事物的简单分类；抽象概念可以用语言明确定义，主要用于判断、推理等复杂思维

---

① 朱新明，李亦菲，朱丹. 人类的自适应学习——示例学习的理论与实践[M]. 北京：中央广播电视大学出版社，1997：57—64.

活动。

数学知识中，大部分概念都是抽象概念，而且有明确定义和确定的名称（一个或者多个）。所以，这也是为什么《普通高中数学课程标准（2017 年版）》将数学抽象列为数学的六大核心素养之一的原因。数学教科书中，大多数的概念是用非常精确的语言陈述的，且要求学生熟记。这种通过熟记获得的概念属于静止的知识，难以在实际的问题情境中运用。相比而言，专家记忆中所掌握的概念，并不是精确的、静止的陈述性知识，而是一种过程性知识，表现为能够准确识别概念在实际问题情境中的各种变式。所以，将概念理解为过程性知识，并用产生式表示，称为概念产生式（Conceptual Production，CP）。在概念产生式中，条件部分是对概念本质特征的描述或者概念的实例，动作部分是对概念名称的提取。

学生对数学知识的学习往往都是从数学概念开始的，概念的定义则是揭示概念内涵的逻辑方法。一切定义都由被定义项（用 D_S 表示）、定义项（用 D_P 表示）和定义联项三部分组成。凡是定义，都是关于概念的充要命题，任何数学概念的定义都可由定义项得出被定义项（即概念的判定），理解成"如果 D_P，那么 D_S"的形式。也可由被定义项得出定义项（即概念的性质），理解成"如果 D_S，那么 D_P"的形式，此形式下分析问题思考成"要 D_P，就要 D_S"。这与正、逆产生式的规则一致。①

例如：角平分线的定义是：把一个角分成两个相等角的射线叫做这个角的平分线。

① 定义作为判定。如图 5-3-1，如果 $\angle AOC = \angle BOC$，那么 OC 是 $\angle AOB$ 的平分线。

② 定义作为性质。如图 5-3-1，如果 OC 是 $\angle AOB$ 的平分线，那么 $\angle AOC = \angle BOC$（分析问题时思考：要 $\angle AOC = \angle BOC$，就要 OC 是 $\angle AOB$ 的平分线）。

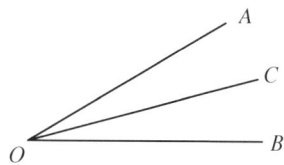

图 5-3-1

学生掌握定义作为概念的判定和性质并不意味着已经具备相应的正、逆产生式。当学生看到图 5-3-1 及角平分线条件时立即做出反应：$\angle AOC = \angle BOC$，此时该学生才具备产生式；如果学生是被问到 $\angle AOC$ 与 $\angle BOC$ 的关系时才说出相等，则该学生并不一定具备产生式。逆向产生式则随着所掌握知识的增加而丰

① 杨召朋."产生式"对数学概念定义理解教学的启示[J].中国数学教育(初中版),2016(12).

富。例如,要两角相等,就要角平分线(角平分线定义)或两边相等(等边对等角)或三角形全等(全等三角形的性质)或都等于另一角(等量代换)等等。显然,具备稳定而又灵活的产生式越多,联想到的知识就可能越自然、越丰富,更利于理解和掌握更多的定义。

在将数学概念表示为产生式的基础上,我们认为,掌握数学概念的关键在于理解数学概念的本质特征,并准确辨别各种变式呈现情况下的数学概念。

2. 如何将数学原则表示为产生式

罗米索斯基把原则定义为指导行动或者解释变化的规则,包括自然规则和行动规则。其中,自然规则是对两个或者两个以上的概念或者现象之间关系的说明。数学上的公理,可以看作这一类原则。譬如,两点之间线段最短,可以被看作一个自然规则,无需证明。行动规则是制约人们对特定环境作出适当行动的规则,这种情境可以是具体情境,也可以是概念性情境。譬如,"如果我遇到一个熟人,就会向他问好"就是一个行动规则,它说明了在遇到熟人的情境下我会采取的行动。又如,"平面内,如果两条直线相交所成的四个角中,只要有一个是直角,其他三个角也是直角",它说明四个角中一个为直角,其他三个角的状态。这是两条直线互相垂直的概念。一般地,行动规则是人为规定的。所以,我们也常常把它称为"人为规则"。

不同学科,原则的类型也是不同的。大部分理工类学科(如数学、物理、化学等)所包含的原则主要是自然规则,呈现的形式为公理、原理、定律、定理、推论等;人文学科(如语言、艺术、法律等)则含有一些约定俗成的行动规则,呈现的一般形式为语法、规定、条约等。

原则呈现的形式一般为"如果……,那么……",但并不是所有的规则都是采用这种明确的、显而易见的方式。譬如:"对顶角相等",说的是如果两个角是对顶角,那么这两个角相等。

"如果……,那么……"这种形式的原则,可以直接理解为产生式,我们把它称为原则产生式(Theoretical Production,TP),在原则产生式中,条件部分是原则的前提,动作部分是由前提推导出来的结论。譬如:全等多边形的性质,用产生式表示为,如果两个多边形全等,那么它们的对应边相等,对应角也相等。

3. 如何将数学程序表示为产生式

所谓程序,就是执行某一任务的步骤。所有任务都有一种或者多种程序,简单的程序只有少量几步或者几十步,复杂的程序可能包含数百步乃至成千上万步。一个简单程序的例子是数学的四则运算法则:先乘除,后加减,有括号先算括号里面的。复杂程序例子是人造卫星上天,这需要一个庞大的团队数年的努力才能实现。

如果将程序编成系统化的运算过程,则称为算法。算法的特点是,所有的人用同样的方式能够正确地得到问题的解。

传统观念中,人们没有把程序看作学科知识的组成部分,而是将它理解为经验,主要表现为问题解决技能。认知心理学关于程序性知识(过程性知识)的提法在一定程度上让传统的理解有所改变。我们认为,程序是学科知识的重要组成部分,在数学上,表现形式主要为运算法则和解题思路。运算法则是解决一些通用问题的一般算法,譬如,加减乘除四则运算法则、幂的运算法则、一元一次方程的解法等。解题思路是利用原则或者运算法则,解决各种具体问题的步骤。譬如,利用"三角形全等的定理"证明两个三角形全等;利用"一元一次方程的解法"解决各种应用题;等等。

程序性知识表示为产生式,称为程序性产生式(Procedural Production,PP)。在这种程序产生式中,条件部分是各种问题的状态,动作部分是与这些状态相对应的认知操作。

一般地,对于运算法则和判断等简单的程序性知识,程序的过程是确定的,且表现为顺向推理的特点;对于解决复杂问题的程序性知识,则由于不同的解题策略导致不同的问题解决程序。因此,表示问题解决过程的程序产生式随着解题策略的不同,有不同的形式。逆向推理和顺向推理是两种相反的问题解决程序。在逆向推理中,问题解决者从问题的目标出发,逐步产生新目标,直到得到一个满足问题已知条件的子目标为止。在顺向推理中,问题解决者是从问题的已知条件出发,逐步推出新的问题状态,直到达到一个满足问题目标的状态为止(如图 5-3-2)。

从图 5-3-2 可以看出,在表示顺向推理过程的产生式中,条件部分是从问题的已知条件中观察到的事实,而动作部分是由这些事实推出的结论;在表示逆向推理过程的产生式中,条件部分是目标或者子目标,动作部分是为满足这些目标而产生的子目标或者更小的子目标。

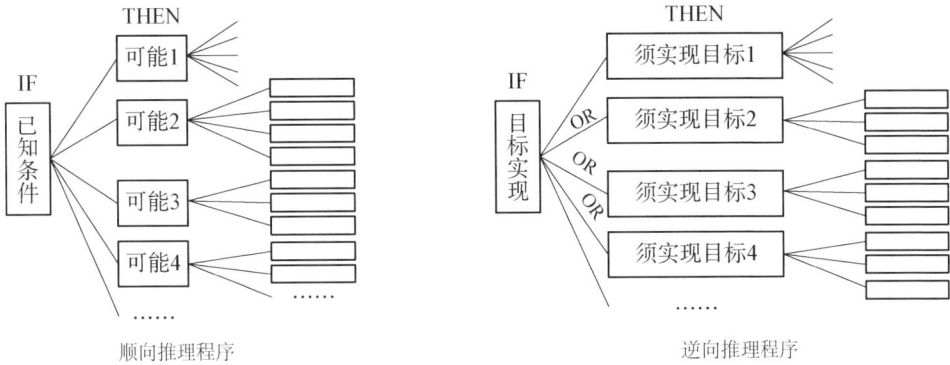

图 5 - 3 - 2　顺向、逆向推理程序示意

西蒙等人的研究表明,在遇到自己领域中的常规问题时,专家总是以顺向推理的方式解决问题,他们认为没有必要进行逆向推理,他们总是从问题的已知开始,以此作为寻找未知量的线索,直到问题解决;与之相反,新手在这种顺向推理中很快就会迷失方向,不得不由问题目标出发,开始逆向推理。实验研究表明,反映这两种推理过程的产生式规则都是存在的。由于顺向推理的问题解决策略是专家解决问题的特点,具有简洁、高效的特征,所以,在将解决问题的程序表示为产生式时,我们主要以顺向推理的方式表示,并强调培养学习者的顺向推理问题解决技能。

4. 如何将数学事实表示为产生式

所谓事实,就是知道物体、事件或者人的存在或者具有的特征。罗米索斯基将事实分为具体事实和语言符号信息。具体事实是指经过直接经验(感知)获得的各种信息,如人或者物体的形象、在一定的时间和地点发生的事情等等;言语符号信息则是指利用某种符号系统(如语言、逻辑符号、数学符号等)描述的信息,譬如,描述事物特征的言语陈述、描述事件发生的言语陈述、用代码表示的事物等。事实上,言语符号的事实与具体事实表示的是同样内容的信息,只是存在形式的差异而已。心理学中,常常将对具体事实的记忆称为情境记忆,将对言语符号信息的记忆称为语义记忆。

我们认为,事实也以产生式的形式存在于人的记忆中,是人类知识的重要组成部分。与概念、原则和运算法则等知识不同的是,事实(以及解决问题的程序)不具有普适性,它们只是存在于特定的情境。严格意义上,表示事实的产生式中的"条件"和"动作",不具有必然的因果关系,主要是心理上的联想联系。所以,在不同情形下,表示事实的产生式的条件部分和动作部分是可以相互转化的(这个特点与解决问题的程序产生式是一致的)。

以下我们从一般知识的角度,分析如何将不同类型的事实表示为产生式,然后从学科知识的角度,分析事实的组成和产生式的表示。

根据罗米索斯基对具体事实的定义,具体事实可分为两类:一类事实是感知的某个物体(或人)具有的特征;另一类事实是在一定的时间地点经历某一事件。

对第一类事实,既可以将具体的特征作为产生式的条件部分,将由这一特征联想到的物体(或人)作为动作部分,也可以将物体(或人)作为条件部分,将物体(或人)的特征作为动作部分。譬如,"长方形像一块黑板"这个事实,我们可以用两种产生式来表示:一种是"长方形→黑板";第二种是"黑板→长方形"。

对第二类事实,既可以将特定的时间和地点作为产生式的条件部分,将在这一时间地点发生的事件作为动作部分,也可以将具体的事件作为产生式的条件部分,将事件发生的时间地点作为动作部分。

在第二类事实中,如果我们将事件理解为执行的操作,那么像"在方程 $9x+17=6x+23$ 的两边减去 $6x$"这类事实,可作同样的理解,即既可以将操作的前提作为条件部分,将操作的内容作为动作部分,也可以将操作的内容作为前提条件,将操作的前提作为动作部分。譬如,刚才的例子,就可以表示为两个不同的产生式:(1)在方程 $9x+17=6x+23$ 的右边有 $6x$ → 在方程的两边减去 $6x$;(2)要在方程的两边减去 $6x$ → 在方程 $9x+17=6x+23$ 的右边有 $6x$。这一事实的两种形式,分别对应于顺向推理的程序和逆向推理的程序。

罗米索斯基将言语符号信息的事实分为三类:一是描述事物特征的言语陈述;二是描述事件发生的言语;三是用代码表示的事物。前两类实际上是对具体事实的言语陈述,所以可用类似的方式表示为产生式。第三类典型的例子是语言符号或者各种人为定义的符号。对这类事实,我们可以将符号作为产生式的条件部分,将符号代表的事物(或者意义)作为动作部分;也可以将符号代表的事物(或者意义)作为条件部分,将符号作为动作部分。

从学科知识的角度,我们可以将事实分为概念的实例、原则的实例、程序的实例、代码等四类。它们既可以表现为具体事实,也可以表现为各种言语符号信息。其中,概念的实例,主要是关于"某物(或者人)有什么特征"的事实,这种事实,既可以是对感性的、非本质特征的描述,也可以是对理性的、本质特征的描述。原则的实例主要是关于"某一事件在何时何地(或者何种情况下)发生"的事实。程序的实例,主要是关于"什么操作在何时何地(或者何种情况下)发生"的事实。代码是对某一物体或者事件约定俗成的符号表示。这样,我们可以根据上面提出的方法,将概念的实例、原则的实例、程序的实例分别表示为产生式,并分别称为"概念事实的产生式"、"原则事实的产生式"、"程序事实的产生式"。

综上所述,数学概念、数学原则、数学程序和数学事实等知识都可以用不同的产生式表示为产生式规则。以此为基础,我们认为,简单地记住并说出数学学科的概念和原理,对于数学知识的获取是远远不够的。一个人掌握了数学知识,意味着他在记忆中存储了大量表示数学学科中的数学概念、数学原则、数学程序和数学事实等的产生式,表现为他能够在有关的情境中注意到这些产生式的条件,一旦某个条件被满足,他就会采取相应的动作。与传统的将数学知识的学习理解为记忆数学中的概念和原理的言语陈述不同,我们将数学知识的学习看作产生式的获取。

西蒙指出,从物理学课题的实验看,在普通教科书的一章中所传授的知识似乎只有十几个产生式,这就导致一个这样的估计:掌握一门课程等于掌握几百个产生式。根据这个思想,我们在设计学习材料时,一个重要的工作就是将所学的知识表示为产生式规则。

呈现给学习者的各种例子(包括概念的实例、原则的实例、有解题步骤的例题等)可以理解为具体的事实,学习者的任务是,通过考察这些实例获取抽象的概念和原则,并发展相应的问题解决技能(程序)。通过这种方式的学习,学习者一方面获得了概念、原则和问题解决技能;另一方面,也在记忆中存储了各种实例。所以,学习者获得的数学知识,不仅仅包括数学概念、数学原则和数学问题解决技能,还包含了各种各样的数学实例。这些数学知识在人的记忆中都可以统一地表示为数学产生式的形式。如果我们将数学事实也纳入学科知识的范畴,产生式的数量就大大超过了西蒙的估计。

我们假设,学习者通过学习掌握了某一章节的数学知识时,他的记忆中就存储了这些数学产生式规则。当然,这并不是说他记住了上述的以言语陈述的数学知识,而是能够在实际的数学问题解决过程中,寻找到有关线索,在满足一定条件下,执行相应的动作(指出数学概念的名称、得到一定的数学结论、执行一定的数学运算等等）。研究结果表明,有部分学习者可能会用这些产生式规则,但不会用言语将这些产生式规则明确地表达出来。

第四节　产生式理论在数学教学中的应用

1. 数学认知工作单的提出

数学认知工作单是遵循"人类自适应产生式系统"模型,在吸收"示例学习"积极因素基础上,运用建构主义和情境认知理论,结合数学学科的特点,贯彻例中学与做中学(learning mathematics from example and by doing)的思想,将陈述性数学知识转化为程序性数学知识,便于学生学习的一种数学学习程序。

教师编写数学认知工作单的具体方法可以总结为"小步教学,从易到难;知识求联,技能求变;编排题组,引导发现"。以认知工作单(Working paper)的形式学习数学,学习结果表现为获得数学"产生式",教学形式由"数学结论教学转为数学过程教学"。

如何看待数学学习和数学教育? 历史上不同的数学家、数学教育家作了各种探索,提出了一些代表性的观点。例如,哈尔莫斯(Paul Halmos)提出"学习数学的唯一方法是做数学"。弗赖登塔尔(H. Freudenthal)认为"数学教育是数学的'再创造'"[①],教师的任务是引导学生进行这种再创造,而不是灌输现成的知识。通过数学认知工作单来学习数学,意味把数学教学当作一个活动过程,学生在数学活动中实现自主学习或探索数学知识。

传统课堂的主宰是教师,学什么、何时学、怎样学、学多深、学多快、学多少,都由教师掌控,学习者难以摆脱被动接收的学习状态。数学认知工作单遵循"自适应学习理论",让学生自己掌控学习的内容、时间、程度、进度、方式和节奏,学生何时看、何时做、何时进、何时退、何时停,都由自己掌握。他们可以在任何不懂的地方暂停或查看正确答案,并可掌控时间,自主学习就真正发生了。学习者能独立地、随时地进入课程内容,真正实现了按自己的步调学习。

---

① 弗赖登塔尔. 作为教育任务的数学[M]. 上海:上海教育出版社,1999.

数学认知工作单有如下特色[①]：

（1）教学目标——从知识理解到知识迁移

检验学生是否掌握数学知识，主要看学生能不能灵活运用知识，而不仅仅看学生对数学知识的识记和熟练程度。注重设计各种不同的场景、不同变式，让学生学会数学知识的运用，实现为迁移而教。

（2）问题设计——从单一问题到编排题组

提供丰富的数学问题系列，所有问题编排成题组，每组问题中的各问题按"从简单到复杂，从具体到抽象"的顺序编排，学生在教师的指导下对每个题组进行小结，进一步提升为数学规律性知识（概念、法则、方法）。

（3）内容呈现——从语言陈述到产生式系统

数学事实、概念、原理不是用语言直接陈述的，而是转化成"产生式"（Production）系统，这里所谓的"产生式"是指"条件（if）-动作（then）"对。学生学习不是识记数学结论，而是做数学（Doing mathematics）。学生通过获取"产生式"来掌握数学知识、解决数学问题。

（4）知识展开——从"逻辑"维度到"认知"维度

知识展开不只是从数学知识的系统性、逻辑性这一个维度去考虑，同时还必须考虑学生的认知发展水平和接受能力。在尊重数学科学体系的前提下，精心设计认知起点，采用小步教学、搭建脚手架等方式来展开数学知识，让学生容易理解知识，便于学生自主学习。

（5）教学方式——从直接传授到学习建构

教师不直接给学生传授数学知识，而是给学生提供问题链，让学生通过解决具体的数学问题，体验知识的形成过程，通过自我探索和主动建构，归纳或发现数学概念、定理或方法，形成自己的知识体系。

2. 编写数学认知工作单的意义

（1）构建基于认知产生式的数学学习方式

数学表达式通常为"产生式"的形式，数学的逻辑推理和问题解决都是基于产

---

① 谢明初. 义务教育教科书初中数学高效学习版　七年级（上册）[M]. 上海：华东师范大学出版社，2020：1—4.

生式的。而产生式并非一个全新的概念,在数学学习中零星地、不自觉地存在,只是师生没有形成自觉的、系统的意识。数学认知工作单的方式,将数学概念、数学法则、数学定理以"产生式"或"产生式系统"表达,学习结果表现为获得数学"产生式",探索以数学特有的方式开展数学学习,丰富数学学习理论。

（2）创新融教于学的数学教学设计范式

学生是学习的主体,学生亲身经历建构的数学知识才会牢固。依据认知加工理论,将学习内容设计成"认知工作单"形式,构建基于数学认知产生式的融教于学的学习方式。教师的指导主要体现在:通过设计认知工作单,从学生的认知起点出发,采用小步子、问题链、题组教学、变式教学等,引导学生通过做中学,领悟产生式,掌握产生式,运用产生式,学生自主探索,自定步调,从而实现学生的自主学习。

3. 如何编写数学认知工作单
（1）编写数学认知工作单的原则
① 循序渐进原则

数学认知工作单的设计,需要遵循学生的认知起点,从简单到复杂,从具体到抽象,小步子、多台阶,搭建学生学习的脚手架,让每个学生都能在原来的基础上得到新的发展。

② 问题链条原则

认知工作单的问题设置,将数学概念、数学例题、数学问题解决等转化为学生的认知序列,以题组教学的形式呈现问题链条。问题链条中的各个问题之间不是彼此孤立的,而是具有内在联系的有机体,前一个问题是后一个问题的基础,后一问题是在前一问题的基础上的迁移,所有问题围绕一个概念或方法展开。也集中借鉴了我国传统的变式教学优势,让学生通过问题链的学习,深刻、全面地领悟相关的数学产生式。

③ 总结反思原则

根据元认知的理论,认知活动的内容是对认识对象进行某种智力操作,元认知活动的内容是对认知活动进行调节和监控。在数学认知工作单中,我们设置了总结反思的环节,引导学生在完成相关问题解决后,及时总结反思,特别是将在做中学领悟的产生式显性化、系统化、规律化,在更高层次上达成对数学思想方法的认识和掌握。

（2）课堂教学中运用数学认知工作单的流程

第一步：　教师编写数学认知工作单

教师从教学目标和学生认知起点出发,设置数学问题链,以题组的形式呈现,将数学产生式的形成、掌握、运用融于数学问题解决过程中,让学生在例中学、做中学的过程中,积极主动地探索产生式的条件和行动之间的联系,获取产生式规则。每当产生式的条件得到满足时,就执行该产生式的动作。

第二步：　学生按数学认知工作单的程序进行自我探索

数学认知工作单提倡的教学方式是知识建构的方式,即给学生提供问题链,让学生通过解决具体的数学问题,体验知识的形成过程,通过自我探索和建构,归纳或发现数学概念、定理或方法。

第三步：　师生共同总结问题链所蕴含的数学概念、方法或规律

在认知工作单的最后,设置了一个需要填空的"小结"部分,对产生式规则进行说明,加强学习者对产生式规则的确认和回忆,引导学习者归纳产生式规则,进一步提升为数学规律性知识。这种需要学生自己填写的小结部分可以培养学生的归纳概括能力。学生有困难的部分,教师可以与学生一道共同解决。

4. 基于产生式学习理论的数学教学法：西蒙数学教学法

20 世纪 80 年代至 90 年代,诺贝尔奖获得者、美国著名认知心理学家赫伯•西蒙(H. A. Simon)和中科院心理学家朱新明对"自适应产生式系统"进行合作研究,并提出"示例演练"学习模式。这一理论结果在认知心理学界产生了极大反响。[①]

自 21 世纪初开始,笔者对"自适应产生式系统"进行了深入研究,在吸收"示例学习"积极因素的基础上,运用建构主义和情境认知理论(见第六、七、八章),并结合数学学科的特点,提出了"西蒙数学教学法"。这一教学方法依据的心理学原理是：通过认知工作单把数学陈述性知识转化为数学程序性知识。它的实质是数学例中学与做中学(Learning Mathematics form Example and by Doing)。为了深

---

① Zhu, x. & Simon, H.. Learning mathematics from examples and by doing. *Cognition and Instructiom*, 1987,4(3):137 - 166.

入理解这一教学法,我们把西蒙数学教学法与传统数学教学法做如表5-4-1所示的对比。

表5-4-1

	西蒙数学教学法	传统数学教学法
教师备课	学习程序设计(认知工作单的编写)	编写教案
教师上课	引导探索发现	分析、解释数学知识
学习活动	自主探索	听讲、练习
解题活动	题组教学	单一例题教学
心理学基础	认知产生式理论	一般心理学

5. 数学认知工作单案例
案例1 锐角三角函数认知工作单(部分)

1. 角的对边

(1) 如图5-4-1,在 Rt△ABC 中,

$\angle C = 90°$,

$\angle A$ 的对边是 $\underline{BC}$,

$\angle B$ 的对边是 $\underline{AC}$,

$\angle C$ 的对边是 $\underline{AB}$。

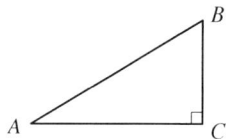

图5-4-1

(2) 如图5-4-2,在 Rt△ABC 中,

$\angle C = 90°$,

$\angle A$ 的对边是____,

$\angle B$ 的对边是____,

$\angle C$ 的对边是____。

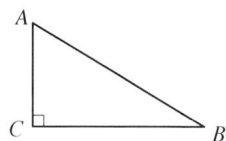

图5-4-2

BC

AC

AB

(3) 如图5-4-3,在 Rt△ABC 中,

$\angle C = 90°$,

$\angle A$ 的对边是____,

$\angle B$ 的对边是____,

$\angle C$ 的对边是____。

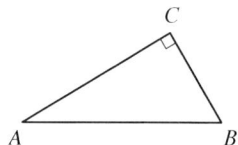

图5-4-3

BC

AC

AB

以上三个图中，∠*A* 的对边是 <u>*BC*</u>，∠*B* 的对边是 ____，
∠*C* 的对边是 _____。

AC
AB

小结：

不论 Rt△ABC 三个顶点的位置如何，∠A 的对边是 BC，
∠B 的对边是 AC，∠C 的对边是 AB。即两锐角的对边分别
是两条直角边，直角的对边是斜边。

2. 角的正弦

（1）如图 5 - 4 - 4，在 Rt△*ABC*
中，∠*C* = 90°，∠*A* = 30°。

若 *AB* = 3 cm，则 *BC* = ____ cm。

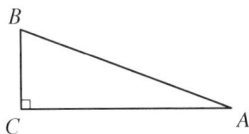

图 5 - 4 - 4

1.5

（2）沿着倾斜角为 30°的斜坡从
A 到 *B* 前进 100 米，这时 *B* 处离水平

面的高度是 <u>50 米</u>，$\dfrac{\angle A \text{ 的对边}}{\text{斜边}} = \dfrac{BC}{AB} = \dfrac{50}{100} = \dfrac{1}{2}$。

（3）沿着倾斜角为 30°的斜坡从 *A* 到 *B* 前进 180 米，这时
B 处离水平面的高度是 ____，$\dfrac{\angle A \text{ 的对边}}{\text{斜边}}$ = ____ = ____ =

____。

90 米　$\dfrac{BC}{AB}$　$\dfrac{90}{180}$

$\dfrac{1}{2}$

（4）沿着倾斜角为 30°的斜坡从 *A* 到 *B* 前进 *a* 米，这时 *B*
处离水平面的高度是 ____，$\dfrac{\angle A \text{ 的对边}}{\text{斜边}}$ = _____。

$\dfrac{1}{2}a$ 米　$\dfrac{1}{2}$

当 ∠A = 30° 时，不管直角三角形大小如何，∠A 的对边
与斜边的比值不变，都等于 $\dfrac{1}{2}$。

（5）如图 5 - 4 - 5，在等腰直角三
角形 *ABC* 中，∠*C* = 90°，∠*A* =
∠*B* = _____。

若 *AC* = 1 cm，则 *AB* = ____。

则 $\dfrac{\angle A \text{ 的对边}}{\text{斜边}}$ = ____ = ____。

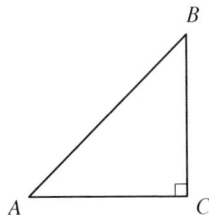

图 5 - 4 - 5

45°

$\sqrt{2}$

$\dfrac{BC}{AB}$　$\dfrac{\sqrt{2}}{2}$

（6）沿着倾斜角为 $45°$ 的斜坡从 A 到 B 前进 100 米，这时 B 处离水平面的高度是_____，$\dfrac{\angle A \text{ 的对边}}{\text{斜边}}=$_____$=$_____$=$_____。

$50\sqrt{2}$ 米　$\dfrac{BC}{AB}$

$\dfrac{50\sqrt{2}}{100}$　$\dfrac{\sqrt{2}}{2}$

（7）沿着倾斜角为 $45°$ 的斜坡从 A 到 B 前进 a 米，这时 B 处离水平面的高度是_____，$\dfrac{\angle A \text{ 的对边}}{\text{斜边}}=$_____。

$\dfrac{\sqrt{2}}{2}a$ 米　$\dfrac{\sqrt{2}}{2}$

（8）在等腰直角三角形 ABC 中，$\angle C=90°$。由勾股定理可得 $AB^2=$_____，又 $BC=AC$，所以 $AB^2=$____BC^2，$AB=$_____BC。$\dfrac{\angle A \text{ 的对边}}{\text{斜边}}=\dfrac{BC}{AB}=$____$=$____。

BC^2+AC^2　2

$\sqrt{2}$　$\dfrac{BC}{\sqrt{2BC}}$　$\dfrac{\sqrt{2}}{2}$

当 $\angle A=45°$ 时，不管直角三角形的大小如何，$\angle A$ 的对边与斜边的比值都不变，都等于 $\dfrac{\sqrt{2}}{2}$。

（9）如图 $5-4-6$，$\text{Rt}\triangle AB_1C_1$、$\text{Rt}\triangle AB_2C_2$ 以及 $\text{Rt}\triangle AB_3C_3$ 中有一个锐角 $\angle A$ 相等，$B_1C_1 \parallel B_2C_2 \parallel B_3C_3$，则 $\triangle AB_1C_1 \backsim \triangle AB_2C_2 \backsim \triangle AB_3C_3$，所以有 $\dfrac{B_1C_1}{AB_1}=$_____$=$_____。

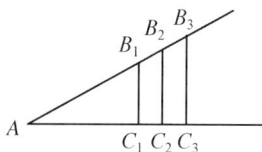

图 $5-4-6$

$\dfrac{B_2C_2}{AB_2}$

$\dfrac{B_3C_3}{AB_3}$

在这些直角三角形中，$\angle A$ 的对边与斜边的比值是一个固定的值。

小结：

只要锐角 A 的大小确定，那么用它作为一个角画出的直角三角形中，$\dfrac{\angle A \text{ 的对边}}{\text{斜边}}$ 是一个_____值。我们把锐角 A 的对边与斜边的比叫做角 A 的正弦，记作 $\sin A$，即 $\sin A=\dfrac{\angle A \text{ 的对边}}{\text{斜边}}$。

固定

案例2　将军饮马问题认知工作单①

学习目标

掌握两点之间线段最短。

知识建构

(1) 如图 $5-4-7$，在直线 l 上找到一点 C，使得 $AC+BC$ 最短。

作图：连结_____交_____于_____。

原理：_____。

图 $5-4-7$　　　　　　　　　　图 $5-4-8$

(2) 如图 $5-4-8$，在直线 l 上找到一点 C，使得 $AC+BC$ 最短。

作图：

① 作点 B 关于直线 l 的对称点 B'，则直线 l 是线段 BB' 的_____，点 B 和点 B' 到直线 l 上任意点_____。

② 连结 AB' 交 l 于点 C。则 $AC+B'C=$_____，即 $AC+B'C$ 最短$\Leftrightarrow$_____。

思考：该方法得到的 $AC+BC$ 真的最短吗？试证明。

(3) （"将军饮马"模型）如图 $5-4-9$，在 l 上任取一异于点 C 的点 C'，连结 AC'、BC'。证明：$AC'+BC' > AC+BC$。

分析：作辅助线 $B'C'$，由于 l 是 BB' 的垂直平分线，则 $AC'+BC'=$_____；$AC+BC=$_____$=$_____；根据_____，命题得证。

证明过程：

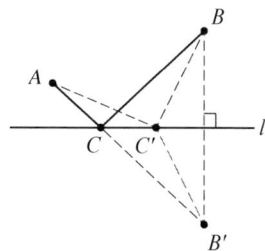

图 $5-4-9$

① 谢明初,彭上观. 数学微格教学教程[M].广州：广东高等教育出版社,2017：156—159.

学习迁移

(4) 如图 $5-4-10$,正方形 $ABCD$ 中,AB 边上有一点 E,$AE=3$,$BE=1$,在 AC 上有一动点 P,求 $EP+BP$ 的最短长度。

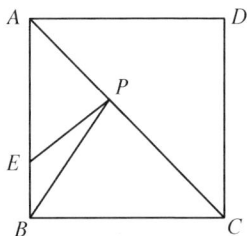

解答过程:

作图:

① 作 B 关于_____的对称点_____。

② 连结_____交 AC 于点_____。于是 $EP+BP=$_____$=$_____$=$_____。

图 $5-4-10$

小结:类似求线段和最小值问题,运用"将军饮马"模型即可解决。找_____,化折线为直线,根据_____即可求解。

能力拓展

模型拓展 1:

(5) 如图 $5-4-11$,要在直线 l 上确定点 C 和点 D,使得 $AC+CD+DB$ 最短,其中 $CD=a$。

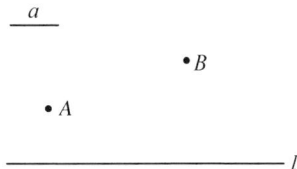

作图:

① 将点 A 沿直线 l 自左至右方向平移长度 a 至点 A'。

图 $5-4-11$

② _____。

③ 连结 $A'B'$ 交 l 于点 D。

④ 将点 D 沿 l 自右至左方向平移长度 a 至点 C。

⑤ _____。

模型拓展 2：

（6）A、B 两点位于一条河的两岸,假定河的两岸笔直且平行(如图 $5-4-12$ 所示),现要在河上垂直于河岸建一座桥,问把桥建在何处,才能使由点 A 经过这座桥到点 B 的路程最短?

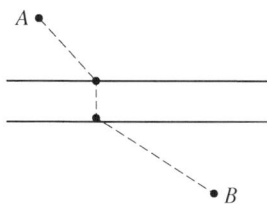

图 $5-4-12$

作图：

① 将点 A 沿垂直河岸方向平移长度为河宽至点 A'。

② _____。

③ 建桥 CD。

④ _____。

模型拓展 3：

（7）如图 $5-4-13$,分别在直线 l_1、l_2 上确定点 C 和点 D,使得 $AC+CD+DB$ 最短。

作图：

① 作点 A 关于 l_1 的对称点 A'、点 B 关于 l_2 的对称点 B'。

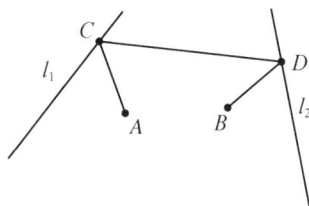

图 $5-4-13$

② _____。

③ _____。

模型拓展 4：

（8）如图 $5-4-14$,如果点 A、B 的中间有两条河,假定河的两岸都笔直且平行,现要在两条河上垂直于河岸各建一座桥,问把两桥建在何处,才能使由点 A 经过这两座桥到点 B 的路程最短?

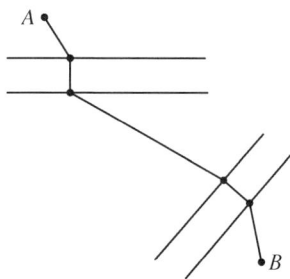

图 $5-4-14$

解答过程：

总结反思

案例3 三垂线定理认知工作单

学习目标

（1）在教师指引下，探索归纳出三垂线定理。

（2）理解三垂线定理的条件、结论，熟悉在各种不同变化情境下的三垂线定理的应用。

（3）体验空间垂直问题向平面垂直问题转化的数学思想，初步尝试运用三垂线定理解决其他综合性的数学问题。

知识建构

（1）如果一条直线 l 与一个平面 α 内 _____ 垂直，那么就称直线 l 是平面 α 的垂线。如图 $5-4-15$ 所示，设 $l \perp \alpha$，$a \subset \alpha$，那么 l _____ a。

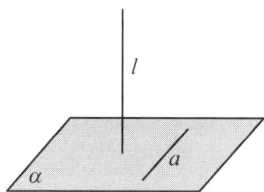

图 $5-4-15$

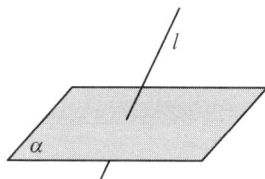

图 $5-4-16$

（2）如图 5-4-16，如果直线 l 与 α 相交，且 l 不与平面 α 垂直，那么称 l 是平面 α 的_____。

（3）观察图 5-4-16，由定义可知，若 l 是平面 α 的斜线，那么 l_____与平面 α 内的所有直线垂直，但这是否意味着在平面 α 内就没有直线与斜线垂直呢？如果有，应满足什么条件？

发现命题：

（4）（摆一摆）如图 5-4-17，将三角板一条直角边 AO 放在桌面内，并使另一条直角边 PA 与桌面垂直，将一直尺 a 放在桌面内，并使其通过三角板的顶点 O 且与 AO 保持垂直，即 $AO \perp a$。这时斜边 PO 所在直线可视为桌面的_____。AO 所在的直线可视为_____在桌面的_____。

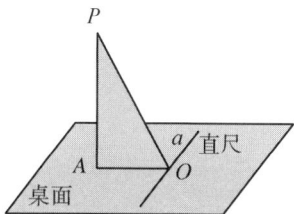 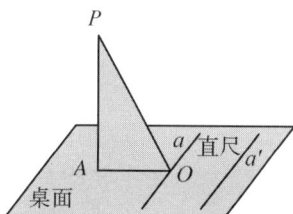

图 5-4-17　　　　　　　　　图 5-4-18

（5）（量一量）这时直尺 a 与斜边 PO 所成的角是_____度（可用另一三角板量）。这说明在 $a \perp AO$ 条件下，就有 a_____PO。

（6）思考：如图 5-4-18，如果将直尺 a 在桌面内平行移动到 a'，在满足同样的条件下 a' 与 PO 还垂直吗？

（7）把 PA、PO、AO、a 抽象为直线，桌面抽象为平面，则可以抽象出一个命题：设 PA、PO 分别是平面 α 的垂线、斜线，AO 是 PO 在平面 α 上的射影，$a \subset \alpha$，如果 $a \perp AO$，那么 $a \perp PO$。

学习迁移

（8）分析：这是一道证明空间两条直线互相垂直的问题，常用的方法是证明一条直线垂直于另一条直线所在的平面，现在能否证明 $a \perp$ 平面 PAO？

证明过程：

（空白框）

小结：三垂线定理：在平面内的一条直线，如果和这平面的一条斜线的_____垂直，那么，它就和这条斜线垂直。

三垂线定理的实质是平面的一条斜线与平面的直线垂直的判定定理。这两条直线既可以是异面的垂直也可以是相交垂直，包含以下四种情况。（图5-4-19）

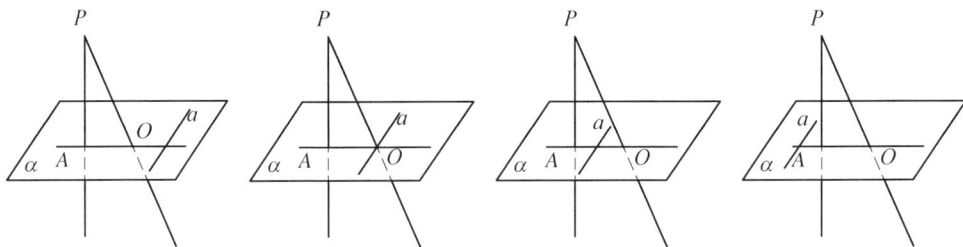

图5-4-19

三垂线定理包含三种垂直关系（图5-4-19）：

① 线面垂直（条件）：直线和平面垂直，即 $PA \perp \alpha$。

② 线射垂直（条件）：平面内的直线和平面的一条斜线的_____垂直，即_____。

③ 线斜垂直（结论）：_____，即_____。

能力拓展

（9）如图5-4-20，已知 $ABCD-A_1B_1C_1D_1$ 是正方体。求证：$AC_1 \perp B_1D_1$。

证明：连结 AC_1，

∵ AA_1 垂直底面 $A_1B_1C_1D_1$，

∴ A_1C_1 是 AC_1 在底面 $A_1B_1C_1D_1$ 的射影。

而 $A_1B_1C_1D_1$ 是正方形，

∴ $B_1D_1 \perp A_1C_1$。

由三垂线定理,可得 $AC_1 \perp B_1D_1$。

(10) 如图 5 - 4 - 21,已知 $ABCD - A_1B_1C_1D_1$ 是正方体。求证：$AC_1 \perp CD_1$。

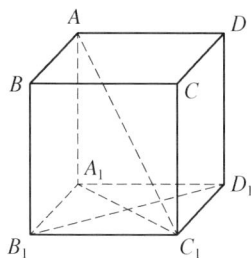

图 5 - 4 - 20

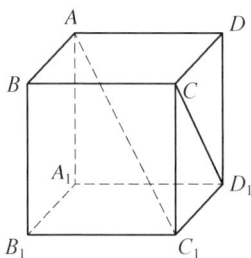

图 5 - 4 - 21

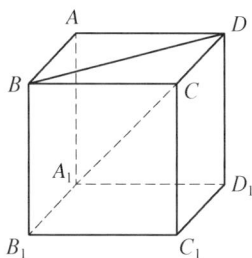

图 5 - 4 - 22

(11) 如图 5 - 4 - 22,已知 $ABCD - A_1B_1C_1D_1$ 是正方体。求证：$A_1C \perp BD$。

小结：运用三垂线定理证明空间两条直线 l 与 a 垂直的步骤为：

① 确定其中一条直线 a(也可以是 l)所在的平面 α(称为基准面)。

② 找到另一条直线 l 在基准面 α 内的射影 b。

③ 证明 a 与 b 垂直。

这三步可简称为"一定,二找,三证明"。

(12) 已知：如图 5 - 4 - 23,O 是 $\triangle ABC$ 的垂心,$PO \perp$ 平面 ABC,连结 PA。求证：$BC \perp PA$。

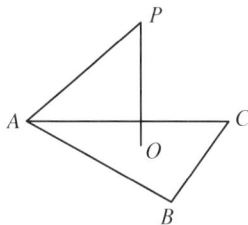

图 5 - 4 - 23

(13) 如图 5-4-24,在四面体 $ABCD$ 中,已知 $AB \perp CD$,$AC \perp BD$。求证:$AD \perp BC$。

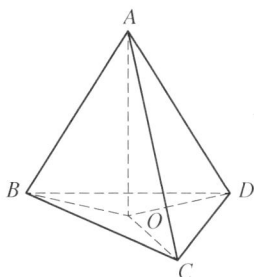

图 5-4-24

(14) 如图 5-4-25,已知 PA、PB、PC 两两垂直。求证:P 在平面 ABC 内的射影是 ABC 的垂心。

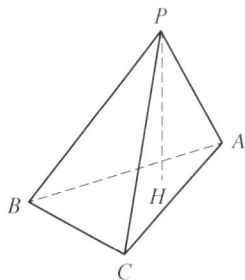

图 5-4-25

总结反思

1. 本堂课要掌握哪些基本概念?

_____

_____

_____

2. 本堂课你学会了哪些数学思想与数学方法?

_____

_____

_____

第六章　建构主义学习理论与数学教育

第一节　皮亚杰的认识建构主义

1. 认知发展过程

从思想史的角度来看,皮亚杰的认知建构主义受到达尔文(Charles Darwin, 1809—1882)在生物进化论方面的影响。在 1859 年出版的《物种起源》(*On the Origin of Species*)总结中,达尔文提到此书将对人的起源与心理学方面产生影响。12 年后出版的《人类繁衍》(*Decent of Man*)中,达尔文提出了人类起源与心智进化问题。如果人类是由其他种类动物演化而来,人类心智与动物心智间只是程度的差异。人类为求繁衍必须在自然中求生存,达尔文认为智力虽有助于人类拓展生存活动,但它只是人类在演化过程中先行直立、能够运用双手生产工具后的副产品。因此,在人类的进化过程中,智力的功能在帮助人们适应环境,使有机体得以存活与繁衍。

卢梭(J. J. Rousseau, 1712—1778)是另一位影响皮亚杰儿童研究的人物。从 1921 年开始,皮亚杰曾在日内瓦卢梭儿童教育研究中心长期任职。毫无疑问,卢梭倡导的儿童中心的教育思想对皮亚杰以儿童为中心的研究有很大的影响。

皮亚杰早先接受生物学训练并对哲学产生浓厚兴趣,在 1920 年担任西蒙(T. Simon, 1873—1961)助手时,曾以成人为对象设计推理测验来对儿童进行测试。在当时还不清楚儿童智力发展与成人不同的情况下,皮亚杰却注意到儿童答案反映出两点有趣的现象:第一,相同年龄的儿童出现同样的错误;第二,随着年龄的增长,儿童所犯的错误相应地也随之变化。在意识到这些答案与儿童认识的成长有关后,皮亚杰开始着手研究儿童认识是如何形成或发展的。因此,在认识的问题上,他不像理性主义与经验主义等传统的认识论那样,重视的只是知识的静态性质，以及我们如何检验知识等问题，皮亚杰从生物取向提出发生认识论（genetic epistemology），主张儿童对外在实在的认识是发生的或历史的（ontogenetic or historical），也就是在成长中或历史中建构的。

不同于经验主义将认知个体看成只是被动地获取知识，以不具结构的发生来记录实在；也不同于理性主义赋予认知者结构，却不涉及发生过程。皮亚杰吸取了康德主义的以先验形式加经验内容的建构经验的方式，进一步以生物与心理历程的发展，来处理康德主义的时间、空间、因果等先验形式或结构的发展，进而提出发生认识论。

皮亚杰提出的认知发展过程或建构过程有图式、同化、顺应、平衡四个核心概念。

（1）图式的概念

人天生就有一种把思维过程内化成心理结构的倾向，这个结构就是我们理解和与外界交流的系统。原来简单的结构，经过组合和调整变得越来越复杂、有效。例如很小的幼儿，把一个东西放在他们手里，他们能盯着看或者是抓那个东西，但就是不能同时协调这两个动作。随着不断地长大，幼儿逐渐可以把两个分离的行为结构组织成一个更高水平的协调结构——看、伸手抓到物体。

皮亚杰称这种结构为图式（schema），它是个体对世界的知觉、理解和思考的方式。[①] 图式可以看成是心理活动的框架或组织结构。有了图式，主体才能够对客体的刺激做出反应。

皮亚杰认为："任何图式都没有清晰的开端，它总是根据连续的分化，从较早的图式系列中产生出来，而较早的图式系列又可以在最初的反射或本能的运动中追溯它的渊源。"因此，人的认知图式不是一成不变的，它有发生和发展的过程。主体所具有的第一个图式是遗传获得的图式。以这一图式为依据，儿童不断和客观外界发生相互作用，在这种相互作用中，非遗传的后天图式逐渐从低级阶段向高级阶段发展，这也就是图式的建构过程。皮亚杰把认知图式的发展过程称为主体的建构（Construction）。在皮亚杰看来，客体只有通过主体结构的加工改造后才能被主体所认识，而主体对客体的认识程度完全取决于主体具有什么样的认知图式。就这一意义而言，皮亚杰的客体结构是主体建立的，随着主体认知图式的

[①] 阿妮塔·伍德沃克.教育心理学[M].张红兵，张春莉，译.南京：江苏教育出版社，2005：30.

发展,对客体的认识也不断深化,皮亚杰把这个过程称为客体的建构。认识的发展实际上就是通过活动使主体和客体发生相互作用,在相互作用中进行主体和客体的双重建构。

(2)认知发展的三个基本过程

同化(Assimilation) 同化原本是一个生物的概念,它是指有机体把外部要素整合进自己结构中的过程。在认知发展理论中,同化是指人们试图用已经存在的图式解释事物时所产生的、将新的知识纳入到原有的知识体系当中进行解释的过程。[①] 例如,若给婴儿一些以前从未见过的但似乎又有些熟悉的小物品,那么他们很可能会抓、咬或者敲击这些物品,即他们试图用已有的图式来了解这些未知东西。

顺应(Accommodation) 顺应是指有机体调整自己的内部结构以适应特定刺激情境的过程。它是在人们不能解释新的情境而必须改变原有的认知图式的时候发生的。如果接受的信息不适合已有的任何图式,那么就有必要建立更加合适的认知图式。我们对自己的思维进行调整使之适合新的信息,而不是调整新的信息使之适应我们的思维。例如,假定某儿童具有敲击小物品的图式,如果给他一个鸡蛋,他肯定也会以同样的方式去敲击鸡蛋。然而,儿童敲击的图式究竟发生了什么样的变化,这一点表现得并不明显。由于敲击鸡蛋后产生了意想不到的结果(即鸡蛋破碎),这名儿童或许会改变已有的图式。他以后或许会重击某些物体而轻触另一些物体。

从本质上而言,同化主要是指个体对环境的作用,顺应主要是指环境对个体的作用。把同化和顺应分开讨论,实际上是出于解说上的方便,并不代表两者在主客体相互作用的中途呈接替出现。就是说,在"同化于己"和"调适于物"的顺应过程中,同时包含着"事物内化"和"结构外化"的双向转化。针对这种同时进行、不分前后的双向转化,皮亚杰曾以如图 6-1-1 所示的认知圆环加以表征。

皮亚杰认为同化与顺应之间的双向转化会持续进行,直到认知结构与外在事物达到一个均势,即平衡

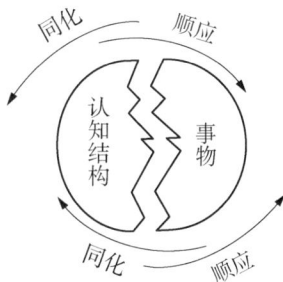

图 6-1-1

---

① 阿妮塔·伍德沃克.教育心理学[M].张红兵,张春莉,译.南京:江苏教育出版社,2005:30.

为止。

平衡(Equilibration)　根据皮亚杰的理论,同化、顺应的过程是一种复杂的平衡运动。他认为思维的实际变化发生在平衡过程中——寻求平衡的行为中,人们不断地在检测自己的思维过程是不是恰当,以获得平衡。

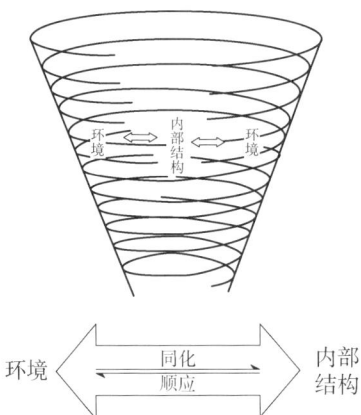

图 6-1-2

简言之,平衡的过程是这样的:如果我们把一特定图式应用到一个事件或者一个情境中,若已有的图式起了作用,则平衡就建立起来了;如果这个图式不能得出满意的结果,就存在不平衡(disequilibrium)状态,这时,我们就会感到不安。这种不安就驱使我们通过同化和顺应来找到一个解决的办法。这样我们的思维就向着解决问题的方向发生变化。为了在认知世界的图式和外界所提供的信息之间获得一种平衡,我们不断地用已有的认知图式同化新的知识,一旦同化不成功,产生不平衡的状态,

便调整原有的认知图式。[①] 针对主体这种"平衡—失衡—新的平衡"的认知发展情形,拉宾诺威克兹(Labinowicz)曾以一个连续扩大的螺旋模式加以说明(如图6-1-2)。

这个图显示,主体每经历一次平衡作用,其认知结构就会扩大(量变),并且向上攀升一个等级(质变)。本质上这是同化和顺应在平衡过程中同时发挥作用的缘故,此外,皮亚杰亦以辩证法"正—反—合"机制,说明主体"同化—顺应—平衡"的认知发展机制。在皮亚杰看来,得以"合"成新的平衡状态,而新的平衡状态又可作为另一个新的正命题,并在更高层次上寻求新的综合,主体这种不断地"平衡—失衡—新的平衡"的辩证机制,正是皮亚杰所谓知识或认知发生和发展的内在机制。

（3）认知发展的阶段

① 皮亚杰与孩子们的对话

与一个5岁半的孩子的对话　目的是测验她把配对和基数联系起来的能力。

① 阿妮塔·伍德沃克.教育心理学[M].张红兵,张春莉,译.南京:江苏教育出版社,2005:31.

假装向这个孩子买糖果。

皮：(皮亚杰拿出五个一便士硬币)"有几个便士?"

M：(数数)"一、二、三、四、五,五个。"

皮："每个便士给一块糖。"(M这样做了)"有几块糖?"

M："五块。"

皮：(皮亚杰拿出七个一便士硬币)"有几个便士?"

M：(数数)"一、二、三、四、五、六、七,七个。"

皮："每个便士给一块糖。"(M这样做了)"有几块糖?"

(M不回答)"一个便士你给我几块糖?"

M："一块。"

皮："那么两个便士呢?"

M："两块。"

皮："那么三个便士呢?"

M："三块。"

皮："这里有几个便士?"

M："七个。"

皮："有几块糖呢?"

M：(数数)"一、二、三、四、五、六、七,七块。"

当数目是五时,M能够把她的配对活动和基数联系起来,但她对于数的概念还不够牢固。当数目是七时,她就不能形成这种联系了。

与三个孩子的对话　目的在于测验他们的长度守恒概念。对每个孩子都是先让他看两根按图6-1-3的样式A摆着的小棍。孩子们都同意它们是一样长。

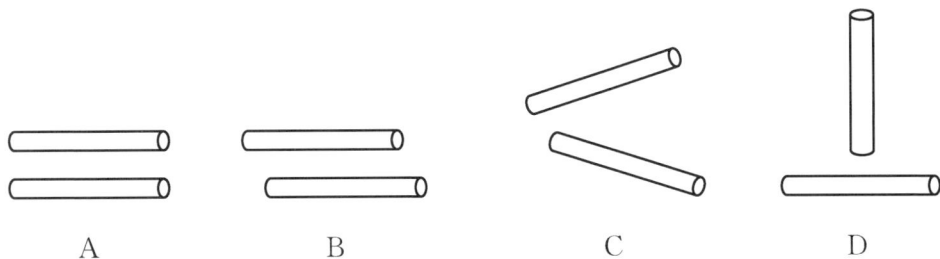

A　　　　　　B　　　　　　C　　　　　　D

图6-1-3

对六岁的 S,皮亚杰挪动下面这根小棍,变成 B 的样子。

S:它们是一样长。这一头出来一点,那一头也一样出来一点。

(皮亚杰把小棍挪成 C 的样式)

S:它们还是一样长。

(皮亚杰把小棍挪成 D 的样式)

S:它们总是一样长的。

对五岁的 F,皮亚杰挪动下面这根小棍,变成 B 的样式。

F:我想,它们是一样长。(F 自己把小棍挪回去再摆成 A 的样式)对的,一样长。

(皮亚杰把小棍挪成 C 的样式)

F:一样长。

(皮亚杰把小棍挪成 D 的样式)

F:(指着上面这根小棍)不一样,这根长些。

对五岁的 K,皮亚杰挪动下面这根小棍,变成 B 的样式。

K:(指着下面这根小棍)这根长些,你推它了。

(皮亚杰把小棍挪成 C 的样式)

K:现在两根都长些。

根据这些谈话,皮亚杰认为,S 懂得了长度守恒,K 不懂,而 F 处在过渡阶段。[1]

② 皮亚杰的"发展顺序不变论"

皮亚杰和孩子们进行过许多次谈话,内容涉及范围很广的各种概念。其结果是创立了一项儿童认知能力发展的理论。他坚持说,所有的孩子在获得各项概念(例如数的守恒、长度守恒)时,都要经过一系列阶段,先后顺序十分明确(他还确定并列出了许多其他概念在这个顺序中的位置)。他把所有各阶段归结为儿童认知能力发展的四个时期。皮亚杰说,儿童的学习,在各个时期中都受到这个时期特有的学习方式的制约。

感知运动时期(0～2 岁左右)

儿童从出生到 2 岁左右,处于感知运动阶段。处于这一时期的儿童主要是靠

---

① [英]柏梅拉·利贝克.儿童怎样学习数学——父母和教师指南[M].方未之,译.北京:人民教育出版社,1986:76—78.

感觉和动作来认识周围世界的。他们这时还不能对主体与客体做出分化,因而"显示出一种根本的自身中心化"。用皮亚杰的话来说,儿童在这个时期所具有的只是一种图形的知识(figurative knowledge),即仅仅是对刺激的认识。婴儿看到一个刺激,如一个奶瓶,就做出吮吸的反应。图形的知识依赖于对刺激形状的再认,而不是通过推理产生的。

前运算时期(2~7 岁左右)

儿童在 2~7 岁左右,处于前运算阶段。皮亚杰认为,儿童在 2 岁时,发生了一种哥白尼式的革命,也就是说,他们的活动不再以主体的身体为中心了。这个时期儿童的认知开始出现象征(或符号)功能(如能凭借语言和各种示意手段来表征事物)。正是由于这种消除自身中心的过程和具备象征功能,才使得表象或思维的出现成为可能。但在这个阶段,儿童还不能形成正确的概念,他们的判断受直觉思维支配。例如,唯有两根等长的小木棍两端放齐时才认为它们同样长;若把其中一根朝前移一些,就会认为它长一些。

具体运算时期(7~12 岁左右)

儿童约在 7~12 岁时,处于具体运算阶段。皮亚杰认为,7~8 岁这个年龄一般是儿童概念性工具发展的一个决定性转折点。这一阶段儿童的知识可以做出一定程度的推论。例如,我们把一只足球放在一些篮球中间,然后当着儿童的面把足球放在一些排球中间。这个阶段的儿童能够推理:这是同一只足球,物体不会因为改变地点而变化大小,因此这只足球不会比在篮球中时更大些。在具体运算阶段,儿童只能联系具体事物进行思考,也就是说,思维的内容和形式尚未分离。

形式运算时期(12~15 岁左右)

儿童在 12 岁左右,开始不再依靠具体事物来运算,而能对抽象的和表征的材料进行逻辑运算。皮亚杰认为最高级的思维形式是形式运算。形式运算的主要特征是它们有能力将形式与内容分开,用运算符号来替代其他东西。

皮亚杰在概括他的认知发展阶段的理论时强调,各阶段出现的一般年龄虽因各人智慧程度或社会环境不同可能会有差异,但各个阶段出现的先后顺序不会变。而且,各个阶段作为一个整体结构,它们会彼此互换。①

---

① 施良方.学习论:学习心理学的理论与原理[M].北京:人民教育出版社,1994:187.

2. 皮亚杰关于学习的基本假设

（1）学习从属于发展

皮亚杰认为，儿童学到什么，取决于他的发展水平，并不是儿童看到的每一件事情都可以引发儿童做出反应的刺激的。在木棍长短实验中，只有当儿童达到一定的认知发展阶段时，他们才能通过心理运算来推断：如果把这一木棍移回原处，这两根木棍就会一样长，因此，把一根木棍向前移动并不会改变它的长度，尽管它看上去前面突出来了。在皮亚杰看来，还没有掌握可逆性要领的儿童是无法解决这个问题的，即便告诉他答案，他也无法理解，因为在儿童能够解决这类问题之前，他必须具有解释这些刺激的心理运算能力。从这个意义上说，儿童的发展制约着他所能学习的范围。

（2）知觉受制于心理运算

皮亚杰不赞同"刺激-反应"理论。刺激并不是感觉的要素，知觉也不仅仅是有选择地注意有关刺激的问题。皮亚杰认为，刺激是被认识的，而不是被经验的。哪怕是一个最简单的刺激，例如红颜色，也是通过一种比较的心理活动而被认识的。举例来说，远处的一丝灯光，可以被"看作"是暗的或红的，这取决于人们拿什么来与它比较。如果它被看作是红的，那是因为观看者认识到它不像任何其他颜色。皮亚杰认为，能够思考"某件东西不是什么"的能力，是有意义的知觉的必要条件。通过思考"某一刺激不是什么"来赋予它意义的能力，所涉及的不仅仅是回忆以往的经验。这种能力是我们生物遗传的一部分，它是通过我们与物理环境的交互作用而激活的，这个过程极为复杂，以致我们不可能根据物理环境中发生的事件予以复演。

因此，知觉是一种主动的、有目的的搜索活动，而不是毫无目的的扫视。知觉者常常凭借进行推理的心理活动，已经知道了自己要看的东西。所以视觉仅仅是心理活动——推理的外显。[1]

（3）学习是儿童的一个心理建构活动

皮亚杰做了如下实验：如图6-1-4，将水由一个口径大的玻璃杯倒入一个口径小的玻璃杯中，一个5岁小孩子认为这时发生了变化，口径小的玻璃杯中水更高；在7岁后，小孩认为水量相等。

---

① 施良方. 学习论：学习心理学的理论与原理[M]. 北京：人民教育出版社，1994：39.

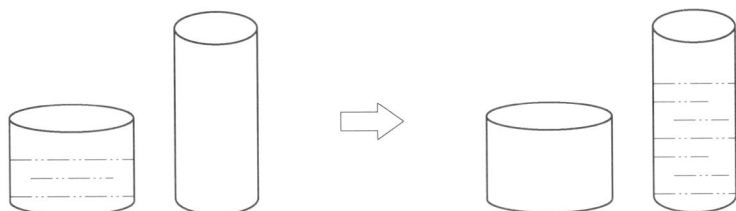

图 6-1-4

根据这种实验,皮亚杰得出学习并非是个体获得越来越多的外部信息的过程,而是学到越来越多有关他们认识事物的程序,即建构了新的认知图式。5 岁的儿童看到水从一个玻璃杯倒入另一个形状不同的玻璃杯时,会认为水量发生了变化,而在 7 岁以后为什么就认为水量相等呢? 皮亚杰认为,儿童学到的是一种解决问题的方法,或者说形成一种新的认知图式。这种新的认知图式不仅仅是原有图式的延续,因而不能用信息的简单积累的过程来解释。这种新的图式带有创造性的特点,与原有的图式相比其性质发生了改变。从某种意义上说,学习是通过反身抽象和创造的过程,在原有图式的基础上构建新的认知图式。[①]

（4）错误是有意义的学习所必要的

皮亚杰仔细考察了儿童形成新的认知图式的过程。在如图 6-1-5 所示的一项实验中,三个球 B、C、D 并排放在一起,用球 A 去击球 B。

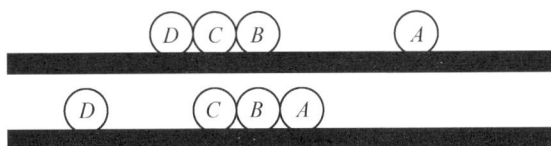

图 6-1-5

结果球 B 和 C 还在原来位置,球 D 朝前滚动了。对于这种现象,儿童会认为,是球 A 悄悄地溜过中间两个球击到了球 D。他的推理是：球 D 不可能自己移动,而中间两个球又没有显示出移动。一会儿他又认为,中间两个球也动过了。他的推理是：球 A 不可能击到球 D,而球 D 本无行动能力。

---

① 施良方.学习论：学习心理学的理论与原理[M].北京：人民教育出版社,1994：192—193.

儿童所犯的第一个错误在于没有考虑到下面两个事实：

① 球 A 在击到球 B 之后，保持不动；

② 球 C 阻挡球 A 直接击到球 D。

第二个错误虽考虑到这两个事实，却又忽视了另一个事实，即中间两个球的位置没有移动过。

所以皮亚杰认为，儿童即便清楚地看到每一事件，也可能无法理解这一系列事件之间的关系。但是若允许他们通过自我调节去创建这种关系，他们也许会有可能理解所看到的事情。所以，对于学习者来说重要的是自己能够提出问题。教师可以提出一些比较一般的问题。例如，在要求学生检验是什么决定了钟摆摆动周期时，只需提醒学生注意线的长度、钟摆的重量以及放开钟摆时的高度就可以了，至于用来发现答案的检验程序，最好是留给学生自己解决。如果学生能够提出合乎情理的问题（如注意到钟摆的重量），那就意味着这个问题已有一部分与学生已有知识联系在一起了，也就是说，这些问题是以他们已理解的某些知识为基础来构建的。由于学生理解自己的问题，因而就更有可能提出各种假设以便检验。因此，学习是一种通过反复思考招致错误的缘由并逐渐消除错误的过程。然而，若要消除这些错误，需要有进行推理的认知能力。这些推理是通过自我调节过程而产生的，而不是通过记住别人所给的答案而发生的。

"错误是有意义的学习所必不可少的"，这一命题与新行为主义的观点是相悖的。在斯金纳看来，通过强化相倚安排，可以使学生在没有任何错误的情况下学习。程序教学就是建立在这一原理基础上的。但是，皮亚杰认为，让学生犯些错误是必须的。为了使学生从事自我调节——这是平衡过程的实质性部分，学生需要经历某些冲突或不平衡。错误会引起学生顺化自己的知识结构，并把所观察到的结果同化到修正过了的知识结构中去。例如，学生由于经历了错误，就可能顺化他已有的关于自由落体的知识，然后把有关钟摆的新经验同化到认知结构中去。

（5）否定是有意义学习的一个重要环节

皮亚杰认为，儿童通过否定的形式来解决矛盾、消除差异、排除障碍或填补间隙。但是他们应用否定有三种水平：第一，否认失调或矛盾；第二，承认失调，但还不能补偿它；第三，既承认失调，又能够补偿它。例如，在一次实验中，给儿童 A 至 G 7 个一排的圆圈，圆圈 A 的直径是 10 毫米，每个圆圈直径递增 1 毫米。儿童很容易看出圆圈 A 与 G 大小不一样。但每个毗邻的圆圈太相似了,以致儿童不能辨别出其直径相差 1 毫米。主试问:"A 比 G 小?"儿童答:"是的。"没有任何困难。主试问:"A 比 B 小?"儿童答:"不。"这表明他看不出任何差异。提问一直进行下去,直到儿童感到答案出现了矛盾,即没有哪一个毗邻的圆圈是不同的,但 A 与 G 却是不同的。

在上述实验中,最初的时候,儿童否定这两个事实(即"所有圆圈都是相同的"与"A 与 G 是不同的")之间的矛盾。例如,他可能会说:"所有这些圆圈(从 A 到 F)都是相同的,但 G 较大些。"换言之,儿童否定 G 与看上去相似的其他 6 个圆圈的关系。通过把 G 作为一个特例,这样就消除了失调的来源。皮亚杰称之为"α 行为(Alpha behavior)"。

稍后,儿童开始对这样的答案感到不安,并发现不能那么容易地把 G 作为无关的东西来对待。一旦儿童感觉到"A 与 G 的比较"是"A 与 B 的比较"的延伸,"A 与 B 相同"与"A 与 G 不同"之间的矛盾就显露出来了。儿童不再满足于对这种失调的 α 补偿了。他至少会考虑到这样两个变式:①这些圆圈是不同的;②这些圆圈是相同的。儿童可能会说:"你看,它们有时大些,有时一样大。我猜想它们中间有些圆圈的大小在变。"皮亚杰认为,这个儿童的理解,无论怎么说已把所有的圆圈都放在一个组里进行比较,但他还没有把不同之处整合起来。他称这种否定为"β 行为(Beta behavior)"。β 行为比 α 行为高级些。

最高级的互补形式称为"γ 行为(Gamma behavior)",它同时考虑到"A 与 B 的关系"与"B 与 G 的关系"。儿童的推理是:如果 A＝B, B＝C……那么必然是 A＝G。然而 G 大于 A,这使得 A 与 B、B 与 C、C 与 D……之间的等同变得不可能了。只有在儿童能够理解毗邻圆圈之间一系列重复相似性与所看到的 A 与 G 之间的不同性这两者之间所具有的意义时,才能得出合理的结论。儿童必须同时协调这两个变式。只有在这时,对矛盾的 γ 互补才会导致儿童得出结论:相似性实际上是一种错觉。所有的圆圈都是不同的,并不是有时相同有时不同。

除了在学习特定概念时,儿童会表现出不同的否定水平,在儿童的认知发展阶段中,他们还会使用不同的否定类型。在认知发展的不同阶段,儿童会有不同的否定类型。在感觉运动期,儿童可能是通过踢翻障碍物来否定它。例如,一岁小孩想要得到一个玩具,中间有张小椅子挡道,他把椅子推开直接地否定障碍。皮亚杰称这种否定形式为逆向否定(inverse negation)。儿童也可能用间接的方式(如绕过椅子)走过去拿到玩具,皮亚杰称之为互反否定(reciprocal negation),因为移动自己身体与移动挡道的椅子是互反的。这两种否定形式都是感觉运动期的否定。

4岁儿童能够使用前运算类型的否定。例如,小孩在面粉里放了太多的水,他想到倒掉一些水(逆向否定)。当他发现这样做不可行时,他再加一些面粉(互反否定),从而解决了问题。这一任务超越了感觉运动时期,因为儿童必须预见到两个物体(水和面粉)相互作用的结果,而不只是像前一阶段那样简单地预见到一个物体的位置。

在具体运算和形式运算阶段,儿童会继续发展新的否定类型。例如,数目相减是否定加法的具体运算;而命题"在没有 P 的情况下有时也会产生 Q",可以用来否定命题"P 是 Q 的必要条件"。皮亚杰指出,这些高级的否定类型,是儿童在感觉运动期、前运算期习得的那些否定的继承和发展,每一种否定类型都是前一阶段否定形式发展的结果。

3. 皮亚杰理论的数学认识论意义

皮亚杰关于儿童认知发展的理论概括起来就是:儿童是在与周围环境的相互作用的过程中,逐步建构起关于外部世界的知识,从而使自身的认知结构得到发展。儿童与环境的相互作用涉及两个基本过程:"同化"与"顺应"。同化是指把外部环境中的有关信息吸收进来并结合到儿童已有的认知结构(也称图式)中,即个体把外界刺激所提供的信息整合到自己原有认知结构内的过程;顺应是指外部环境发生变化,而原有认知结构无法同化新环境提供的信息时所引起的儿童认知结构发生改变的过程。可见,同化是认知结构数量的扩充(图式扩充),而顺应则是认知结构性质的改变(图式改变)。认知个体(儿童)就是通过同化与顺应这两种形式来达到与周围环境的平衡:当儿童能用现有图式去同化新信息时,他是处于一种平衡的认知状态;而当现有图式不能同化新信息时,平衡即被破坏,而修改或创造新图式(即顺应)的过程就是寻找新的平衡的过程。儿童的认知结构就是通过同化与顺应过程逐步建构起来的,并在"平衡—不平衡—新的平衡"中得到不断的丰富、提高和发展。这是皮亚杰关于建构主义的基本观点。皮亚杰关于认知结构在认识建构中的作用的思想,得到了现代自然科学的支持。现代脑科学的研究证实:人类之所以能对外界刺激进行选择是因为细胞膜具有对离子通透的选择功能，当主体接受外部刺激时，外部刺激通过感觉通路传导到大脑皮层相应的神经元，此时，细胞膜就会利用自身的选择功能选择和过滤外界刺激。正因为如此，在人所接触的信息中，大约有99％的信息被大脑作为无关紧要的信息而摒弃，有1％的信息被大脑所选择和储存，这就证实了皮亚杰认知结构具有选择性的思想。①由于皮亚杰始终专注于儿童的数学-逻辑知识的发展，因此，他的研究对数学的认识论来说也具有特别重要的意义。

　　如果说拉卡托斯(Imre Lakatos)是一位从历史主义的角度分析数学知识的产生，从而使数学哲学得以从基础主义的枷锁中摆脱出来的哲学家，那么皮亚杰则可称得上是从认识的心理学起源来分析数学知识的性质，从而进一步证实数学理论建构性的心理学家。20世纪五六十年代，在批判逻辑经验主义哲学过程中，出现了一股自然主义认识论潮流，他们反对把认识论仅仅看成是哲学的研究领域，主张从具体科学入手，用具体科学的研究方法和研究手段来解决认识论问题。而自然主义的基本特征在于放弃那种视哲学为认识论研究的唯一模式的主张，强调从心理学、生理学、进化论、人工智能等具体科学的视角透视认识问题，把认识论作为科学研究的一个侧面，使认识论从哲学中分化出来成为一个独立的研究领域。②皮亚杰的发生认识论，强调把认识看作是一种自然现象，强调从具体学科入手，运用具体科学的方法研究迄今属于哲学研究领域的认识论问题，以揭示认识发展的内在微观机制。这种认识论纲领与自然主义认识论纲领是趋向一致的。特别值得一提的是，皮亚杰不仅运用发展心理学的研究成果来解释科学认识发展的实际进程，而且以心理学研究为立足点，从心理学的视角重新审视数学认识论试图回答的问题：为什么主体建构起来的数学能够解释物理自然现象。皮亚杰对此提供了与众不同的解答，他认为儿童的数学-逻辑知识的起源是"活动"。这里"活动"的概念，是一个广义的概念，包括有意的或无意的、实物性的操作或智力性的操作等等。皮亚杰有时把动作作为活动的同义词来使用，因为动作是活动的组成单位，动作从属于活动。

　　在分析动作中主体和客体的关系时，皮亚杰认为：在每一项动作中，主体和客体都是融合在一起的。当然，主体需要客体的信息，以便明确自己的动作，但是它

① 宋惠芳.论皮亚杰认知建构理论的合理性[J].齐鲁学刊,1999(5)：3—5.
② 黄少华.皮亚杰论心理学研究的认识论意义[J].兰州大学学报社会科学版,1996(1)：81—87.

也需要许多主观的成分。没有长期的练习，或者缺少构造精细的分析与协调的工具，他就不可能知道属于客体的是什么，属于自己作为一个积极主体的是什么，以及属于从最初阶段到最后阶段转化的动作本身是什么，因此，知识在本质上既不是从客体发生的，也不是从主体发生的，而是从主体与各个客体之间的相互作用——最初便是纠缠得不可分——中发生的。①

在皮亚杰看来，活动不仅是思维的起源，而且是构成主客体关系的中介。这与经验主义或先验主义都有本质区别，经验主义认为主客体的中介是知觉，先验主义认为主客体的中介是概念。"为了认识客体，主体一定要作用于客体"，因而改变客体，"主体必须移动、连结、组合、拆开和重新装配客体"，因而，"主体只是通过自己的活动（不仅仅是通过知觉）来认识现实"。皮亚杰通过对儿童的观察表明，儿童最初的活动没有显现出主客体分化的迹象。只是在活动的进一步发展中，这种"非二分主义"状态才被打破。由此可见，人的活动构成了思维和宇宙同一性的基础。②

这里所指的思维当然包涵数学逻辑运算。皮亚杰认为，数学知识也涉及儿童作用物体的动作。例如儿童知道同样一个数目，是通过从右到左和从左到右等等不同方式的计数活动而学会的，而儿童逻辑数学结构则是在对物理世界的感觉、知觉的基础上发展起来的。如要形成 5 的概念，则必须经过针对包括数目是 5 的物体的颜色、大小、形状、重量、粗细等等对物体进行分类，以及针对东西的长短的序列练习。皮亚杰进一步指出：逻辑运算来源于行动本身，人们只有通过行动本身所固有的秩序才能认识到客观的秩序。③

由上面的叙述，我们可以得出动作是知识的基础。皮亚杰进一步分析了两种不同的动作：一是单个的动作，如推移、接触、抚摸等；二是配合起来的动作，如联合、排序、对应、交叉等。正是配合起来的动作构成了数学认知的基础。布尔巴基学派曾把数学结构归结为代数结构、顺序结构和拓扑结构，其他结构都是由这三种母结构派生出来的。皮亚杰通过对儿童发展实证研究，在一岁左右儿童身上也发现了这三种基本结构关系（内包含关系、序列关系和对应关系）。他认为，儿童的数学知识的发展是以这三种基本的结构关系为基础的。在皮亚杰看来，解决了

① 张述祖，等.西方心理学家文选[M].北京：人民教育出版社，1983：425.
② 刘茂哉.皮亚杰认知结构发生发展理论的认识论意义[J].广东社会科学，1991(6)：15—18.
③ 同②.

数学知识的发生问题,我们就不难回答为什么演绎建构的数学与经验的自然界符合一致。① 既然数学的结构是从动作的配合协调中产生出来的,主体的数学结构与客体的物理结构之间的关系就可以在动作的配合协调中获得理解。按照皮亚杰科学之环的思想,主体本身是作为整个物理世界的一部分而被整合在其中的,因此先验者所断定的宇宙与思维之间的先定的和谐,事实上是在主体动作的水平上建立起来的,并且随着主体动作配合的不断进化而无限地向前扩展。换言之,主体在动作基础上对数学结构的建构,是数学知识能够对物理现象提供有效解释的根源。②

4. 皮亚杰认知发展理论的教育价值及缺陷

皮亚杰的关于儿童认知发展理论为现代建构主义提供了思想基础,他把知识看成是主客体的相互作用,并用"同化"、"顺应"来描述学习的机制,其建构思想贯穿在所有的研究之中,理论界已公认建构主义学习观的先导属皮亚杰。皮亚杰的建构理论主张,人脑在认识事物之前并不是一块白板,而是已经存在着认知图式。没有主体的认知图式对客体的选择与重构,也就不会有认识的形成,这就超越了机械的反映论。同时,他又认为认知图式是从婴儿本能的行为模式演变过来的,并且在主客体的相互作用中不断得到建构,这就克服了康德的先验唯心主义。不把认知图式看成是完全先验的认知结构历来就有反映与建构之争,而皮亚杰理论最大的贡献就是从人的心理发生的过程来证实认识过程的建构性,从而使得传统被动反映论被能动建构论所替代。一般认为,皮亚杰理论在教育方面特别是在数学教育方面的价值有如下几点:

(1) 应按儿童的思维方式进行教学。

传统的数学教育研究,侧重点在于研究教学内容和教学方式,而忽视对儿童的学习心理和真实思维的了解。皮亚杰理论指出了儿童的认知、思维方式与大人不同,甚至不同年龄的儿童、青少年也有着认知结构上的极大差异。就数学教育来说,他的理论揭示了"了解儿童才能教育儿童"的意义。这正如郑毓信教授所言:"……一切数学教育研究最终都要落实于学生的数学学习活动,从而,就只有

---

① 郑毓信. 数学教育哲学[M]. 四川教育出版社,2004:353.
② 黄少华. 皮亚杰论心理学研究的认识论意义[J]. 兰州大学学报社会科学版,1996(1):81—87.

对学生在学习数学过程中的思维活动有着较为深入的了解,数学教育学才有可能在科学的基础上得到健康的发展。"①

（2）遵循儿童认知发展顺序设计课程。

数学课程设计如何与学生能力相匹配,这是早已受到重视的问题。以往做法多是把年龄作为能力划分的标准。但是在皮亚杰看来,"认知结构"是更为合适的标准,虽然年龄与认知结构有关,但并非是认知结构的唯一因素。此外,根据皮亚杰的实验研究,就算是对于同一学习材料,不同发展阶段的儿童也会有着不同的反应。因此,对于数学课程设计,皮亚杰的理论有两点启示:

一是学校课程教材的难度,必须符合学生心智发展水平;

二是在确定数学课程内容时,宜先设计实验,从学生实际思维过程中,观察分析内容编排是否适宜。

（3）认识到儿童的自主性、积极参与性在学习中的重要性。

按照皮亚杰的课堂设计,不主张给学生呈现现成的知识,而是鼓励儿童通过自己与环境进行相互作用,自主地发现知识。

因此,教师不宜进行说教式的教学,而应提供大量各种各样的活动,使儿童在活动中与现实世界直接互动。

（4）不强调对儿童进行成人化的思维训练。

皮亚杰把"我们怎样才能加速发展"这个问题称为"美国人的问题"。皮亚杰曾访问过许多国家,他认为美国的心理学家和教育学家似乎对"运用技术加速儿童各个阶段的发展"这一问题最感兴趣。以皮亚杰理论为指导原则的教育方案,也接受了皮亚杰的信条:与其过早地让儿童接受教学,还不如不教,因为这容易导致对成人规则的肤浅接受,而不能达到真正的认知理解。

皮亚杰认知发展理论虽然对数学教育产生过积极影响,但是另一方面,作为早期的建构主义观,皮亚杰理论不可避免地有其固有的局限性:

（1）对学校教育的意义挖掘不够。

从皮亚杰的研究来看,他的观察是在自然情境(非学校环境)中进行的,也就是说皮亚杰的研究,乃是从生物适应的观点出发,探讨儿童认知发展的规律,认为学习从属于发展——并不主张藉由学习的手段加快儿童的认识发展。由此建立

---

① 郑毓信. 数学教育:从理论到实践[M]. 上海教育出版社,2001.

的认知发展论之中,看不到学校教育对于儿童认知发展的积极作用。然而,已有大量的实证研究表明,经过适当的教育施予儿童文化刺激,的确有助于儿童的心智发展。所以,皮亚杰的研究结果对于教育界而言只是提供了一些认知发展的现象与事实,并未进一步就教育文化的观点,提供促进认知发展的建议。

(2) 生物学倾向以及忽视社会文化的影响。

皮亚杰是从生物学的观点出发,对人类的智力发展进行研究的,并且以生物适应的概念类比于认知发展的现象与机制。虽然这种类比不无道理,也由此产生了突破前人的理论,然而若将此概念过度延伸于人类智力的全部现象,就会走向一个极端,陷于人的发展生物化的倾向。人的认知结构出现当然有生物机体的因素,但更重要的还有除遗传组织和自然环境的社会因素。人的认知结构及其功能主要是整个人类社会实践内化的结果及其保存、巩固和积淀,忽视这一点就不能圆满地解释动物与人的认知能力的差别。

皮亚杰说过"社会环境生活对人的认知发展具有作用"的话,然而实际上未对人类的认知在社会文化环境中的实践,以及受到社会文化环境的影响这一层面进行相关的研究与探讨。这一点与欧内斯特(Ernest)的社会建构主义和维果斯基(Lev Vygotsky)的社会文化认知理论形成鲜明的对比。

第二节 激进建构主义与数学教育

1. 激进建构主义思想的起源

激进建构主义的最具代表性的人物是美国哲学家、心理学家和控制论专家冯·格拉斯费尔德(Ernest Von Glasersfeld)。在他看来,建构主义的根源可以追溯到公元前6世纪怀疑论的观点。[1] 而现代激进建构主义主要来自18世纪的维柯(Vico)、洛克(Locke)、休谟(Hume)、康德的思想,20世纪的皮亚杰(Piaget)、古德曼(Goodman)也对建构主义的形成做出了重要的贡献。色诺芬尼(Xenophanes)指

① Von Glaersfeld. E. An exposition of constructivism: Why some like it radical. In Davis, R. B. , Maber, C. A, & Noddings, N. (eds.) Constructivist Views on the Teaching and learning of Mathematics, NCTM, 1990.

出：我们不管拥有怎样的观点和知识，都是源自于我们经验的某种方式，这些经验包含感观、活动及思考。如果真是这样，我们无法超越我们自己经验的世界去检验我们知识的真实性。[①] 关于维柯的建构主义思想，冯·格拉斯费尔德回忆道："维柯的观念，即我们仅仅能够理性地认识我们自己所创造的东西，而诗人和神话编纂者的认识完全是另一种艺术的观念，与我头脑中自由漂浮的一些思想相当吻合。后来我阅读了维柯 1710 年发表的关于认识论的论文[②]，这篇论文第一次清楚的表达和描述了建构主义。"[③] 维柯有句名言："人们只能认识自己所创造的东西（The human mind can know only what the human mind has made）。"休谟认为，真实世界中事件的某些关系，不是归因于事件，而是心理建构投射在客观世界所呈现的结果。康德则把自己的认识论上的"革命"作为一种解决问题的方法贯穿于其整个批判哲学之中。[④] 在康德看来，认识对象的成立和人的认识的成立，其条件是同样的，都需要主体的参与。这里，认识的客观性并不来源于对象，而是来源于主体自身。康德认为，不是思想去反映对象的规律，而是"人为自然立法"。[⑤] 古德曼基于康德的观点，提出建构主义的中心主题是没有唯一的"真实世界"，我们是根据已经建构的世界版本，作为后续建构的起点，而且我们是从不同的目的建构不同的世界。建构世界的活动是复杂多样的，且不同人所建构的世界也不尽相同。按古德曼的观点，没有一个世界比其他的世界更"真实"，也没有一个世界在本体论上具有真实的特权。放弃原始实在（aboriginal reality）后，必然带来一个真假世界的判定。在这一点上，古德曼采取了相对主义的观点。他举例说到，根据以地球为中心的系统，地球是静止的，而根据以太阳为中心的系统，地球是运动的，我们只是根据怎样的版本说怎样的话，虽然两者是冲突的，但在各自的版本上却是真实的。[⑥]

拉卡托斯指出，证实主义（justificationism）认为科学知识是由已证明的命题所构成的观点只是一个理想。怀疑者坚持认为，没有也不可能有已经证明的知

---

① 杨瑞智. 建构主义对数学教育影响的审思[C]. 迈向课程新纪元(七)——九年一贯课程学习领域研讨会论文集(台湾),1992.

② 维柯这篇论文的题目是《论意大利人的古代智慧》(*Deantiquissima Italorum Sapientia*). 文章是用拉丁文写成的,在文中他提出了认识论的新观点. ——作者注.

③ 张桂春. 激进建构主义教学思想研究[D]. 上海: 华东师范大学,2002.

④ 康德所谓的"哥白尼式的革命"就是把以往以客体为中心的认识论原则转变为以主体为中心的原则. ——作者注.

⑤ 同③,第15页.

⑥ 同①.

识。波普尔则认为科学是不断革命与证明的。悲观的康德论者认为真实世界是永不可知的,乐观的康德论者认为我们阅读自然这部书,不能不牵动心的功能,不能不根据我们的期望或理论对它做出解释,上帝创造我们的概念框框是为了适应这个世界,相信框框可以发展,并可由新的、更好的概念框框取代,创造"监牢"的是我们自己,我们可以批判地摧毁这"监牢"。[①]

在对激进建构主义思想的研究过程中,一些重要的学术会议产生了很大影响。如 1978 年在美国旧金山组织召开的题为"真实的建构"研讨会,吸引 330 多位来自不同领域的学者和科学家。与会者以不同的方式表达了他们的信念——知识不是预先确立好而后来被发现的,知识必须是被建构的。从 1990 年开始,美国乔治亚大学教育学院组织"教育中的新认识论"系列研讨会,邀请著名学者参加,包括冯·格拉斯费尔德、斯特弗(Steffe)、德瑞费(Driver)、波皮诺、吉尔根(Gergen K. J.)、斯皮罗(Spiro)等人,这一系列的讨论,划分了六种不同倾向的建构主义:激进建构主义、社会建构主义、社会文化认知的观点、信息加工的建构主义、社会建构论、控制论系统。在德国,随着冯·格拉斯费尔德的 20 世纪 80 年代后期的著作相继出版,一系列学术会议相继召开。所有这些都极大促进了激进建构主义在不同学科中的运用和发展。[②]

2. 激进建构主义的基本假设

冯·格拉斯费尔德和基尔帕瑞克(Kilpatrick)总结出激进建构主义的两个基本假设:[③]

假设Ⅰ:学习者主动地建立起知识,而不是被动地从环境中接受知识。

假设Ⅱ:(包括两方面)

(1)认知的功能是适应。

(2)知晓(to know)是一个组织个人经验世界的适应过程,但不可能发现客体的本体实在(objective ontological reality)。

---

① 杨瑞智. 建构主义对数学教育影响的审思[C]. 迈向课程新纪元(七)——九年一贯课程学习领域研讨会论文集(台湾),1992.

② 张桂春. 激进建构主义教学思想研究[D]. 上海:华东师范大学,2002.

③ Stephen Lerman. : Constructivism, Mathematics and Mathematics Education. Educational Studies in Mathematics, 1989,20(3):211-223.

上述第一条假设已被包括数学教育家在内的学者广泛接受，当思考儿童的数学学习过程时，它被当成一个有意义的假设。

对第二条假设人们有不同的见解甚至是疑虑，因为它立即带来两个不同层次上的问题：首先我们是否能理解他人正在说的话语或表达的含义，即私有语言问题；其次是在什么意义上我们大家接受为是已知道的东西，即一般地说是知识的性质问题或特殊地说是数学知识的性质问题。

有不少人认为，在数学教育上只要讨论第一个问题就行了，而把对第二个问题的讨论留给哲学家或学术会议，并且认为它与手头的工作——数学教育没有真正的联系。然而，这种处理不能令人信服。因为第一条假设和第二条假设是紧密联系的。事实上，正是因为数学知识对一般的认识论和哲学的意义，才使得对第二个假设的思索具有至关重要的意义。

激进建构主义与其他各种建构主义的区别正是在第二条假设上，即它对知识的性质及获得过程采取了极端的立场。

第一，激进建构主义首先对传统的本体论和认识论问题采取了彻底否定的态度，我们没有必要涉及客观世界的存在问题，也不应该将对客观真理的追求看成是认识的最终目的。

第二，对认识活动"个人私有性质"的绝对肯定。由于个体具有不同的知识背景和经验背景，因此，即使对于同一个对象而言，相应的认识活动也不可能完全一致，而必须具有个体的特殊性。正如戈尔丁（G. Goldin）所指出的："激进建构主义是这样的一种认识论……它所强调的是……除非确有某种心灵感应，任何个人都不可能具有关于他人的经验世界的直接知识。我们只能建构出自己的关于他人知识和经验的模型，从而，我们就决不能断言一个人自身所拥有的知识是与另一个人的知识完全相同的。"因而在激进建构主义看来，建构是一种高度自主的行动，甚至就有了"一百个人就是一百个个体，并会有一百个不同的建构"的结论。

第三，激进建构主义强调，即使没有本体论和古典意义上表征的思想，也能够建立对知识的一种理解。冯·格拉斯费尔德偏爱的是一种进化论导向的理解，即认知具有一种适应的功能，它不存在于一个客观现实的反映中，而只是存在于认知主体"适应的"行为方式中。冯·格拉斯费尔德的知识概念是工具主义和实用主义的，简言之，相应的知识只存在于概念形成过程之中，也就是与经验世界并不矛盾的建构之中。这种建构与本体论的世界并不一致，但它必须与经验的整体概念"相适应"。①②

3. 支持激进建构主义的其他理论研究

（1）脑神经生理学研究

人类的智慧、才智和本领是大脑这个神秘"黑箱"操作活动的结果,揭示大脑的奥秘是人类认识自身面临的最大挑战,而破解大脑与学习行为的关系这一认识论难题也一直是心理学、教育学、神经生理学等学科关注的前沿领域。神经生理学和脑科学从生理基础的角度对作为认知载体的大脑进行实验研究,其研究结果从一个侧面为建构主义奠定了科学的基础。

米勒（Johannes Mueller）、冯·费尔斯特（H. V. Foerster）、诺特（Roth）为代表的神经生理学家从大脑的神经结构、大脑自我工作的封闭反馈机制、大脑对客体的选择性三个方面对大脑进行研究,概括起来就是外界感官和大脑之间的关系并不是这样构成的,即外部世界仿佛通过感官输入大脑,然后大脑建构了纯洁的外部世界的映象。确切地说是以颠倒的情况为出发点,即大脑以其获取的仅仅是少量的并且还是歪曲的、有缺陷的世界信息（但根据事实,它是由自身的结构来决定的）来建构一个经验的"现实"世界,这个世界绝大部分恰好不是由外部"实在",而是由内部、由自己来确定的。同时,这个内部在自身、通过自身、也为自身而产生这样的印象,即建构的世界仿佛不是一同塞进来的和作为建构在"内部"存在的,而是很可能作为在"外部"感受而被经验的（此外,作为物质的东西的大脑自己也是这种"外部"感受的实在的部分）。神经活动过程本身是意义自由的和内容中心的（神经密码中立原则）。首先,意义和真实是通过大脑的无限的整合能力的自我工作而产生的。其次,许多信息已经在感官中并进一步通过把感觉印象转化为神经源的传播刺激而不断地消失着。而通过大脑对信息的相互整合,特别是通过已经存在的结构和信息的联系,反过来又不断地新产生许多信息,从而建构一个完整的经验的现实世界。③

（2）认知结构差异的研究

德国数学教育家施万克（I. Schwank）教授,针对数学学习中的认知结构问

---

① 郑毓信,梁贯成. 认知科学、建构主义与数学教育[M]. 上海教育出版社,1998: 155—156.
② 张桂春. 激进建构主义教学思想研究[D]. 上海: 华东师范大学,2002.
③ 同上.

题,进行 10 多年的理论与实验研究,提出了特征性和功能性认知结构的差异。这里所谓的特征性思维,是一种倾向于思考关系和比较判断的思维活动。而功能性思维是一种对行动次序和作用方式进行思考的思维活动。

对于特征性认识结构占优先地位的人而言,他们擅长在给出的情境中优先表述静态关系网络,把着眼点放在结构化及其描述上;在表述实施着的行动时,他们总是以对行动的实施和结果间的关系描述为前提条件,他们对于精确性的敏感度比对复杂过程的感觉和分析能力大得多。

对功能性思维占优先地位的人来说,他们很少直接对关系和结构进行分析,而是对过程有着清晰的感受能力,善于对作用原理进行思考;直接考虑组织过程所需的努力与费用,而不是马上讲出结果,因为对这一认知结构的爱好者来说关系和表述不是最基本的,所以表述也很少是清晰的、精确的。

这两种思维考察问题的角度也不相同,特征性思维更关注问题的特征,功能性思维侧重问题的功能。对于特征性思维与功能性思维,徐斌艳博士举了三个典型的例子加以说明。①

案例1 思维练习——"描述图片"

给被试出示图 6-2-1,要求他们描述该图片。

图 6-2-1

典型的特征性的反应是:一个孩子用两只手抓住图片右边的那棵树的树枝,树枝远离小池塘,在池塘边上有一只翘着尾巴、头朝孩子、张着大嘴的鳄鱼,背后有一些小棕榈树。

典型的功能性的反应是:水里的鳄鱼在追逐一个孩子,想吞吃那个孩子,所以那个孩子快速爬上这棵树。

可以看出,特征性思维者不习惯把这幅图想象为一个动态的过程(如"追逐、吞吃、爬上"等),而功能性思维者不会自发地去考虑图片的结构(右边,背),而是喜欢把图片表述为某个电影片断。

---

① 徐斌艳. 数学教育展望[M]. 上海:华东师范大学出版社,2001:103—105.

案例2　克里克斯"打猎"概念图

图6-2-2表示了静态的关系网。这是特征思维者的一个典型的反应,只是通过工具—关系把"猎枪"与"打猎"联系起来和用表语"是一种"把"猎枪"和"武器"联系起来。在这里,被试只以打猎与猎人间的关系作为前提,来描述"打猎"这个行动,而没有描述这种行动所产生的作用或效果(例如为了养家糊口)。

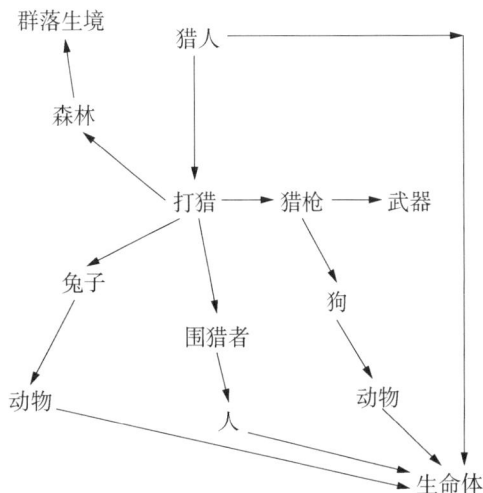

图6-2-2　"打猎"概念图

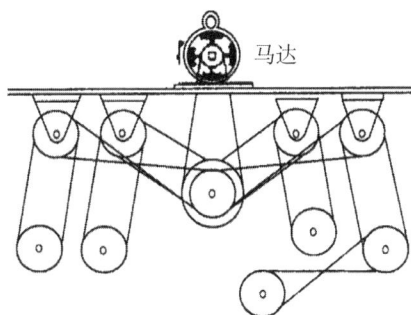

图6-2-3

案例3　一个马达带动10个齿轮

针对图6-2-3提出这样的问题:"一个马达带动10个齿轮,这个马达如图上的箭头所示逆时针转,问哪些齿轮顺时针转,哪些逆时针转?"功能性思维者特别能理解这个动态事件,因为他们喜欢投入到这类建构中,并且对作用原理进行思考,他们能够建立一种动态的"作用-原因"关系。这样就能成功地描述齿轮的相互转动。

从上述三例可以看出,认知结构差异不在于事件本身的差异,而在于由这些事件所引起的个人表象的差异。即特征性思维和功能性思维在解决同样的问题时,建立了不同的内在表征,相应应用不同的认知工具。

（3）数学思维类型研究

上述施万克的认知结构差异理论从实证的角度支持了激进建构主义的观点：个体思维的差异性。这一理论不仅适用于数学学习，而且也适用于物理乃至一般的科学学习过程。如果再向前回溯，苏联著名心理学家克鲁捷茨基对数学能力各成分类型、年龄和性别的差异的研究，不仅进一步支持激进建构主义的论点，而且更具有数学学科的特殊性。

关于数学思维的类型，著名数学家哈达码（Hadmard）就曾提出直觉型和逻辑型，[①]并且描述这两类思维的特性和差异之处。作为一名数学家，哈达码采用的是内省的方法，通过反省自己的创造发现过程来研究数学心理学，并对数学思维研究作出了重要贡献。在心理学研究中，克鲁捷茨基可谓是研究数学思维的杰出代表，与哈达码所不同的是，克鲁捷茨基运用的是个案分析的方法。他根据对 34 名有能力的学生的测试结果，区分了 3 种不同的思维类型，并且指出这样划分具有一般性。[②]

分析型：发展良好的言语——逻辑成分明显地支配着弱的视觉——形象成分。他们很容易地用抽象的模式进行运算，他们在解题中对于形象化的对象或模式不需要借助视觉，甚至当题目中给出的数学关系"暗示"要用形象的概念时也是如此。

例如做这样一道题："如果一块砖的重量等于 1 公斤加上半块砖的重量，那么这块砖重多少？"分析型气质的学生没有一个人试图直观地描绘其中的已知关系，他们是用纯推理方法来解决问题的。然而，所有几何型的学生都画出一张示意图（图 6-2-4），或在心中对此图有一个概念，并"看出"这块砖重 2 公斤。

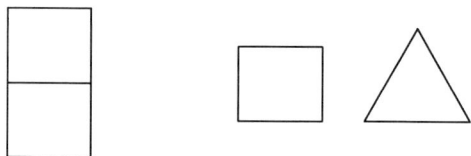

图 6-2-4

---

① 庞加莱是这样论述直觉型和逻辑型的：一种类型主要充斥着逻辑．读着他们的著作，我们会被他们一步一步引导着，在信任他们的道路上稳步前进，他们的作风就像战士们一道又一道地挖战壕那样，亦即不依赖于任何机遇地一步一步逼近被围攻的营．另一种类型则是凭借于直觉．他们能够一下子提出一个敏锐的，但有时是冒险的问题，就像一个勇敢而迅猛前进中的骑兵．——作者注．

② ［苏联］克鲁捷茨基．中小学生数学能力心理学[M]．上海教育出版社，1982：387．

几何型：具有高度发展的视觉——形象的成分，常常以图形来代替逻辑性。

例如解这样一道题："一个正方形的每边增加 3 cm，因而它的面积增加了 39 cm²。求所得的正方形的边长。"这道题用方程来解是很便利的。通过方程式 $(x+3)^2-x^2=39$，只需几秒钟就可以解出来。但是几何型的学生用了较复杂的方法。他们首先画出一个图形（图 6-2-5），然后利用这个图作如下的推理：

这个（x）必须是一个正方形，它的边长是 3 cm，这就是说，它的面积是 9 cm²。两个长方形（y）的面积必是 30 cm²，即每个长方形的面积是 15 cm²。一条边是 3 cm，因此另一条边必然等于 5 cm，于是原正方形的边长是 5 cm，边长增加后变成 8 cm。

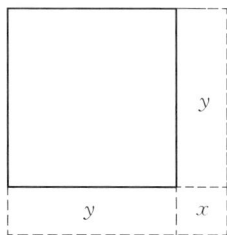

调和型：发展良好的言语——逻辑成分和视觉——形象成分保持相对的平衡，但前者起着主导作用。

图 6-2-5

例如让学生做一道题："$a^2+b^2=c^2$，a、b、$c>0$，能说出这些数的一次幂之间的关系吗？"

调和型的学生同时用分析法和几何法来论证这道题。

① $a^2+b^2=c^2$，$a^2+b^2+2ab=c^2+2ab$，$(a+b)^2=c^2+2ab$，$(a+b)^2>c^2$，$a+b>c$；

② 这里 a、b、c 是直角三角形的边，因此 $c<a+b$。

分析型学生仅仅注意到第一种可能性，几何型的学生仅仅注意到第二种可能性。

（4）激进建构主义的数学教育观

激进建构主义对数学教育产生了重要的影响，这是因为冯·格拉斯费尔德不仅是一位哲学家，而且一直从事数学教育研究。他从对皮亚杰的著作进行分析、阐述开始，就涉及数学教育领域，他自述道："尽管我根本不了解教育科学研究，几乎不能回忆自己所受的数学教育，但是我从一开始就认为，概念分析迟早会应用于数学概念上。对一个建构者来说，他不可能把数、几何图形看作是上帝赐给的东西。可能有些人接受了柏拉图的观点，这样的话，几何图形好像水晶石那样在远离人类经验的神秘世界中游荡，因此，我们需要在某个经验领域对抽象事物的起源进行研究。"[1]从以行为主义为主导的早期教学到以极端建构主义为指导的现代教学,数学教育观念发生了根本性的变化。

① 数学知识观

激进建构主义不仅反对把数学看成是坚定的、稳固的最后的客观科学,主张数学的建构性,而且进一步认为这种建构的个体差异性,即每个人都建构自己的数学,只有在各个主体自己的意识中才存在数学。既然数学不是一个先天的存在,那么数学教学就要考虑各种不同的数学:[2]

a. 孩子的数学,即每个孩子自己的运算图式。

b. 给孩子的数学,即那些孩子们利用自己的个体数学能够学习的数学。这种"给孩子的数学"是在交互作用中确定的,不能预先给出。

除了上述主要差异外还存在其他相关的数学:

c. 教师的数学,这也是个性化的,并且是教学设计的关键因素。

d. 课程设计者、教材编写者、教具制造者等的数学。

e. 由局外人描写的交叉领域中的数学,数学行家讨论的数学。

因此作为教学对象的数学是多层次的复杂领域,在教学中必须考虑这一领域的各个不同层面。

② 数学学习观

数学学习是靠认知主体依自己经验主动建构个人知识的过程,它并非是简单地记忆公式、法则或外显行为的改变。在激进建构主义者看来,对数学学习的这种理解与传统的心理表征主义是完全不同的,传统的心理表征观包括两点:一是学生个体意识中的数学被看作是客观数学的表征,因此学习便意味着要建立存在于自我的内部表征;二是将教科书、教具等教学材料看作是数学的外部表征。按照传统的表征观,数学学习要解决的问题是使外在结构进入到学习者内部。传统数学学习观与教学目的、意向性是相联系的,激进建构主义学习观与此完全不同。用智利生物学家马图拉纳(Humberto. R. Maturana)的话说就是:"学习不追求目的,学习是生物在维持其组织和结构的生存条件下的结构改变的一个结果。学习不是媒介物的表征,不是在媒介上建立的行为……"冯·格拉斯费尔德认为:"如

---

① 徐斌艳. 极端建构主义意义下的数学教育[J]. 外国教育资料,2000(3): 61—66.
② 同①.

果我们称作'知识'的东西已经是一个相对不变的行为结构和概念结构,并且一个有机体具有这种知识,如果一个观察者得出这个结论,即有机体事实上需要这个结构才能够使之成为现实,那么,一个有机体能够获得知识的唯一方式就是,自己去建构或为了自己去建构。"①

③ 数学教学观

传统数学教学具有工具理性的特征。由于数学被认为是对自然的精确描述,凭借这种知识,可以用于改造自然、征服自然,因而通过教师、教材,把既有的数学知识传递给学生就成为数学教学的一个重要目标。在激进建构主义看来,教学不同于训练,训练是一种达到能被观察的行为,而教学要达到一种内部的过程、理解的过程,激进建构主义认为教学实际上是一种具有激励作用的学习环境的塑造,教学是为不同的学习过程提供学习材料和做好准备。教学不可能对信息迁移或行为改变产生直接影响,知识是不能教授的,而只能建构。

④ 数学评价观

激进建构主义的一个显著特点是反对传统的标准评估方法。乔纳森(D. H. Jonassen)这样描述激进建构主义的评价观:

如果你相信的话,正如激进建构主义者所言,既然没有一个客观实在可以被所有学习做出一致的解释,对获得这个实在的评估就是不可能的。不那么激进的建构主义观点提出,由于学习者所做的解释各不相同,因而评估方法应该与多种不同的反应选择相适应。②

由于任何测试需要考虑到被测试者的几乎是任意的、文化决定的价值系列,因此,任何教学评估都是不可能的。稍为温和的观点是,应该提倡对过程而不是结果的评价,评价广泛用真实情境进行。

(5) 对激进建构主义的评论

作为洛克(Locke)和贝克莱(Berkeley)主观经验主义的后继理论,激进建构主义作为一个认识论取代了长期主导的客观主义认识论③,并对基于客观主义的经

① 张桂春.激进建构主义教学思想研究[D].上海:华东师范大学,2002.
② D. H. Jonassen. Evaluating constructivist learning, in T. M. Duffy and D. H. Jonassen, eds. Constructivism and the Technology of Instruction, Hillsdale, N. j. : Erlbaum, 1992:144.
③ E. von Glasersfeld (ed.). Radical Constructilism in Mathematics Education, Kluwer Academic Publishers. Netherlands, 1991: xiii - xx.

验论和反映论进行了彻底的批判。激进建构主义是一种后认识论。[①] 而后认识论又符合后现代主义,它表达这样一个重要的事实,即与传统的哲学认识论的决裂。在西方哲学传统中,基本的认识论概念在有史以来 2500 年中都没变,而且由这些概念导致的结论也从未得到改变。在这一传统中,知识应该表征一个现存的、孤立的、独立于认识者的真实世界,而且只有当这种知识正确反映那种独立世界时,才被认为是真实的。[②] 激进建构主义要求改变这种状态:放弃那种通过知识表征独立世界的要求,代之以承认知识表征的是对我们更为重要的某些东西,即我们在经验世界里能做什么、处理物质对象的成功方式以及思考抽象概念的成功方式。用冯·格拉斯费尔德的话讲就是:"激进建构主义的立场,如果认真对待的话,即它与知识、真理和客观性等传统概念直接相冲突,它要求从根本上去重建个人关于实在的观念。"[③]激进建构主义代表着学习理论中彻底否定和抛弃客观主义和绝对主义知识观的倾向,"极端建构主义之所以是极端的,是因为对于固有认识的反对并发展起了这样的一种知识,这其中,知识并不是对于一个'客观的'本体意义上的实在的反映,而仅仅涉及了对由我们的经验所构成的世界的整理和组织。极端建构主义一劳永逸地消除了'形而上学的实在论'"。[④] 它的合理性可以从两个方面得到说明:

首先从哲学上看传统的主客分离与对立的认识论立场以及绝对化的真理观不断地受到怀疑和批判。康德首先论证了人必须具备整合经验材料的"先验"条件(他称之为"范畴")才有可能形成认识。这就意味着认识的主体与客体已是不可分割的了,因而人的认识也不再是纯客观的了。皮亚杰用进化论的观点发展了康德的"先验范畴"的思想,提出了"图式"说,科学地解释了人的认识的先天前提问题,他用"活动"说将认识的主体和客体统一起来,用"同化"和"顺应"说解释了主体和客体之间的相互作用的方式。库恩(T. S. Kuhn)提出了"科学共同体"和"范式"的概念,他认为,范式是科学共同体的共同信念、立场和理论框架,是科学家们共同约定的一种认识世界的方式或工具。科学家们认识的世界不是客观的

---

① Davis, R., Maher, C. & Noddings, N. *Constructivist Views on the Teaching and Learning of Mathematics*, National Council of Teachers of Mathematics, Reston, VA, 1990.
② 莱其利·P·斯特弗,杰里·盖尔. 教育中的建构主义[M]. 上海:华东师范大学出版社,2002.
③ 郑毓信. 建构主义之慎思[J]. 开放教育研究,2004(1):4—8.
④ 同③.

世界,而是在共同"范式"基础上主观约定的世界。

其次,进入 20 世纪以后,随着科学研究的大大深入,特别是相对论和量子力学的出现,使人类的知识观和真理观进一步深化,从而使主体客体二元分立的立场以及绝对主义的真理观被彻底抛弃。相对论认为观察的结果取决于观察者的位置。而量子力学则揭示出,在微观领域,观察者的观察行为影响着观察对象的状态。此外,心理学的研究也表明,人的知觉(含观察)受过去经验以及一定的知觉模式(格式塔)的制约,由此可引申出科学观察也会受到已有科学理论的影响。这意味着,在人的认识过程中,主体与客体是相互缠绕、相互依存的,因而认识的主观性也是不可避免的。由此导致的是真理观进一步向相对主义的方向发展,出现了约定主义、实用主义、历史主义等真理观。[①]

激进建构主义作为一个认识论在当今的教育理论和实践中形成了具有较强冲击力的教育思潮,这也是它与其他认识论或科学哲学相区别的一个地方。从波普尔到库恩,再到费耶阿本德(Paul Feyerabend),他们都几乎对科学知识的性质做出了深入的研究,然而这些思想观点在教育中的应用却很少,也没有为教育学所接受。但是激进建构主义发出重建知识的本质的呼声后,立即得到教育界的积极响应,人们开始对传统的学习观和教育观做出深刻反思,并试图以此为基础从教材、教法、考试评估诸多方面消除长期以来绝对主义、客观主义对我们思维和行动的束缚。与其他类型的建构主义学派所不同的是,激进建构主义在反对传统的认识观上表现得更为彻底,事实上就可以认为是对传统观念的解构、重构,同时也正因为它所采取的"极端性"立场,使得这一理论又包含了诸多的缺陷或局限性。

知识主观主义和相对主义。虽然冯·格拉斯费尔德并不否定客观存在,但是他却像怀疑论者所做的那样,否定了认识真实的适当方式。他认为,认识是一种适应性行为,并不反映世界真实面目,人们不应追求真理。他用一致性生存力来评价知识,看它们是否帮助我们达到行为的目的。所以激进建构主义的真理观是实用的和工具主义。传统的哲学面临这样的困境——认识永远不能证明自己与客观世界的一致性,激进建构主义正是在这一点上与传统哲学决裂:不再追问知识是否与客观世界一致、是否"真",而是把知识看成是经验世界而非本体论世界的体现,把知识看成是适应的结果。激进建构主义把这种适应性仅仅归结为生物

---

① 唐云龙.评激进建构主义的知识观[J].宁夏大学学报人文社会科学版,2003(4).

进化论意义上的适应,归结为经验内部的一致性,从而走向了主观唯心主义和不可知论。另外,激进建构主义过于强调世界的不确定性和变化性,甚至完全否认本质,否认规律,否认一般,这使得它不可避免地带有一定的相对主义色彩。①

教学中放任学生自由建构。这一点可以被看成是激进建构主义的观点在教学上的反应。既然知识失去了客观性,就没有必要制定统一教学计划去进行传授,也没有相应的方式去检测学生对知识是否掌握,这样一来教学就得放任学生自由建构,自定计划,自定步调。近年来我国的数学课程改革的确受到这种观念的影响。如过度强调自主学习而排斥教师的指导,过度强调学生的主观建构而忽视必要的社会规范,过度强调意义生成而忽视客观教学目标等。然而是否因为学生的建构,教师真的就无法传授一些知识? 在这一点上,激进建构主义明显是偏颇的。知识学习作为一种特殊的认识活动,有其自身的客观性而不应是任意建构。而且,学习者作为人类的一个个体也没有必要从头到尾建构所有的知识。相反,他应该而且也能够继承人类既有知识的成果。当然,这种继承并不完全是传统的被动的学习。知识学习离不开通过教这种便捷途径而实现的经验传递,当然它不是简单地仅仅通过教师或课本告诉学生,学习者完全可以以自己的经验为基础,通过新旧知识经验间的同化和顺应来建立自己的理解,从而使间接知识的学习能够取得与在活动中建构知识相同的结果。②

忽视群体和社会因素的作用。激进建构主义十分强调个体建构的独特性,认为知识是主体赋予自己的经验的一种形式,每一个主体只能认识自己的经验世界。知识的个人建构的极端的立场立即带来一个问题,即我们是否能够理解他人正在说的话语或表达的含义。就数学来说,就是指数学术语究竟是一个私有语言还是一个社会约定,进一步引伸,就是讲授式的数学教学是否可能。极端建构主义这种观点普遍受到质疑。针对数学来讲,它同时建立在自然语言和人工语言的基础之上,人工语言的约定性体现了数学的社会性,因而数学学习必然经过个体间表达、交流、比较和反思的过程,师生之间的合作互动应是成功学习的一个前提。因而在看到知识的个体性(私有性)的同时也应承认知识的社会性(公共性)。

---

① 陈琦,张建伟.建构主义学习观要义评析[J].华东师范大学学报(教育科学版),1998(1):3—5.
② 张春桂.激进建构主义教学思想研究[D].上海:华东师范大学,2002.

第三节　社会建构主义与数学教育

1. 社会建构主义的心理学基础

维果斯基(Lev Vygotsky，1896—1934)，苏联心理学家，社会文化历史学派的创始人。他毕生从事心理发展问题研究，重点是人的高级心理机能的发生和发展。他强调人类社会文化对人的心理发展的重要作用，认为人的高级心理机能是在人的活动中形成和发展起来并借助语言实现的，维果斯基与 A·N·列昂节夫(Alexei Nikolaevich Leontyev)和 A·R·鲁利亚(Alexander Romanovich Luria)等人由此形成了一个极有影响的文化历史学派——"维列鲁学派"，在 20 世纪 30 年代显得特别活跃。维果斯基是一位极有才华的学者，他既提出了有独到见解的理论，又创造性地进行了许多实验研究。在思维和语言等高级心理过程的研究中，他提出的观点和应用的方法都在国际上产生了重大的影响，其产生于 20 世纪二三十年代的心理发展理论为社会建构主义提供了直接的理论支持。虽然维果斯基的心理发展理论形成于 20 世纪二三十年代，但它对建构主义的影响和启发，促成社会建构主义的形成则是在 20 世纪 60 年代维果斯基思想通过其译著的出版传入西方以后。1962 年，《思维与语言》一书英文版在美国出版后，使西方学者惊叹不已，逐渐引起西方学者的兴趣。进入 20 世纪 80 年代以后，西方心理学家由最初只是对维果斯基思想感兴趣开始转入对维果斯基诸多方面的研究，这才使得维果斯基的心理发展理论在与西方哲学思潮融汇的过程中，促进了社会建构主义及其学习理论的形成和发展。这也就使后现代主义思想和维果斯基的心理发展理论成为社会建构主义及其学习理论的理论基础。维果斯基的理论可以概括为两个方面：发生学方法、高级心理功能的社会起源。

（1）发生学方法

在形成发生学方法的观点的过程中，维果斯基受到了各种理论观点的思想影响，显而易见首先是马克思和恩格斯观点的影响。根据马克思的观点，一个人在社会历史情境中的地位决定了他的很多特性。马克思和恩格斯强调劳动和使用工具是理解人类的有力途径，恩格斯曾说："工具是人类活动的特有标志，人类活动是对自然的改造,即生产。"①这两点使得维果斯基强调心理学的社会历史基础,他通过考察语言作为一种心理工具的作用来实现这一点。由于强调社会文化特征的首要地位,维果斯基赞成高级认知过程从社会(人际)到个体(个体内部)的进化,这为他的高级认知机能观奠定了基础。其次皮亚杰的思维发生认识论对维果斯基的影响也很大。② 20 世纪著名的心理学家维果斯基和皮亚杰的名字与解决现代心理学的主要问题紧密联系在一起。维果斯基一方面高度评价皮亚杰采用发生学方法研究高级心理机能,同时也对他关于儿童语言与思维的发生和特征,以及它们的机能和发展的许多观点进行了有力的批判。他们的论战有着特殊的命运,事隔30年后,即1962年,在美国出版了英译本的维果斯基经典著作《思维和语言》(1934),皮亚杰详细研究了维果斯基的批判性论点,并在《维果斯基批判性意见的理由》(1962)一文中基本上予以承认。此后,皮亚杰就维果斯基关于自我中心语言具有与交际相同的社会功能、无意行动的性质、自然发展和学校教学的相互作用,最后还有关于自我中心与布莱勒我向思维以及与弗洛伊德"快乐原则"关系的理论发表了许多意见。应当强调指出,在西方皮亚杰也是最早从多方面研究维果斯基的人之一。

维果斯基指出,仅仅通过分析发展的静态的成分去揭示心理过程的本质往往会产生误导。之所以研究事物的所有阶段和变化——从出生到死亡——就在于要发现它的本质、它的实质。因为"只有在运动中一个物质才能表明它是什么"。因此行为的历史研究(这里指广义的"历史")不是理论研究的附属品,而是研究的基础。③

维果斯基具体研究了发生学领域(genetic domains)。他所感兴趣的是,心理功能是如何从人类产生的起源中出现以及在社会文化的历史中改变的。不过他的研究大多数集中在一个领域:个体一生的发展或者说个体发生论(ontogenesis)。维果斯基认为发展有两方面:自然方面(初级的、生物的)和文化方面(高级的、社会的)。自然方面主导着早期的、基本的、更原始的发展,社会文化影响发展时,自然进化就停止。图兹和罗戈夫(Tudge & Rogoff)通过一个例子描述维果斯基的自

---

① 莱其利·P·斯特弗,杰里·盖尔. 教育中的建构主义[M]. 徐斌艳,程可拉,等,译. 上海:华东师范大学出版社,2002:147.

② 同上:126.

③ Vygotsky, L. S. Mind in society: The development of higher psychological process [A]. In M. cole, V. John-Steiner, S. scribner, & E. Souberman(Eds.), Cambridge, MA: Harvard University Press, 1978.

然方面和社会文化方面的差别：

自然记忆(如再认识)和中介记忆(如策略性)之间的区别在于……只有后者受到社会文化因素的影响。中介场，不管是词语、木棒上的刻痕、数字系统等等，都被认为是心理工具，它们是社会性的而不是生物性的或个体的……它们是历史发展的产物，是人类特有的一种行为方式。①

(2) 高级心理功能的社会起源

维果斯基寻求建立一种能把人类同动物区别开来的理论。他提出心理和意识的概念，并认为心理和意识是不同的，心理是人和动物所共有的，而意识(高级心理功能)则是人特有的。他相信"事实上意识的社会维度最终是主要的，意识的个人维度是派生的、次要的"。

在"文化发展的一般发生学原理"(gereral genetic principal of cultural development)中，维果斯基这样写到：

在儿童的文化发展中所有机能出现两次或两个层面。首先它出现在社会层面，接着是心理层面。首先它作为心理间的范畴进入儿童中。对于有意注意、逻辑记忆、概念形成和意志的发展都是如此——这并非说内化改造了过程本身以及改变了它的结构和功能。社会关系或人们之间的关系从开始就构成了所有高级机能和它们的关系的基础。②

维果斯基在这里的立场比以往更为彻底，它不仅仅是断言个体的心理功能如何通过社会生活的参与来形成，而且事实上就是对心理功能的再定义。

皮亚杰认为语言来自于思维，语言只是认知发展的标志之一，自我中心言语反映的是不成熟的思维形式，社会化语言反映的是发展更高的思维形式，语言对思维的发展不起作用。维果斯基与此形成鲜明对比，他认为：儿童的言语在认知发展中起着重要的作用，言语作为思维的工具起着计划、协调、解决问题的作用，

---

① 莱其利·P·斯特弗,杰里·盖尔.教育中的建构主义[M].徐斌艳,程可拉,等,译.上海:华东师范大学出版社,2002:146.
② 同①:127.

思维、认知随着语言这个心理工具的成熟而成熟,由语言的发展而提高,而语言的发展是在社会文化历史环境中实现的。在皮亚杰看来,个体发展的方向是从个体化到社会化,个体思维的社会化是发展的标志,认知发展的过程是"非语言动作思维—自我中心思维和语言—社会化言语和逻辑思维"。在维果斯基看来,社会性事物内化于个体思维,个体化是发展的标志,认为语言的发展是"社会言语—自我言语—内部言语"的过程。

按照维果斯基的学生 Ａ·Ｎ·列昂节夫的观点,"意识是社会的产物:它是被生产出来的……"。沃茨奇(Wertsch)则认为内化是获得对外部符号的控制过程。沃茨奇还进一步确定了高级心理机能同低级心理机能相区别的四项标准:①从环境的控制转移到个体的自觉控制;②产生对心理过程的有意识的认识;③高级心理机能具有社会根源和社会本质;④使用符号传递。这里还要对"符号使用"做一特殊说明。根据维果斯基的解释,工具是"人类影响其行动对象的手段",而作为一种心理工具,符号"不会改变对象本身,它是一种从心理上对行为产生影响的手段,直接指向人对自己的把握"。符号的用途来自巴甫洛夫的第二信号系统,但与其有根本的不同,维果斯基把符号定位在"社会生活和人们之间的相互作用",并进一步认为"符号起初是一种用于社会目的的手段;一种影响他人的手段,只是到后来才成为一种影响自己的手段……"。①

对语言中介的关注把学习彻底地置于社会文化传统和实践之中。否认学习的中介工具会忽视许多发展能力的途径。如何用"高级认知机能"的术语来表述这些学习,可能需要仔细研究,但维果斯基的理论为我们提供了思考这样一个问题的机会。它所提供的关于教和学的一种观点,能够帮助我们理解许多有关学校教育的问题。

(3)维果斯基对社会建构主义的贡献

在西方,大多数学者视维果斯基为社会建构主义者。正如欧内斯特所言:"社会建构主义的一个共同出发点就是维果斯基的理论,尽管不同的研究者对此作出了不同的说明。"②维果斯基特别强调两个领域:一是个人与比较有知识的其他人

---

① 莱其利·Ｐ·斯特弗,杰里·盖尔.教育中的建构主义[M].徐斌艳,程可拉,等,译.上海:华东师范大学出版社,2002:148.

② Ernest. P. Constructing Mathematical Knowledge:Epistemology and mathematics education [M]. London:The Falmer Press. 1994:64.

在"最近发展区"内的社会交互作用,而这一交互作用的过程是以按文化方式发展的文化系统为中介的(即将语言作为建构意义的心理工具)。由此出发,该理论强调社会对教育意义的保证,它使学生有可能参与专家的活动。"社会-文化"观点的功绩在于帮助个人将学术的和科学的训练视作社会性的,即依靠共享文化实践而共同发挥作用的一群人。不过,更确切地说,应该是社会建构主义者在维果斯基的学说中发现了自己的同盟者。因为两者都将群体放在个人之前,而且都视个体的合理性在很大程度上来自社会。不过,社会建构主义将人与人际关系置于首位,他们侧重研究的是微观水平的社会性相互依赖行动的范型,而几乎没有从人的内部心理过程的角度去解释这些范型。因此,社会建构主义关心的主要是这样一些社会关系的范型,如协商、合作、冲突、修辞、礼仪、角色、社会场景等,而回避了对这些微观社会过程的心理学解释。而作为一位心理学家,尽管维果斯基也强调社会过程的重要性,但是他在研究中仍然将人的心理过程置于首位。尽管他有一部分论述涉及社会领域,但他关注的中心问题仍然是对有关抽象、概括、比较、区分、判断、意识、成熟、联想、注意、表象、符号中介动作等心理过程的研究。由此,尽管社会建构主义者对维果斯基的合作学习的观点很感兴趣,但是在进一步的研究中,他们把重点放在能增强个人能力的合作过程上,而维果斯基学派则主要关注儿童通过合作创设的"最近发展区",即位于现实的认知发展水平与潜在的认知发展水平之间的心理空间。

2. 社会建构主义对数学学习的本质分析

欧内斯特是社会建构主义的另一主要代表人物。尽管欧内斯特与维果斯基有着共同的认识,即学习受到外部社会因素的影响,但是两者又有本质的差别。例如虽然维果斯基强调社会外部的因素的重要性,但是他关注的仍然是学习者的个人心理建构(phychological construction)过程。因此可以说,维果斯基的社会文化观实际上是一种心理学的建构主义(phychological constructivism)。与此相对照,欧内斯特的建构主义则更多采用了社会学的观点,特别是爱丁堡学派的科学社会学家巴恩斯(Barry Barns)、布鲁尔(Darid Bloor)对他的理论产生的重要的影响。由于欧内斯特在这里忽略了知识建构的个体心理机制而专注于外部社会环境分析,并把人的大脑视为一个黑箱(black box),因此从这个角度可以说欧内斯特的建构主义实际上是社会学的建构主义(sociological constructivism)。同时作为一位数学教育家，欧内斯特更专注数学知识特性的分析和数学学习过程性质的分析，并将这二者紧密结合起来。由此就不难发现欧内斯特的研究的重要意义：沿着这条道路，就有可能实现"教育中的建构主义"与"哲学的建构主义"这两个不同领域的联合。欧内斯特的数学哲学观在第一部分已做了分析，以此为基础，下面进一步探讨他的数学学习观。

（1）对话作为数学学习的一个隐喻

在第一部分讨论建构主义数学观时，曾经分析过欧内斯特对数学本质的看法，他把"对话当作数学学习的一个隐喻"。由于对话包含着理解、协商、生成等意义，当确定"数学作为一个对话"时，人们显然就在摆脱"绝对主义数学观"的影响，从而转变为"可谬的、生成的、社会建构的数学观"。由于数学观的转变必将引起数学学习观的转变，因此在探讨数学学习的本质时，欧内斯特进一步将"对话"作数学学习的隐喻。在分析数学学习的性质时，欧内斯特仍然是从"语言"分析开始。语言在数学学习中扮演了重要的角色，儿童正是借助于嵌入在生活中的语言游戏而获得数学知识。而介入的语言、逻辑知识又是儿童通过与不同的人在不同背景中的对话而获得的。欧内斯特在分析数学学习时注意到学校正式学习和校外非正式学习的差别：人的最初学习是家庭式的、校外的、非形式的，正是在这里儿童打下了学校和其他教育机构形式化学习的基础。学校仅仅代表着学生参与的一种形式的学习脉络和实践，儿童在以后的发展过程中还要在其他的情境脉络中学习，但是在学校脉络中，数学学习是有目的地进行的。

从这里也可看出欧内斯特对待学习的立场：就认识规律上来讲，学习的确是个人建构的过程，但是反映在学校教育上，这种建构又决非仅仅是个人的，更不是随心所欲的，它带有确定目的，必须服从一定的社会规范。由于教学过程中集体的、社会性的可接受的数学知识的公共表征对学生接受它并成为自己的个人知识来说是必要的但未必是充分的，要使得学习者接受（而不是片面、歪曲）、顺应这种集体性的数学知识，遵循这种规范，就必须保证这种对话中的双向参与，从而使得学习者不断地产生、检验和纠正学习行为。

学习者与其他人的数学知识的协调是通过个人互动和有目的参与结构化的生活方式来实现的，这种对话既表现为"学生—学生"的互动，也表现为"学生—教师"的互动。在学校也还有一些弱化的对话，包括学习者用文字呈现解答、学习者用计算机呈现解答。而教师与学生的对话表现为两种方式：口头的或文字的。用文字对话时,学生向教师呈现文字,教师对文字的内容和形式做出评判。这种对话的主要目的是使得学生分享人类业已积累的智慧,而不是片面的、扭曲的数学知识。值得注意的是,对话基本上是以一种辨析的方式而不是交流的方式进行的,它使得说话者或聆听者是作为另一个有个性的人而并非是信息的来源或信息的终结使用者。在数学教与学的过程中使用对话这一隐喻是必要而恰当的。

① 使得教师与学生互相尊重;

② 使得教师要倾听学生的意见,并对学生的观点、看法、意义制定表示关注;

③ 使得教学进入到一个互动的过程,在那里有对学生智力的尊重,使学习者有发挥才智的空间;

④ 把学习者和学习内容看成是一种相互作用、相互促进的关系。

（2）数学学习中符号工具和修辞的作用

维果斯基的最大贡献就是洞察到人类为了实现自己的目的而创造的类似于物理工具的心理工具:

心理工具是人为形成的,它们是社会性而非生物性的、个体性的,它们指向行为过程(个人自己或别人的)的掌握或控制。正像技术工具指向自然过程的控制一样,下面的例子有助于说明心理工具和解释这种工具的复杂性:语言、各种计数制、记忆提高术、代数符号制、艺术作品、书法、表格、地图以及技术绘图。①

维果斯基的理论被苏联其他几位理论家(包括列昂节夫、洛特曼在内)进一步发展:

文字具有功能上的二元性,要么是无争议的,要么是对话的,前者要求"最大的符号指令以及在接受和传递过程中使用媒体的统一性"。②

文字的第二个功能是生成新的意义……文字功能的真正本质就是被用作"思

---

① Vygotsky, L. S. Consciousness as a problem in the psychology of behavior [J]. *Soviet Psychology*, 1979,17(4),137.

② Lotman, Y. M. Text within a text [J]. Soviet Psychology, 1988,XXVI(3): 32－51.

维装置"。[1]

因此,洛特曼强调语言和文字既作为传递信息、指令的手段,也作为用于思维装置(thinking device)的心理学工具。维果斯基与其他符号学家和社会语言专家一起明确地认识到作为符号工具的数学符号系统的功能。这种符号系统是获得数学能力和知识所必须掌握的知识,因此,数学学习的关键步骤就是获得它的书面语言形式和符号体系。公共数学知识不仅通过书写文本来记录和传递,它同时运用了它自己特殊的、抽象概括了的符号和编码。年轻学习者要花数年时间才能逐步接受和适应这种符号体系。由于受到科学社会学的影响,欧内斯特在借鉴维果斯基的语言分析的基础上进一步运用科学修辞学的观点来分析数学学习的性质。[2]

众所周知,证明和法则是数学学习的最重要的内容,而数学的证明和法则又是通过特定的数学符号来表达的。借助数学的符号分析不难看出数学学习如下的一些修辞性特点:例如课本使用了特定语气或动词的时态(陈述的、祈使语的),讲解者(作者)或教师的预先假设的"性质"、类型和修辞风格等等,[3]其目的就是要劝服受众者(学生)来确信证明和法则。这对数学的性质和对数学学习的研究具有重要的意义。

通过对学校数学中常见语言形式和数学活动的类型的分析,欧内斯特进一步揭示了其他一些带有一定强制性的任务。例如常见的一种形式是要求学习者去执行符号转换,[4]在学习者从 5 岁到 16 岁的数学学习生涯中,他们是基于教师设置的用文字的或符号表达的任务来进行学习,他们主要通过书写(包括图形、文字和符号体系)来完成这些任务。如果成功了的话,就形成一个终结性文字——答案。有时候,这个过程是对一段简单文字的精致(例如计算三位竖式加法),有时候这一过程牵涉到不同的书写的系列(例如异分母的分数相加 $\frac{1}{3} + \frac{1}{7} = \frac{1 \times 7}{3 \times 7} +$

---

[1] Lotman, Y. M. Text within a text [J]. Soviet Psychology, 1988, XXVI(3): 32-51.

[2] 美国著名的哲学家 R·罗蒂将"修辞学转向"(rhetorical turn)称之为本世纪以来,继"语言学转向"和"解释学转向"之后,人类哲学理智运动的第三次转向,并认为它构成了社会科学与科学哲学重新建构探索的"最新运动". 参见'The Rhetoric Turn', Ed·by Herbert W. simous, The University of Chicago Press, 1990, Pvii.

[3] Kitcher, P, and W·Aspray. An Opinioned Introduction. In Aspray and kitcher, 1988.

[4] Ernest, P. Mathematics Activity and Rhetoric: Towards a social construtivist Account. In proceedings of 17th International Conference on the Psychology of Mathematics Education, edifed by N. Nohda. Tsukuba Japan: university of Tsukuba, 1993.

$\dfrac{3 \times 1}{3 \times 7} = \dfrac{7}{21} + \dfrac{6}{21} = \dfrac{13}{21}$）或是这两个活动的综合。这类活动的重要性也许可能被低估。对一个典型的英国学生来说，在他 5 岁到 16 岁接受义务教育期间，平均每天大约要参与 5 到 100 个这样的任务。这个估计是有依据的，正如对有关儿童课堂数学和数学书写的研究所表明的那样。这样的一个典型的学生在其接受义务教育期间总共要参与 1 万到 20 万个数学任务。[①] 很多这样的练习要交给教师看，当然教师不一定对每一个练习都进行批阅。然而，无疑地学生在整个受教育期间，要经历成百上千次教师对他们作业的批改。显然，这种对话是非常精细的或持久的。不过现代数学学习的表述并不迎合这种活动的纯粹重复性质，它更多的是强调意义建构，而不是强调符号工具的获得和使用以及在条文已经给出的情况下的学校数学的修辞性风格。

以上的讨论和证据清楚地说明有关数学符号的变换的任务是学校数学的核心。一个典型任务是通过某个处在权威上的人以文字形式来呈现的，它从一个具体的材料出发，试图引出和利用一系列文字性转换技能（可能是一系列的符号指示），并且指出一个目标状态，在那里符号转换意味着是一个引导，所使用的符号转换的类型可能是决定普通数学技能运用中的一个决定性法则，或是在问题解决或研究性学习中的数学知识的策略、创造性的综合要素等。

按照符号学的观点，在这两种情况下，一个完成了的数学任务是一系列的符号转换，表示为：$S_1 \Rightarrow S_2 \Rightarrow S_3 \Rightarrow \cdots \cdots \Rightarrow Sn$。$S_1$ 表示最初建构，Sn 表示最后符号状态，用来表示学习者所做出解释的任务的目标要求。狭义地看，在不考虑社会脉络的条件下，学校数学任务的这种表述与数学教育中的认知科学方法是相一致的。

超越信息加工的观点，社会性脉络的修辞学要求决定什么样的符号表征（S_K）和哪种转换（$S_K \Rightarrow S_{K+1}$，$K < n$）是可接受的。事实上这些转换表征的修辞的模型连同最后的目标表征，是在转换系列的产生期间和完成之后学习者和教师之间协商的主要集中点。作为对学习者完成数学任务的反应，教师注意的焦点通常既包括学生"答案"，也包括学生在学习过程中把它以文字表征出来的方法和过程，这是因为通常目标就是要产生一个合适的条文，在获得这个答案时它运用了

---

① Ernest, P. Social Constructivism as a Philosophy of Mathematics [M]. New York: State University of New York Press, 1988: 222 - 226.

某些恰当的文字转换。

在一个拓展的系列表征任务中,经常要求学习者清楚地写出一系列的步骤,然后像这样标明是最终答案。这里还有一个值得注意的特征,那就是学习者执行某一数学任务和把它表成条文之间的不一致。学校数学的修辞学的一个警示是作为解答数学任务而产生的条文与学习者获得这个答案的实际过程的不一致。书写条文事实上是一个获得答案的理性重建。发生过程和公布记录的不一致通常是由情境的修辞学要求来决定的。修辞学要求不是任意的,代表了对获得的任务解答的合适性的一个初步的判别。

师生对话(课堂中典型是非对称的)通常以两种情形进行:说与写。口头对话可以是一对一或者一对多,它可以采用一系列的形式,包括社会的、带任务的教学,内容的直接解释,问—答系列。在书面对话中,学生向教师呈现书写条文,教师则以固定方式予以反映(打叉、打勾、简单评语等)。

然而,教师在不同的脉络中,修辞学要求亦发生变化。例如,在学校数学中,问题解决或研究性工作的引入通常涉及修辞方式的一个主要转向。由学生所创造的条文,不是仅仅表达形式的数学法则或方法,它还可能描述了一个数学认识主体的判别、猜测和思维过程,这代表了一个主要变化,不论是从学习者的观点还是从教师的观点来看,这都会带来一些认识上的困难。

利用数学的符号学分析,对科学数学和学校数学任务的一个文本性质做出更为详尽的分析是可能的。根据索绪尔(Saussure)和其他人的创造和分析,符号或符号表征可以被认为是由被指称者和指称者组成的一个配对。在学校数学任务中每一步 $S_R \Rightarrow S_{R+1}$ 都是一个符号的转换,这种转换可以被认为是建立在两种水平基础之上,即能指的水平和被指的水平。因此一个任务的执行可以被认为是一个基于能指的水平或被指水平或同时基于两者的双水平的转换。完成了任务必被表达成一个条文,即一系列指称者,然而在这个系列每一阶段的隐性辨别(学习者所期盼的或教师所阅读出来的)可以处在能指的水平(符号规则或符号转换工具的显性外部应用)或被指的水平(被指的性质或判别转换的符号的意义的应用)。其他一些人如斯根普、欧内斯特对此做了更精细的分析。①

----

① Ernest, P. Social Constructivism as a Philosophy of Mathematics [M]. New York: State University of New York Press. 1988: 222 - 226.

当然这只是概括和简单的叙述,有必要对此做进一步说明。

第一,被指不能被公开显示出来(除非通过其他指示工具),而能指却能被公开显示出来,因此,必须强调的是能指、被指是随着解释者或脉络的变化而变化的,它绝不是一成不变的。教育过程第一个预想的目标就是教会学习者以集体接受的方式使用符号。虽然第二个预期目标是促使学习者所建立的概念和意义的合理化,但这只有通过第一个目标才能推导出来。

第二,上面仅仅讨论一个成功完成了的任务(被线性表述的一个条文)的结构。但这并不能表明它发生的复杂的过程,这个过程要是被描述的话它绝对是非线性的。

在完成数学任务(尤其是非常规任务)时,学习者可能追求不同的询问方式,可能是做出尝试努力,也有可能是对成功的可能性的评估,也有可能偏离目标或放弃任务或从其他人那里获得帮助。学习者可能缺乏自信需要恢复信心,或不能够为了达到某个目标而做转换。如果帮助能使得学习者做出符号转换,那么这个任务就处在维果斯基所讲的学习者最近发展区之内,指导有助于提升他的能力,以便他最后能从事这个富有挑战性的任务,独立完成转换系列。而在简单的线性框架内则没有显示这些微妙性和复杂性。

第三,这一描述并未表明条文是一个偶然的产品或是远非唯一的,也不表明可能产生不同的条文,也不表明只有对那些恰好已经完成了的建构做出考查。最后能指或被指的水平也是相对的,它们总是处在相互作用、转换、移动、更进过程之中。符号能指和被指的不稳定性,是福轲(Foucault)、德里达(Derria)、拉康(Lacan)的后结构主义的一个洞察。组成一个符号本身的内容是在不断变化之中的,例如,教师设置每一任务本身是一个符号,它带着作为能指的文字和它的可能作为被指的目的。

以上欧内斯特对数学学习过程的符号工具和修辞的作用的分析表明,学生的数学学习牵涉到共享的社会活动。而符号工具作为思维的载体是学生获得数学知识和发展数学能力所必须掌握的。符号工具本身又具有修辞的特点,它既是课堂情境的一个体现,也是学习的一个社会性体现。数学知识的获得和应用离不开社会活动,并且常常是在一个特定的社会情境中进行的。数学课堂就是这样一个情境,它具有自身的语言游戏和共享交互的社会生活方式。

3. 社会建构主义学习理论的基本立场

尽管社会建构主义有很多流派,但是作为一种学习理论,其中影响最大的是维果斯基的社会文化观和欧内斯特的社会建构主义。虽然维果斯基与欧内斯特采用了两个不同的研究路线,一个是基于心理学的,一个是基于社会学的,但是他们在学习的认识上持有共同的立场。

（1） 从机械反映到能动的建构

学习的本质是什么? 这既是心理学问题也是一个认识论问题。在探讨学习的心理机制时维果斯基区分了人的高级心理机能和低级心理机能。低级心理机能是人和动物所共有的。相对于低级心理机能,高级心理机能具有如下的特点:①它们是主动的,是主体按照预定的目的而自觉引起的;②它们的反映水平是概括的、抽象的。维果斯基把人的意识看成是一个动态发展系统,认为意识不可能定位于大脑皮层上的某一局部区域,而是由大脑皮层与皮下的各个部位协同活动的结果,从这里就不难看出维果斯基所持的学习建构观。

欧内斯特把"对话"作为数学学习的一个隐喻,并以此来说明(数学)学习的实质,"对话"的对立面是"传话",强调"对话"就是强调学习者的主动参与、平等交流,不再视书本知识为绝对经典,不视教师为绝对权威。书本或教师所传达的不是预先设好的,而是有待学生在学习过程中主动去生成。维果斯基和欧内斯特尽管分析问题的角度不同,但是有一个共同点,即从学习的发生来表明学习过程的建构性。

（2） 从个人建构到社会建构

在对待学习问题上,社会建构主义与个人建构主义有着共同的立场,即认为学习是个体建构自己的知识和理解的过程,但是在确定什么因素促成大脑的建构时,社会建构主义强调了社会情境一面:知识不仅是在个体与物理环境的相互作用中建构的,社会性的相互作用同样重要,甚至更加重要,人的高级心理机能的发展是社会性相互作用内化的结果,而在此过程中,语言等符号具有极为重要的意义。学习者在自己的日常生活、交往和游戏等活动中,形成了大量的个体经验,这可以被叫做"自下而上的知识",它从具体水平向知识的高级水平发展,走向以语言实现的概括,具有了理解性和随意性。而在人类的社会实践中则形成了公共文化知识,在个体的学习中,这种知识首先以语言符号的形式出现,由概括向具体经验领域发展,所以可以被称为"自上而下的知识"。儿童带着不同的先前经验进入所处的文化和社会情境(可以构建一个"学习共同体")进行互动,通过学习者之间的合作和交流,互相启发、互相补充,增进对知识的理解。在学习者之间相互作用过程中认知工具、语言符号、教师、年长的或更有经验的学习者起着非常重要的作用。在这些因素的帮助下,解决自己还不能独立解决的问题,理解体现在成人身上的"自上而下的知识",并以自己已有的知识为基础,使之获得意义,从而把"最近发展"变成现实的发展,这是儿童知识经验发展的基本途径。

（3）学习个体与社会文化：从对立走向弥合

社会建构主义的一个立场就是旨在消除学习个体与社会文化的二元对立。在社会建构主义看来,人的学习是发生在社会情境之中并受其影响的,个人通过人际间的互动、协商来建构自己的理解。在人际交流日益增多的信息网络化时代,个体知识和孤立的个人主义已经无所适从了,因此主张基于合作的问题解决和必要的知识的社会建构。伯杰(P. L. Berger)和勒克蔓(T·Luckman)主张,应当克服二元对立的认识：是以个人行为还是以社会结构来说明社会。社会是依赖赋予个人以秩序的现实和个体的主观意义形成建构的,两者不可分割。这样,个体并不是独立于社会的存在,是受到社会这一现实的制约的,同时仅仅用社会又是阐述不了的,必须从构成社会性的个体的行为层面去分析。维果斯基的发展理论可以通过"内化"和"互动"的概念去理解,"最近发展区"理论正是要整合这两个过程,即社会环境对于儿童的指导作用和儿童内化经验的过程。教育必然采取教师与儿童之间的互动形式,这样,基于互动的经验如何内化为自己的知识,就具有了重要的意义。

4. 社会建构主义对数学教育的涵义

（1）数学学习观

社会建构主义对待数学学习采取了与认知建构主义与激进建构主义相同的立场,即反对客观主义,强调学习过程的建构性。所谓客观主义,即把数学知识看成关于客观世界的绝对可靠的知识。学习数学的目的乃是去反映客观世界的数学结构。由于这种结构的相对不变性,因此,数学知识就是非常稳定的,并且存在判别真伪的客观标准。教学的目的便是将这种知识正确无误地传递给学生,学生最终从所传递的知识中获得相同的理解。

行为主义的学习理论和认知心理学的信息加工处理过程,这两种理论虽然存在着冲突,但有一个共同点,即是以客观主义认识论为基础的,是形成于客观主义传统的,也即认为世界是现实的、外在于学习者的。在客观主义看来,数学知识是不依赖于人脑而独立存在的具体实际,只有将数学知识完全"迁移"到人的"大脑内部"时,人们才能获得对数学的真正理解。

客观主义认识论遭到了来自建构主义的挑战。以皮亚杰为代表的个人建构主义更多的是强调学习者与他所处的物理环境的相互作用。在这一交互作用的过程中,学习者实实在在接触与他们所建构的世界知识不一致的现象。

而激进建构主义并不追求主体经验与客体的一致性,只要某种知识能够帮助我们解决具体问题,或能提供关于经验世界的一致性解释,那么它就是适应的,就是有"生存力"的。

与前两者形成对比,社会建构主义在对待数学学习上采取了独特视角:

① 数学学习的社会性

当儿童与他人共同学习时,他们不仅仅是在对物体进行操作,而是在与他人共同建构。儿童会不断地把自己的观点和行为与他人进行比较、协调,从而引起自己认知结构的改变。例如,儿童形成守恒概念的过程就是这样的。先交给一个液体守恒的学习任务,该任务由他们与同伴一起进行,活动进行了一段时间后,当问及儿童水的量是否一样时,他们的回答较为理想。相反,儿童在无社会背景的状态下做同样的事,他们的回答会较差些。这是因为,同伴间的社会调和,以及应该尽力与他人分享"液体总量不变"立场的社会规范,使儿童会在认知上十分认真地考虑事物的外观与实际之间存在的不同。这些标记,不只是起了促进儿童进一步思考的一般推动作用,而且实际作为特殊性的信息标记,已经进入了认知过程,促进了儿童守恒概念的建构。这种过程在儿童只是与物体发生交互作用时是不可能产生的。虽然在儿童单独活动时也有可能会产生认知冲突,但是在许多情况下,儿童在社会交往中有可能会被激起更高水平的思维。

② 数学学习的互动性

学习者具有主体性和能动性的本质内涵,是以原有知识经验为背景,用自己的方式建构对于数学的理解,是一个主动学习者。由于经验背景的差异,学习者对于数学意义的理解常常各不相同。对此,社会建构主义认识到:社会情境是学习者认知发展的重要资源,要求学习者带着不同的先前经验,进入所处的文化和社会情境进行互动,通过学习者之间的合作和交流,互相启发,互相补充,增进对知识的理解。在学习者之间的相互作用过程中,认知工具、语言符号、教师、年长的或更有经验的学习者起着非常重要的作用。

③ 数学学习的社会协商性

在社会建构主义看来数学学习是通过协商过程共享符号和观念的意义的。社会协商是社会建构主义解释学习的一个重要概念,个体通过与社会之间的互动、中介、转化以建构、发展知识来学习。具体包括:

学习条件 首先,社会建构主义注重学生的主体作用,强调学生的主观能动性,突出学生先前经验的意义。其次,关注数学知识所赖以产生的社会情境。数学的意义总是情境性的,数学源于现实、寓于现实、用于现实,知识的理解需要相关的感性经验(主要通过社会协商获得),知识的建构不仅依靠新信息与学习者头脑中的已有信息相互作用,而且需要学习者与相应社会情境的相互作用。最后,强调"学习共同体"、"学习者共同体"的作用,提倡师徒式的传授以及学生之间的相互交流、讨论与学习。

学习过程 社会建构主义认为,学习是学习者根据自己的知识背景,在他人协助下,在社会情境中主动建构自己的意义学习过程。在学习过程中特别强调个体的社会协商和在协商中的发展,也把个体的持续发展作为学习的一个重要结果。根据维果斯基的观点,个人的认知结构是在社会交互作用中形成的,发展正是将外部的、存在于主体间的东西转变为或内化为内在的、为个人所特有的东西的过程。欧内斯特也指出,社会建构主义的中心论点是:只有当个人建构的、独有的主观意义和理论跟社会和物理世界"相适应"时,才有可能得到发展。在谈到数学学习的协商性和修辞性时,欧内斯特进一步提出这样的观点:"社会建构主义者的本体论的核心……就是这样一种观点,像杰根(Gergen)和哈里(Harre)一样,人类的基本现实就是协商……协商被看作是哲学的中心,持这种观点的人来自不同的传统,其中包括莱德、彼德斯(R. S. Peters)、罗蒂(Rorty)和伽达默尔(Hans-Georg Gadamer)。"①

(2)数学教育观

① 关于数学教育目的

数学主要是人们的数学问题提出和解决。数学教育应帮助学习者去从事存在于他们自己的社会和政治背景的数学活动,中小学数学主要应该涉及人们的数

---

① Ernest. P. Social Constructivism as a philosophy of Mathematics [M]. New York: State University of New York press, 1998: 162.

学问题提出和解决并且反映数学的协商性。

② 关于中小学数学知识的性质

数学是社会的建构。中小学数学知识必须反映它的本质——建构性，它的发展来自人的创造和决断，它与其他领域的认识、文化和社会生活相关。不应让学生感到中小学数学是陌生的外在知识，而应吸引学生在所处的文化和现实生活中，为了自己的需要去占有它并使得他们能够这样去做。从这个意义上讲，数学知识提供得到认识及思考的工具。它使人们理解、驾驭知识和文化的抽象结构以及社会和政治现实的数学建制。①

③ 关于数学能力的培养

数学学习就是意义的社会建构。在与社会交往、切磋意义并参与"活动"中，儿童知识的意义被内在化为"社会的建构"。根据这一观点，儿童应当积极从事数学活动、提出并解决问题，应讨论处于自己生活和环境中（民族数学）以及处于广阔社会环境中的数学，学生要清晰表达自己的概念和假设，要正视他人的观点，要接受挑战，这样才会有利于批判性思维的发展。关于数学能力的形成，由于社会环境对个人发展的影响，以及社会的建构对"能力"的形成所起的主要作用，人们生就的性格和能力与历经数年环境变化而社会化后的性格和能力相比，后者表现出更多的变化，所以"能力"是根据学生经验或根据别人的看法和"标定"方式赋予学生的东西。

④ 关于数学教学的方式

a. 主张真实的讨论，包括学生与学生的讨论，学生与教师的讨论。

b. 提倡合作学习、课题研究和问题解决，培养学生的自信心和参与意识。

c. 倡导自主探索，培养学生的创造性、自觉性。

d. 允许对课堂内容、教学方法和评估方式提出异议，培养学生的批判思维能力。

e. 使用与社会相关的素材、课题和议题。

⑤ 关于数学教育资源开发

a. 拥有广泛多样的实际材料，支持变化的、主动的学习。

b. 拥有真实材料，如报纸、政府、社会统计数据。

---

① Paul Ernest. 数学教育哲学[M]. 齐建华，张松枝，译. 上海教育出版社，2002：247.

　　c. 开发便于学生自主学习的其他学习材料。

　　⑥ 多元文化的数学教育

　　数学是人类文化的一部分,各种文化的数学拥有均等的价值,各自为自身的目的服务。数学课程应反映各种数学历史、文化和地域以及数学的根源,应反映数学在非理论环境中的作用(种族数学)以及数学在现代社会生活及政治组织各个方面的体现。数学课程应适合妇女、少数民族和其他社会群体的"口味";课程应体现反性别主义和反种族主义。

　　⑦ 数学价值赋予

　　数学不是中性的,它赋予创造者价值并体现其文化背景,数学创造者有责任考虑数学对社会和自然界的作用,中小学数学要明确承认与数学相关联的价值以及数学的社会运用。学习者应意识到数学课程中隐含的社会信息,应树立自信心并获得知识和技能,以便能够理解数学的社会运用。

5. 对社会建构主义的评论

　　社会建构主义的对立面是所谓的个人建构主义(personal constructivism)。皮亚杰可以被看成是个人建构主义的先驱,他所倡导的认知建构主义的主要观点是:"知识是认知个体的主动建构,而不是被动的接受或吸收。"这一观点与美国教育心理学家奥苏贝尔的有意义学习所主张的"新知识的学习依赖于学习者先前已有的知识和经验"是相联系的,这一原理现今已为教育理论界和广大教师所接受。认知建构主义对数学教育的积极意义是非常鲜明的,但是与传统的教育心理学相比,它并未牵涉到数学知识观的问题,因此采用认知建构主义观点来指导数学教学,教师的观念并未发生真正的改变。正因为如此,冯·格拉斯菲尔德将个体的建构推向一个极端,由此提出极端建构主义观点:知识是个人的纯主观的建构,它是反映个人经历的现实,只存在于每个人的头脑中,也只对个人才有意义。在冯·格拉斯菲尔德看来,认知的功能在于适应,认知是用来组织经验的世界,而不是用来发现本体现实。换句话来说,我们应当用"适应"(fit)的概念去取代传统的"匹配"(match)概念,从而,在此就根本没有什么客观性可言,当然也谈不上任何"正确"和"错误"之分。[①] 用极端建构主义去看教学,就不承认教科书有客观知识,

---

① 郑毓信. 建构主义慎思[J]. 开放教育研究,2004(1):4—8.

书中只有文字符号,而符号本身无意义,它的意义是读者赋予的。进一步,教师讲解的也不是客观知识,教师讲解时所传达的只是声音和信息,并无本来意义,若有意义也是听者赋予的。因此在课堂上学生听到的和看到的是主观解释,与教师传输的意思并无关系,只与学生个人的经验和知识有关。据此,传统教学认为教师可以借讲解把知识和意义传达给学生只是一种设想。显然,坚持这种立场,就是对教师在教学中的作用的完全否定。然而从实际情况看这种立场是不可能被大家普遍接受的。在这里社会建构主义可为批判这种极端的立场提供理论武器。"事实上,正如数学哲学中对于直觉主义的批判早已清楚表明的,如果我们绝对地去肯定认知活动的个性性质,那么最终就必然导致'神秘主义'和'数学唯我主义',而这当然是与科学知识的客观性直接相违背的。"①

社会建构主义的主要特征是对学习活动的社会因素的重新肯定,即学习不应被看成一种纯粹的个人行为,必然有一个与不同个体之间进行表述、交流、协商以及不断改进的过程,从而,个体的认识活动也就是在一定的社会、文化环境中得以实现的,因而主要地应被看成是一种社会行为。

就认识活动的社会性质而言,社会建构主义突出地强调了所说的社会、文化环境对于每个个体的规范作用。而从历史的角度看,学习也应被看成是一种"文化传承"的行为。这就从一个新的角度为知识的客观性提供了解答,即是指它相对于群体而言的普遍性。

上述分析即表明,相对个人建构主义,社会建构主义更具合理性。

从社会建构主义的原理出发,我们可以较好地解答现代教育中某些疑惑问题。例如,在教育改革中,长期存在"教师中心论"和"学生中心论"的论争。教师中心论认为,教师是社会的代表,代表社会向未来成员(学生)传授社会所需求的文化和价值观,在此过程中,教师是文化知识的权威,教师可以决定教育的标准、内容、方法以及最后结果的评价,学生只是按照标准要求掌握指定的课本知识。从心理学立场去分析,教师中心论所依据的是行为主义学习理论,强调外在刺激或信息对学习的决定性。由于行为主义学习理论的缺陷,因而"教师中心论"亦受到相应的批判。相对"教师中心论","学生中心论"则是走向另一端,以学生的兴趣、动机和需要为中心,强调学生的自发性,注重学生的创造性思维发展,认为教

---

① 郑毓信. 建构主义与数学教育[J]. 数学传播(中国台湾),1998(3).

育的目的在于提供学生自我表现的机会以发展他们的个性智力或创造性。"学生中心论"认为教师伤害了学生的创造力或将成人的标准强加给学生。

"学生中心论"由于过度强调儿童自主建构的一面,忽略教育的社会性一面,同样也达不到应有的效果。这是因为从社会建构主义立场出发,就不难看出现代的科学知识不可能完全依靠个人的努力(或简单的互动)自发地得以完成,学习是一个具有明确目标和高度组织的社会行为,其中,教师应积极发挥主导作用。因此不管是"教师中心论"还是"学生中心论"都没有正确地反映学习规律,都有其自身的缺陷。

当然就社会建构主义我们也应反思它的局限性,正如哈耶克(Friedrich August Von Hayek)所警告的,人类理性是有限的,"任何理论,若我们不能认识到它的局限性,就都可能沦为'理性的狂妄'的牺牲品"。①

首先,社会建构主义从知识的发生学方法出发,特别是从知识的社会生产过程的角度,强调认识过程的社会建构性并把知识视作社会交际和磋商(现实的社会建构)的结果,这就有效地抵制了认识论的本质主义和客观主义,但是它也容易滑向相对主义。事实上这也是种种建构主义的一个共同弱点,即没有正确地认识在建构与反映之间所存在的辩证关系。在肯定人的认识的建构性的同时也应当承认认识的客观基础,即把认识视为建构与反映的对立统一。也就是说,尽管就其直接形式而言,认识是主体的一个意义建构过程,但是,归根结底,这种活动的目的在于如何正确地反映客观世界。因此在明确肯定社会、文化环境对于人们认识活动的重要影响的同时,也应清楚地看到,只有独立的物质世界才构成了人们认识活动的最终渊源和依据。②

其次,正如奥地(Audi)所说,社会建构主义虽有不同形式,但一个共性的观点是某些领域的知识是我们的社会实践和社会制度的产物,或者是相关的社会群体互动和协商的结果。③ 由此出发,就很容易理解社会建构主义对数学教育的一个涵义:承认一切数学文化的合法性,提倡多元化的数学教学,特别是,民族数学可以被看成是这一观念的合理主张。④ 然而在深入调查研究之后,有人提出,"民族

① 汪丁丁.哈耶克思想与当代中国社会变迁.自由与秩序[M].北京:中国社会科学出版社,2002:82.
② 郑毓信.建构主义之慎思[J].开放教育研究,2004(1):4—8.
③ Audi, R. The Cambridge Dictionary of philosophy, Cambrideg Universty Press, 1999.
④ Paul Ernest. 数学教育哲学[M].齐建华,张松枝,译.上海教育出版社,1998:313.

数学"并不算是真正数学,而只不过是某种文化的数学因素,一些人对民族数学的深度与广度显然做了过高的估计。进一步的相关研究表明,各种不同文化传统中对数学内容的表征形式虽然有差别,但是逻辑结构却基本相同。[①] 这样看来若把某个民族的数学教育局限在"民族数学"的范围之中,势必阻碍该民族的文化、科学、教育进步。由此进一步表明数学并非完全是依文化和社会而定,作为一门科学,数学也是对客观世界的一种客观反映。

另外,在运用社会建构主义指导教学时应防止简单、片面的理解。如把社会建构主义强调的"社会共建"理解成生生之间、师生之间的个体间沟通,把个体知识与社会知识之间的辩证作用理解成是师生个体之间的协商对话,并认为"建构"就要通过实践或直接经验,"对话"就要进行问答,"沟通"就要"互动","互动"就要是真实的实践行动而不是课堂教学的讲解和理解活动,以此来否定课堂讲授,为强调活动课程辨护。[②]

---

① 谢明初. 后现代主义、数学观与数学教育[J]. 教育研究,2005(12).
② 陈荟,孙振东. 新课程的理论基础应该是教学认识论[N]. 中国教育报,2005 - 11 - 28.

第七章　建构主义与数学教育实践

建构主义对数学教育改革产生了很大的影响。在理念层面,建构主义带来了学习观、教育观、评价观的根本变化,并进一步对传统教学设计思想形成严重挑战。在实践层面,出现了若干具体教学模型,例如,基于问题的数学学习(PBL)就是其中有代表性的一种。

尽管 PBL 对数学教育具有积极的意义,却不能把 PBL 看成是建构主义的直接结论。从本质上讲,建构主义是一种认识理论而不是教学法,其主要作用表现在对具体教学方法的一种解释或理论支持。建构主义对当前我国数学课程改革具有特殊重要的意义,它既是批判、反思传统数学教学的思想武器,又是革新数学课程的理论基础。在数学教育实践中,我们应注意纠正对建构主义的各种简单、片面的认识,避免从一个极端走向另一个极端,只有这样才能保证教育改革沿着正确轨道健康发展。

第一节　传统数学教学设计的几种偏向

建构主义对数学教学设计产生了极大的影响。建构主义学习理论和建构主义学习环境强调以学生为中心,不仅要求学生由外部刺激的被动接受者和知识的灌输对象转变为信息加工的主体、知识意义的主动建构者,而且要求教师由知识的传授者转变成学生主动建构意义的帮助者、促进者。可见,在建构主义理论影响下,数学教学设计所依赖的认识论基础已发生根本转变。当然,在关注建构主义对数学教学设计带来新的能量、新的思想的同时,也应防止仅仅将建构主义作为一种时髦、作为唯一的关注,而忽略同时能够改进数学学习方式的其他新思想、新理论对于数学教育的应用。

表 7-1-1 是一堂小学数学课的教学案例,教学内容为"借位减法"。

表 7-1-1

课程部分	教 师 活 动
1. 阐明学习目标,使学生适应课堂教学。	"班里有 32 名学生。假定我们要举行一次聚会,我准备给班里的每位同学一个杯形蛋糕。但是有 5 名同学说不喜欢杯形蛋糕。我需要拿多少个杯形蛋糕给喜欢蛋糕的同学呢?让我们在黑板上用以前的方法来解决这个问题,要标出十位数和个位数……" 　　十位　个位 　　　3　　2　　　　学生数 　　—　　　5　　　　不喜欢杯形蛋糕者 "好了,我们来做减法:2 减去 5 是……嗨! 我们没法做! 5 比 2 大,我们怎样才能从 2 中减去 5 呢? 没法做!" "这节课我们将学习在个位数不够减时如何计算。当这节课结束时,你们将学会怎样从十位数借数作为个位数来进行减法运算。"
2. 复习先前知识。	"让我们复习一下个位数够减时的算法。"将题目写在黑板上并让学生去解决: 　　4 7　　　　5 6　　　　8 9 　—　 3　　— 2 3　　—　 8 23 的十位数是多少? 30 的个位数是多少? 给出正确答案,就许多学生出现的问题进行讨论。
3A. 呈现新内容(第一个子技能)。	让学生们用木棍来表示 23。检查学生的活动。然后让学生用木棍表示 40。检查学生的活动。继续进行练习,直到所有的学生都掌握为止。
3B. 呈现新内容(第二个子技能)。	分发给学生 5 把木棍,每把由 10 根小木棍组成,再给学生 10 根单个的小木棍。借助放映机来讲解如何运用木棍来代表 13、27 和 30。让学生在自己的课桌上用木棍来表示每个数字。巡回走动检查。
3C. 呈现新内容(第三个子技能)。	发给学生一张标有几把木棍和零散的木棍的练习题纸,解释如何进行借位减法:去掉十位上的一个 1,把它重写为个位上的 10,然后减去个位上的数。
4A. 进行学习测查(第一个子技能)。	借助放映机来解释如何运用木棍表示 6 减 2 和 8 减 5。然后用木棍表示 13,并且试着减去 5。询问学生如何完成这个任务。解开一把木棍,总共有 13 根单独的木棍,从中可以去掉 5 根。让学生在课桌上进行该活动。巡回走动检查。
4B. 进行学习测查(第二个子技能)。	让学生用木棍表示 12(检查),然后解开一把木棍,从中减去 4。然后让学生用木棍表示 17,再从中减去 9。继续进行练习,直到所有的学生掌握为止。

续表

课程部分	教 师 活 动
4C. 进行学习测查(第三个子技能)。	让学生每次在练习题纸上只做第一个题目,直到所有的学生都掌握为止。
5. 提供独立练习。	让学生自己继续完成练习纸上的题目。
6. 评估操作并提供反馈。	用放映机将练习题的正确答案显示出来。让学生给他们自己的试卷打分。询问他们在题目1、题目2……上得了多少分,讨论多数学生答错的题目。让学生把练习纸交上来。
7. 提供分散练习并复习。	布置家庭作业,并说明要求。在下堂课开始时以及以后的课堂上复习该课的内容。

从上面案例可以看出这是一堂较为典型的传统数学课,体现了传统数学教学的思想,它的教学设计通常包含了下列内容与步骤:[①]

● 确定教学目标(我们期望学生通过学习应达到什么样的结果)。

● 分析学习者的特征(是否具有学习当前内容所需要的预备知识以及具有哪些认识特点和个性特征等)。

● 根据教学目标确定教学内容(为达到教学目标所需掌握的知识单元)和教学顺序(对各知识单元进行教学的顺序)。

● 根据对教学内容和学习者特征的分析确定教学的起点。

● 制定教学策略(包括教学活动进程的设计和教学方法的选择)。

● 根据教学目标和教学内容的要求选择与设计教学媒体。

● 进行教学评价(以确定学生达到教学目标的程度),并根据评价所得到的反馈信息,对上述教学设计中的某一个或几个环节做修改或调整。

虽然这种教学设计有许多优点,但是也可清楚地看到存在以下的弊病:

把知识当成定论 由于数学一直被当成是绝对真理,因而数学教学活动就是学习纯客观数学知识(绝对真理)。数学课本是一个至高无上、毋庸置疑的圣经。在教师看来,只要记清了课本的公式、定理,就可以运用它去解决灵活多变的问题。

教学活动的决定论 把教学当成一种按事先严格指定的步骤去进行的固定

---

① 何克抗. 建构主义——革新传统教学的理论基础(上)[J]. 电化教育研究,1997(3):3—9.

程序,进而相应的教学效果也是完全可以预期的,具有很大的重复性。这种决定论的观点与行为主义者主要着眼于建立"刺激-反应"的立场也有着直接的联系。[①]

把学习看成是知识由外到内的输入过程 既然课本知识都是人们早已检验过的无需怀疑的定论,那么教师就只要把结论告诉学生,让他们去理解、记忆,让他们在以后需要的时候从大脑中提取出来。即使让学生观察实验,其主要目的也是为传递知识,只是换了一种传递方式,让事实和现象去告诉学生,它并不是让学生对知识做出检验和分析。[②]

教学过程的简单化处理 即把一些本来高级复杂的数学还原为一些简单的单项知识,而把初级知识的教学策略照搬到高级知识,表现在:将数学关系从复杂的背景中分离出来;将连续的过程当成一个一个分离的阶段来处理;将整体分割成部分。

传统的教学设计带来如下消极后果:

教与学的对立 由于教学内容、教学方法的预先刻板确定,以及教师的"权威"身份,使得实际教学过程对学生的学习基础、学习风格关注甚少,这种前提下教学对学生的适用性究竟有多大,实际的学习有效性有多强就值得怀疑。把教学建立在教师经验的基础上,而不是现实的学习过程基础上,就必然使数学的教与学之间形成一个天然的鸿沟。

教学过程中非人性化现象 师生关系定位于单向的控制关系,而不是双向交往关系。在单向控制的关系中,学生是一张白纸、空瓶,教师则不停地在这张白纸上"写"、往这个"空瓶"中灌。学生的独立思考、参与的权利被剥夺了。师生之间的情感和思想交流荡然无存。

对差异性、多元性的漠视 统一的内容、统一的进度与标准评价使教学失去了丰富性和多元性。虽然有利于教师控制教学过程,却并不利于学生的发展。要保证这样的统一"教学",其前提就是所有的学生在知识储备、认知风格、兴趣爱好上都是合标准的、无差异的。然而,事实上并非如此,每一位学生都有迥然不同的思维差异和发展潜质,其在学习内容、学习方式上有不同的内在需要。

---

① 郑毓信,梁贯成. 认知科学、建构主义与数学教育[M]. 上海教育出版社,1998:188.
② 张建伟. 从传统教学观到建构教学观——兼论现代教育技术的使命[J]. 教育研究与实践,1998(3):56—59.

第二节 建构主义向传统教学设计的挑战

为方便比较,再看另一个教学案例。案例的教学内容为:"圆柱体体积计算"。教学过程如下:

"大家都回忆一下,"邓巴说,"上周我们学习了如何计算圆的面积和立方体的体积,今天将探讨如何计算圆柱体的体积。这次由你们自己去做。在你们每个人的实验台上都有 5 个体积不同的圆筒、一把尺子和一台计算器,你们还可以用水槽里的水。但是,你们所要利用的最重要的资源应该是头脑和同学。记住,在活动结束时,各个组的每位同学都要做到不仅能够说出圆柱体的体积公式,而且要能够准确地解释该公式是如何推导出来的。有什么问题吗? 好,开始吧!"

这是邓巴先生所教的中学数学课程。班上的学生们开始活动起来。他们 4 个人一组围坐在实验台旁边,其中"智囊组"一开始就把所有的圆筒装满了水。

米格尔说:"我们已经把所有的圆筒都装满了,下面该做什么?"

玛格丽特说:"我们来测量它们吧。"她拿起尺子,并让戴夫记下测量结果。

"这个小的圆筒高 36 毫米,等一下,……底的直径是 42 毫米。"

"那又怎么样?"约兰达说,"我们用这种方式不能测量出体积来。在开始测量每个圆筒体积前,我们最好先考虑一下。"

"约兰达说得对。"戴夫说,"我们最好先做个计划。"

"我明白了。"米格尔说,"我们先要有个构想。"

约兰达说:"对,让我们考虑一下怎么解决这个问题。"

"想一想,邓巴先生让我们回忆圆的面积和立方体的体积,我想这可能是一个重要的线索。"

"你是对的,米格尔。"恰巧经过这里的邓巴说,"但是你们怎么利用这个信息呢?"

"智囊组"沉默了一会儿,戴夫大着胆子说:"让我们试着测量出每一个圆筒底部的面积,刚才玛格丽特说小的圆筒底部是 42 毫米,给我计算器,……现在我们怎么算出面积?"

约兰达说:"我想应该是 π 乘以半径的平方。"

"好像是这样。那么 42 的平方……"

"不是 42,是 21 的平方。"玛格丽特插嘴说,"如果直径是 42,那么半径就是 21。"

"对,我知道了。那么,21 的平方是……441,π 是 3.14,计算器上的得数是 13 847。"

"不可能。"米格尔说,"400 乘以 3 是 1 200,所以 441 乘以 3.14 不可能是 13 000。你肯定错了。"

"我再算一遍。441 乘以 3.14,……你对了,是 1 385。"

"该做什么了?"约兰达说。

"还不知道怎么算出体积。"

玛格丽特兴奋地跳起来:"别着急,约兰达,我想,我们应该用底部的面积乘以水的高度。"

"为什么?"米格尔问道。

玛格丽特回答说:"是这样,在计算立方体的体积时,我们用长乘宽乘高。长乘宽是底部的面积,我猜想我们可以用同样的方式计算圆筒的体积。"

"聪明绝顶的女孩!"米格尔说,"我同意,但怎么来证明呢?"

"我有个想法。"约兰达说。她把所有圆筒里的水倒出,然后在最小的圆筒里装满水。"这是我的想法。我们不知道这个圆筒的体积是多少,但我们知道它的体积总是相等的。如果我们将等量的水倒入四个圆筒中,然后用我们的公式来计算,那么就应该得到一个总是相同的值。"

"让我们试一下。"米格尔说。他将小圆筒里的水倒入一个大圆筒中,然后再把小圆筒装满水,再倒入另一个大圆筒中。

"智囊组"测量了圆筒的底部和水的高度,记下数据,将其代入公式。非常确信他们得到的稳定结果是:用这个公式计算出的等量体积的水的值都是相同的。学生们都无比兴奋,让邓巴先生过来看看他们的成果。邓巴先生让每个学生解释他们是怎么做的。

"太棒了!"邓巴说,"你们不仅找到了解决问题的方法,而且小组中的每个人都参与并理解了这项活动。现在我希望你们能帮我一下。其他几个小组的同学仍然很困惑,你们能否帮助他们一下? 不要告诉答案,只是给他们提供思路。约兰达和米格尔去帮助'智慧组',戴夫和玛格丽特去帮助'梦幻组'。怎么样?谢谢!"

阅读上面的案例,可以发现它与传统的数学教学有很大的不同,或者采取了完全不同的哲学立场:视数学知识是生成的、动态的,是由学习者主体建构的;视数学是组织个体经验的一个不断适应的过程,而并非发现存在于个体外部的客观数学规律。这使基于客观主义的传统数学教学设计理论受到极大的挑战。

对"目标分析"的冲击 传统教学设计中首要的是教学目标的设计,它既是教学过程的起点,又是教学过程的归宿,教学目标既确定了教学内容也确定了教学顺序,教学目标也是最终教学效果评估的依据。但是在建构主义者看来,学生是认知主体,是意义的主动建构者,因而学生的意义建构才是学习过程的最终目的。在这样的教学设计中通常不是从分析教学目标开始,而是从创设有利于意义建构的情境开始,整个教学设计过程围绕"意义建构"这个中心展开。

否定知识的分解 对某一复杂的数学知识,传统教学设计常常将它还原为简单的、单个的知识。例如"程序教学"就把学习内容分成一个个小的问题,系统排列起来,通过编好程序的教材或特制的教学机器,逐步地提出问题(刺激),选择答案,回答问题(反应)。程序教学事实上也是行为主义"刺激-反应"联结理论的一个结论。建构主义则与行为主义主张正好相反,强调给学习者呈现整体性的任务,将他们带入一个较完整的问题情境之中。然后,让学习者根据自己的经验,尝试解决问题,最后使学习者在尝试解决问题的过程中找出和掌握相关的具体的知识和方法。行为主义倾向于把教学内容分割成"小步子",由简单向复杂一步步演进。认知心理学强调知识的"层级关系"和"类属关系",教学要从基本的子概念出发。在建构主义看来,这些"自下而上"的教学策略是"使教学过于简单化"的根源。

把"错误"当成学习的一个资源 学生在学习过程中经常会犯错。法国数学家阿达玛(Hadamard)也说:"即使优秀的数学家也会经常犯错误。"数学错误的不可避免性要求我们坦然接受学习,积极面对错误。然而,在传统数学教学中,对待错误的态度是消极的。受行为主义的影响,教师总认为学习是为了提高,当学生正确反应时得到奖励,当然不正确的反应则应给予处罚(批评)。在这一观点的指导下,很多教师甚至认为课堂上明确注意数学错误是危险的,因为它会干扰学生头脑中的正确结论。[①] 然而在建构主义者看来,错误观念也许是一个"替代观念",它体现了这样一种认识:学生所具有的观念,无论这是一种在学习前就已形成的"素朴观念",或是在各种情境下,包括在学习过程中发展起来的"非标准观念",都是建构活动的产物,从而就都有一定的合理性。学生意识到这个"错误",正是一个"自我否定"的过程,而"自我否定"又以自我反省,特别是内在的"观念冲突"作为必要的前提。利用学生的"错误",可以引发认知冲突,能促进学生完成对自己思维过程的批判性思考。[②]

第三节　重构数学课堂教学

1. 打破单一化的设计模式

　　传统的数学教学,基本上是自下而上地展开教学进程。斯金纳主张将知识分为一个个的小单元,让学生按一定的步调一步步地学习,最终掌握整体知识。加涅提出了学习层级说,认为知识是有层次结构的,教学要从基本子概念、子技能的学习出发,逐级向上,逐渐学习到高级的知识技能。在以他们的思想为基础进行教学进程的设计时,首先对要学的内容进行任务分析,逐级找到应该提前掌握的知识,而后分析学生既有的水平,确定合适的起点,设计出向学生传递知识的方案。在展开教学时,让学生从低级的基本的知识技能出发,逐级向上爬,直到达到最终的教学目标。当今的建构主义者对这种单一的自下而上的教学设计进行了批判,认为它是过于简单化的根源,并主张根据学习对象和学习内容的不同特点采取不同的设计模式。例如,除了上述自下而上的方式之外,还可以采取自上而下的设计模式。自上而下意味着学生首先从复杂的问题入手,然后(在教师的帮助下)找到或发现所需要的基本技能。在自下而上的加工中,基本的简单技能被逐步地组合为更加复杂的技能。但在自上而下的教学中,学生一开始遇到的问题就是复杂的、完整的、真实的。也就是说,它们不是任务的简化形式或者个别部

① Melis, E., and Goguadze, G. Towards adaptive generation of faded examples. International Conference on Intelligent Tutoring Systems, LNCS, Springer-Verlag, 2004: 762 - 771.
② 郑毓信,梁贯成. 认知科学、建构主义与数学教育[M]. 上海教育出版社,1998: 228—233.

分,而是真实的任务。下面结合兰珀特(Lampert)的具有建构主义取向的数学教学的例子进行具体分析。[①] 在讲授一位数乘两位数的乘法时(如 $4 \times 12 = 48$),传统的自下而上的教学方法是教给学生分步计算以得出正确答案。只有当学生掌握了这些基本技能后,才给他们呈现一些简单的应用题,如:"桑德拉想买一些铅笔,每支铅笔 1 角 2 分。如果她买 4 支的话,需要多少钱?"

自上而下的教学与此相反,首先从问题开始(通常由学生自己提出问题),然后帮助学生发现如何进行运算。

比如,在本章第二节的案例中,邓巴先生应用小组合作的方式来帮助学生推导出圆柱体体积的公式。回忆一下"智囊组"的每个成员是如何进行思想的碰撞与交流、尝试并放弃错误观点、最终发现解决方法并证明其方法的正确性的。没有一个学生能够单独地解决问题,所以小组合作有助于问题的解决。更为重要的是,通过倾听他人的观点、尝试并接受关于解决方案的反馈、争论不同的解决问题的方式,这些都给"智囊组"提供了认知支架。维果斯基、布鲁纳以及其他建构主义者都认为,认知支架对于高层次的学习来讲是非常重要的。[②]

兰珀特的例子(讲授乘法的教学事例):[③]

教师:你们能否举个例子来表明乘法……12×4?

学生 1:有 12 个瓶子,每个瓶子里有 4 只蝴蝶。

教师:如果我进行乘法运算并得到答案,那么我该怎么利用这些瓶子和蝴蝶?

学生 1:你应该知道把那些蝴蝶全都合在一起。

教师:好,这是瓶子(画一幅图来代表装有蝴蝶的瓶子——见图 7-3-1)。如果我们把瓶子分组的话,就比较容易数出总共有多少只蝴蝶了。通常情况下,同学们在考虑分组时喜欢的组数是多少?

学生 2:10。

教师:这 10 个瓶子中都有 4 只蝴蝶在里面。(画个圆圈将 10 个瓶子圈起来)

教师:假如我擦掉画的圆圈,再回过头来看一下所有的 12 个瓶子。有没有其

① Lampert, M. Konwing, doing and teaching Multiplication [J]. Cognition and Instruction, 1986(3): 305-342.

② Brooks, J. g. , & Brooks, M. G. The case for constructivist classrooms. Alexandria, VA: Association for Supervision and Curriculum Development, 1993.

③ (美)罗伯特·斯莱文. 教育心理学:理论与实践[M]. 姚梅林,等,译. 北京:人民邮电出版社,2004:190.

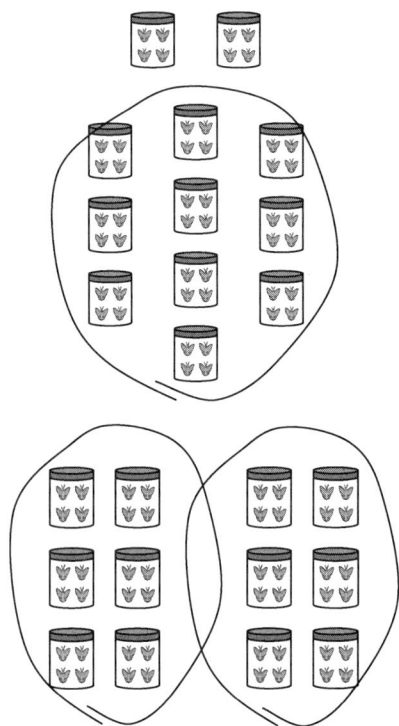

图 7 - 3 - 1

他的分组方法使我们更容易计算出蝴蝶的总数?

学生 3:可以分成两组,每组 6 个。

教师:那么现在这个组里有多少只?

学生 4:24。

教师:你是怎么计算出来的?

学生 4:8 加 8 加 8。(他将 6 个瓶子分成 3 对,直觉地发现了比较容易计算的一种方法)

教师:是 3×8,也可以是 6×4。那么这一组有多少只蝴蝶?

学生 3:24 只。它们是相同的,都是 6 个瓶子。

教师:那么总共有多少只?

学生 5:24 加 24 等于 48。

教师:我们得到的蝴蝶数和以前一样吗? 为什么?

学生 5:因为我们有相同数量的瓶子,每个瓶子里也都有 4 只蝴蝶。

自上而下的教学与自下而上的教学的差异可以用图 7 - 3 - 2 表示:

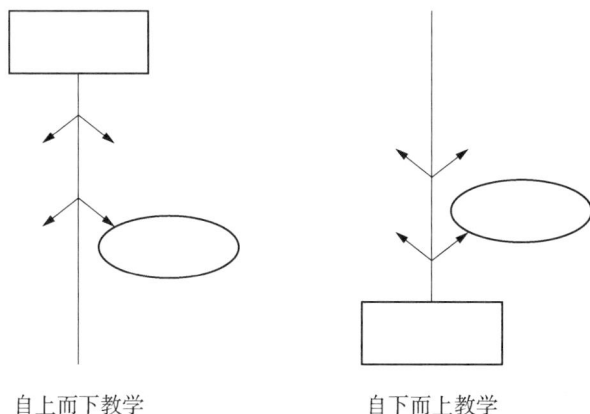

自上而下教学　　　　　自下而上教学

图 7 - 3 - 2

相对于自下而上的教学,自上而下的教学最大的特点是首先选择一些与儿童生活经验有关的整体性的任务并呈现有关的问题。这样会使学生自然联系到自己已有的知识结构,激发学生的探究欲望,使他们主动用已往的知识结构去发现新问题并试图去解决它。自上而下的教学设计及知识结构的网络概念是教学设计和教学改革中一种富有创造性的新思路。然而,在实际教学过程中,我们应该避免全面否定的绝对化的倾向。因为,无论是自上而下还是自下而上的教学设计,或是从网络中某一部分人手,都有其特定的适应范围。它们都必须适应一定的教学目的,应根据具体的教学目的和条件而确定。简单地以一种设计去否定另一种设计,是片面的、不实事求是的态度。现代认知心理学的研究指出,在教和学的活动中,不必组成严格的直线型层级,因为知识是由围绕着关键概念的网络结构所组成的,它包括事实、概念、概括化以及有关的价值、意向、过程知识、条件知识等等。学习可以从网络的任何部分进入或开始。即教师既可以从要求学生解决一个实际问题开始教学,也可以从给一个规则入手(本章第四节将对此问题做进一步的探讨)。①

2. 重视师生间的讨论

某一个班上正讨论如下一道应用题:

"跑道上有两列运动员,每列6人,共有多少运动员?"

教师:彼特,你的答案是多少?

彼特:14。

教师:你是如何得出的?

彼特:因为6+6是12,两名运动员在两列——(彼特把话停下,托着腮帮看着地板,一会他看看老师,一会他看看同学安妮,他转过身背对着老师)

教师:你能再说一遍吗?我还没听清楚,你说,请再说一遍。

彼特:(轻轻地,始终背对着老师)每队有6个运动员。

教师:对。

彼特:(转过来面对老师)不对,我出了个错误,答案应该是12。(他又转过身背对老师)

① 陈琦,刘儒德. 当代教育心理学[M]. 北京师范大学出版社,1998:101—104.

从传统的习惯出发,教师期望学生运用所学方法给出正确回答。彼特由于出错而显得很尴尬。

教师意识到如果期望学生对回答做出解释,就有责任让学生在同学面前即使做出错误的解释时也不会特别尴尬。可是,教师必须调整自己的意图并与学生重新约定新的规范。最后,教师转变了态度,和学生共同讨论数学。

教师:(柔和地)好了,出错可不可以呢?

安德鲁:可以。

教师:彼特,出错可不可以呢?

彼特:(仍然背对老师)可以。

教师:不错。只要你在我们班级,出错是可以的。因为我也经常出错,我们可以从我们的错误中学到很多东西。彼特已经做了。

彼特:呀! 一开始我的答案错了。(彼特转过身看着老师笑了)

教师在肯定彼特在解题过程中的做法的合理性的同时,也向其他同学表明重要的是数学思维的过程而非正确答案。当彼特得知教师在支持和肯定自己的回答时,转过身来面对同学并面带微笑。

在讨论过程中,教师和学生实际上达成共识:

(1)尽力解释和论证自己的解答;

(2)认真倾听并努力理解他人的解释;

(3)表明同意、否定或不懂别人的解释。这种共识对指导学生互动协作也有帮助。

在讨论数学时教师和学生的态度都很诚恳,这就创造了氛围,使得学生敢于表达自己的想法。

3. 鼓励小组协作学习

教师为儿童提供情境有几种不同的形式:

(1)解决那些依据当时具有的概念和程序去理解情境的过程中出现的困难或矛盾;

(2)解释特殊的结论;

(3)描述他们的数学思维;

(4)解释或论证解题方法;

（5）辨析互相矛盾的观点；

（6）形成新的框架,解释以前的方法或他人的方法。

教师和学生共同建立的责任和期望有利于课堂讨论顺利进行。在讨论的过程中,教师的指导和帮助有利于合作学习的开展。合作学习的形式有:学生协作解决问题;对学习活动的结果达成一致的意义;向合作伙伴解释自己的思路,理解同伴问题解决的意图。

在合作学习中教师运用了两种策略:

首先他创设具有类似原型和范例的情境,根据这些案例进行讨论。例如,在一个情境中,三名学生首次合作,教师发现其中一位完成了全部的活动,另外两位不理解他的解题方法,自己又不知如何去做。教师提示他们一起完成任务。

约翰:亚当一直在写答案。

教师:你们应该阻止他,并说对此我不理解。如果你们两个不能给出正确答案,那么亚当将受到责备,如果仅仅他自己完成任务而没有让你们体会到尝试的乐趣,你最好重新检验以确保每个人都能回答。

于是三名学生作为一个学习小组重新解决问题。在集体讨论解题之前,教师做出这样的要求。

教师:我希望约翰、珍妮和亚当介绍你们自己今天是如何学习的。

亚当:开始我自己几乎完成所有问题而忘记告诉他们我的方法。当我把答案写了一页半时,老师走过来问我是否把解决问题的方法告诉他们,我说没有。

在这里,教师以小组学习出现的个别情况为例让学生对自己担任的角色进行讨论,让学生知道小组学习该怎样进行。这个案例说明小组学习中学生未必按照教师的要求去做,这时要求教师对每个学生给予指导。

其次,教师组织讨论合作学习中学生的责任,教师希望学生先自己独立思考问题,然后向其他同学解释。当两个学生都想对同伴进行解释时,教师可予以协调。例如,教师这样说:"稍等,先让同伴完成,然后再解释你的方法。"此外,在互动的情境中,学生应该互相指出如何才能完成自己的责任。有时候需要教师帮助学生,在互动中澄清相互的责任和期望。这种形式的社会合作有助于个人数学能力的发展,这些学生得出有意义的解决方法,并向同伴解释,同时尽力理解同伴的做法。

谈话在协作学习中有很重要的意义。如通过说话理解别人的情境并给予支持;借助于谈话澄清自己的理解;在倾听别人的解释中建构自己的理解等。

4. 将课堂教学看成是教师学习的一个场所

教师在引导儿童建构个体数学知识的同时,自己也在受教育。

在课堂教学之前,教师制定严格的教学计划。但是当他在组织小组学习和集体讨论的过程中,就发现现实发生的情况和原来设计的方案有不一致和矛盾的地方。最初他希望儿童在小组中有效学习并在班级讨论中充分展示自己的思维。但是,在真实课堂中,他希望儿童能够集中表达完成教学任务的设想。这时教师意识到很难预料学生的反应。于是原来他是权威和信息唯一来源的情境中产生了许多不确定和无法预见的东西。

在倾听学生解释时,教师有机会发现在传统教学中难以发现的学生对数学的理解。学生的意外表现也会刺激教师,促进教师更加留心学生的想法,这样就建立了有利于学生讨论数学的对话环境。

在教学实践中,教师必须拓展对数学的认识,同时也意识到儿童有自己对数学丰富多样的理解。教师要认真倾听学生的观点并尊重学生的数学思维。学生在讨论时的表现远远超出教师的估计,这时教师已不是知识的唯一来源,他是学生学习的促进者,同时也是学生学习的合作者。

5. 通过协商获得数学意义

在课堂教学中教师有时候发现学生的解释根本不为数学实践共同体所接受,这时就面临如何使个人的建构具有广泛认同的意义。只有将个人建构与集体(共同)结合起来才能使数学交流成为可能。一方面教师对学生的思考应避免过度介入;另一方面也不能让学生按照自己的兴趣漫无目的地发展。

下面的课堂讨论展示教师处理学生不良建构的方式,[①]教师、学生一起讨论下面的应用题:

机场里的公共汽车有 8 排座位,每排 4 个座位,今天上午 23 人坐在车上,问有多少个空座位?

---

① (美)莱斯利・P・斯特弗,杰里・盖文. 教育中的建构主义[M]. 高文,徐斌艳,程可拉,等,译. 上海:华东师范大学出版社,2002: 401—422.

教师：很好，你们用其他方法做了吗？（看着萨莉和贾斯廷，他们是合作者）

萨莉：我们的答案是 11。

彼特：我不同意。

教师：他们认为有 11 个空座位。（把 11 写在另一个答案 9 的后面）

贾斯廷：我们知道有 8 排座位。

萨莉：（打断）我们应该把它相乘。

贾斯廷：所以我们认为 4 乘以 8 是 32。

萨莉：因为 8 的两倍是 16，而要算 4 倍，所以 16 加 16 是 32。

通过倾听他们的解释，老师意识到尽管他们没有得出正确答案，但是他们的思路比前面的同学要清楚。

教师：好。

贾斯廷：我们认为仍然是 11，因为 32 个用了 23 个。3 减 2 是 1，2 减 3 是 1。

教师现在理解贾斯廷和萨莉为什么得出 11 了。她意识到这并非恰当的方法，因为它没有促使学生进行更合适的建构。另外，这种方法使人误认为数学活动是符号操作，而不是把数字当作数学对象进行运算。为此，她继续以更加直接的方式引导对话。

教师：好，伸出两个手指，你能那样做吗？所以你的方法不正确。（她犹豫了一下）23 加 10 等于多少？

贾斯廷：33。

教师：33，可是我们只有 32 个座位。32 个座位坐了 23 人，你还认为是 11 吗？

贾斯廷：得到 9。

因为思路清晰，贾斯廷认识到为什么他的方法不能被接受。教师接着用另外一种方法，她把 10 作为一个单位和 23 相加。贾斯廷回答是 33 后，教师通过提示条件中总共有 32 个座位从而又继续形成认知冲突。在制造了这个矛盾之后，她问贾斯廷："你还认为是 11 吗？"这样就给贾斯廷一个机会让他重新思考自己的方法，如果有可能，则解决冲突。在这个情节中，教师利用贾斯廷的初始错误，为他提供重新思考的机会。最终教师意识到了自己的观点与学生的观点取得平衡的复杂性。由此进一步意识到了解学生的建构的重要性，并重新思考什么是数学教学。

第四节　建构主义在数学教学中的应用

在实际数学教学过程中,建构主义有被泛化的趋势,表现在出现滥用文辞、乱贴标签、追赶时髦口号等现象。造成这种状况的原因是复杂的,由此造成的不良后果之一便是将冠以建构主义之名的实践中遇到的种种困难,归罪于建构主义本身并进一步导致对建构主义的全面否定。以下主要以当前国内外课程改革中一个提倡的方式——基于问题的数学学习(Problem-Based learning 简称 PBL)为例,对建构主义与教育实践的关系做出分析,期望进一步阐述建构主义对数学教学的涵义,并纠正实践中若干不恰当的认识,从而促进数学教育改革沿着正确轨道健康发展。

1. PBL 的特征

PBL 是指基于问题的学习,是基于现实世界的问题的、以学生为中心的教学方式。在当前国内外的数学课程改革的浪潮中,以问题为基础来展开学习和教学过程几乎成了人们的一条基本的改革思路,而这条思路在 PBL 中又得到了集中体现。

与传统的数学教学法不同的是,PBL 强调以学生的主动学习为主,而不是传统教学中教师系统讲授为主。PBL 将数学知识的学习与一个更大的现实问题相联系,使学生投入到问题解决当中。它强调真实的任务,把学习融入到复杂的、有意义的情境中,通过学生的自主探究或小组合作来解决问题,从而学习隐含在问题背后的数学知识,形成解决问题的技能和自主学习的能力。

PBL 最初由加拿大安略湖(Ontaris)麦克马斯(Mcmaster)大学引入医学教育领域,因其直指知识的应用和未来职业技能的培养,并充分体现建构主义的思想,因此在短短的二三十年内,该教学模式已风靡全球,对各办学层次、各学科的教学培训产生了深刻的影响。

PBL 模式是伍兹(Woods)和巴罗斯(Barrows)两人在麦克马斯大学医学系授课基础上发展起来的。

巴罗斯及其同事所创造的 PBL 模式,旨在帮助实习医生在真实问题的模拟情境中根据大量的信息进行诊断。实习医生们发现,那些传统意义上为应付测验而记忆的诊断性知识,一旦通过问题解决的学习方式掌握,在日后工作中便能有效地应用。在 PBL 课堂上,有人扮演疑难病症的病人,有人扮演苏格拉底式的咨询者。该模式还包括设计病人症状评定表和医师表现评价体系,后者要求实习医师在诊断疾病时,必须与病人及其亲属进行会谈。巴罗斯先在伊利诺数理学院工作,而后与全美高中网络联合开发 PBL 模式。

伍兹为麦克马斯大学进修化学工程课程的医学系学生特意修正了 PBL 模式。他担心医学系的学生多年来将时间花费在个人竞争以及记忆课本知识上,一旦采用 PBL 学习模式,当他们需要协商执行一项合作任务、进行自我评价的时候,会缺乏处理这些问题时必要的社交能力和情感。因此在教学之初,伍兹首先询问参与者是否做好转变的准备,以经历这一痛苦的转变过程。在开展 PBL 活动之前,发展学生的独立学习能力和社交能力极为重要。伍兹在麦克马斯大学设计的问题解决课程包括冲突解决、人际技能基础、时间管理、决策管理、领导艺术等。

20 世纪 70 年代,在麦克马斯大学的帮助下,新墨西哥大学也开始采用 PBL 模式。后来老师们发现,与传统教学相比,接受过 PBL 学习的学生的知识面要广得多,实际操作能力也强得多,特别是自主学习能力的增强,对他们的终身学习很有帮助。

20 世纪 80 年代,哈佛大学医学院新经计划组(New Pathways-Program)也在一个由 40 人组成的学习小组中采纳了 PBL 模式。到 20 世纪 90 年代就有很多医学院开始采用 PBL 了。比如,南伊利诺大学、鲁思大学、密歇根州立大学、夏威夷大学等。

PBL 的重要组成元素是:问题、产出、学习者以及教师。它所强调的理念为:学习源自于问题、学习的表现以产出来衡量、以学习者为中心——学习是主动参与知识建构与协商的过程、学习是由教师来促进。具体表现为以下几个方面:

PBL 强调学习者在未获得任何教学前,教师提供一个真实世界的、有意义的问题情境。教师抛出真实的开放性问题让学习者思考,亦即将学习者置于一个探索的问题下,由一个可以引发学习者的学习动机且会引导学习者整个学习过程的驱动问题(driving question)开始。这个问题来自真实世界(不是虚构的),学习者可以针对问题进行辩论、争论、讨论、怀疑、举证等,并从各种不同的观点来弄懂知识、理解知识、巩固知识且活用知识。这样，任务、问题解决的过程更重视经由与他人合作而迸发出自己建构的知识与技能。PBL 除了希望学习者成为主动的观察者或资料收集者外，更希望他们在学习过程中成为小组学习的主动参与者，有机会他们也能为学习小组贡献有价值的观念或行为。PBL 最终要引导学生自我学习，遇到问题时不再只是单纯寻求教师找到答案，而是要能借助问题解决的能力来做出合宜的判断。

PBL 采用"做中学（Learning by doing）"的观点，强调知识的获得要通过"学习者亲自经历"，当学习的目的是用来"做"时，学生会学得更快更好。PBL 强调内在动机，鼓励合作学习，允许学生不断地纠正、修正自己的观点。教学设计在于学习者能够在做中学的活动中主动参与实际的解题活动而并非学习一些事实性的知识，要求学习者必须针对驱动问题，完成一系列学习任务。PBL 最终培养的是一种高层次的思维技能。

PBL 重视主动建构与分享的学习历程，由学习者自己产生、推敲并组织问题，因而学习者对于所要从事的问题解决任务具有拥有感（ownership），觉得这是"我的"或"我们的"任务，而不是"老师的"，激励学习者对自己的学习负责。让小组合作的学习者在遭遇到问题情境后，共同讨论并定义问题，促进学习者分工合作，找出解决问题所需的资源。学习者在学习活动中提取出概念和原则，最后通过共同讨论，分享得出的推论，获得问题的解决方案和共同的认知理解。学习者可以主动地和同伴一起建构知识，并发展批判性思考的能力。

在 PBL 中，教师只担任学习协助者或教练的角色，提供必须的学习指导与资源提示，但是不会给予讲课或直接知识的传递。在小组学习进行的时候，更必须保持淡化"教"的角色，把学生当成是"学习舞台"的主角，让各个学习者来完成任务。

在"对基于问题的学习的评论"一文中，凯·加迪（Judy kay）进一步总结了 PBL 的如下特征：[①]

（1）在情境中学习

为解决一个问题而学习技能。在这一点上它与真实世界的场景非常相似：技

---

① Zhang Xiuping. The Combination of Traditional Teaching Method and Problem Based learning [EB/OL], http://science. uniserve. edu. au/pubs/china/voll/.

能是日常生活所需要的。

（2）通过问题激发学习

在传统的教学中，学生被告知要学习什么东西，然后去解决一个问题（通常学生感到没有什么意义）以检验这些知识的掌握情况。与此不同，PBL 则向学生呈现一个"真实的问题"，通过这个问题，激发学生学习知识和技能的欲望。

（3）跨学科、整合的学习

由于学习是由问题激发的，它通常不是局限在严格的教材或课程之中。

（4）学习过程的开放性

解决问题通常不只是一个途径。PBL 允许学生根据自己的情况去做出决定和判断。教师鼓励学生做出解答，但是采用何种方法则由学生决定。

（5）学习结果的开放性

由于强调问题的真实性而非人为性，即问题是结构非良好的，使得问题并没有一个唯一正确的答案，问题给学生留下解释的空间，并且期望学生根据逐渐熟悉和了解的情况进行定义。

（6）自主学习

学生最大限度地对自己的学习负责，问题对学生学习起到支持作用，但是学生的学习还是得依靠自身的动机和拥有的材料。

（7）学会学习

PBL 聚焦于学习过程本身。由于学习是藉问题解决来完成的，学生将有机会对问题解决的过程进行反思。

（8）合作学习

PBL 充分利用小组学习的优势，从而营造一个合作学习的环境。

2.　一个教学案例

卡林老师在美国某中学任教。过去 10 年，一幢幢公寓楼在学校四周拔地而起，一户户拖儿带女的家庭纷至沓来，因而有必要在中学附近建立一所小学以接纳蜂拥而来的年幼儿童。卡林老师的所有学生都目睹小学的破土动工，而且许多学生的弟弟妹妹正在其他拥挤不堪的小学就读，迫切希望早日进入新小学。

卡林老师为此精心安排了一个教学单元，将数学概念与学生对建立新小学的兴趣结合起来。①

（1）连结问题

第一堂课,卡林老师在问学生对建立新小学或新建小学包括什么设施有何想法和建议时特别指出:"你们是否注意到,这所小学跟本地的大多数小学很不一样吗? 这所小学有着全新的布局设计,要建一个占地面积很大的运动场。你们认为这所学校会是个什么样子? 对学校应包括什么设施有什么建议?"

学生对此纷纷议论,有的谈到了修建个性化的学校食堂、体育馆等专用场所。

卡林老师接过话头问学生:"修建一个运动场怎么样? 你们认为这个运动场该是个什么样的? 是不是应该与你们以前的小学不一样? 应该有什么地方不一样呢? 是不是该修建一个从幼儿园到五年级的学生都能使用的运动场? 这样的运动场又该怎样设计呢?"

学生开始回想自己曾使用过的小学运动场,由于许多学生来自不同的小学,可以谈出各自不同的亲身经历,列举各小学运动场之间的不同之处。卡林老师顺势引导说:"同学们,正如大家所谈到的,我们都使用过不同的运动场,我们对运动场该有些什么样的东西也有自己的想法,那么为什么我们不把所有的知识和经验都集中起来,一起为新小学设计一个运动场模型呢?"然后,她提出了以下问题:

我们中学附近正在修建一所新小学,里面要容纳从幼儿园到五年级的 600 名学生。新小学的修建费用为 300 万美元,总费用的 7.5% 要专门用于修建学校运动场。你们的任务是向建筑商提供各种修建运动场的设计方案,一要确保其开支不超过规定的预算;二是确定何种运动场能满足幼儿园至五年级学生做游戏与运动的各种需要。

由于运动场和学生的日常生活有联系,从而激发了学生的兴趣,而且学生一想到是在为本地修建学校出谋划策,从事这项学习任务时会油然生起一种刻不容缓的紧迫感。

（2）设立框架

卡林老师先向学生讲明,完成这项任务最终是要学生自己设计构建模型,并提出修建费用,但是,在学生动手构建之前,必须遵循一系列的步骤去确定问题、

---

① Robert Delisle. 问题导向学习在课堂教学中的运用[M]. 方彤,译. 北京:中国轻工业出版社,2004:103—117.

收集资料、找到解决问题的办法。卡林老师对学生说："我在教室前方贴出一张大纸，里面分了四栏。第一栏要记下我们谈到的解决问题的各种主意；第二栏要记下我们对问题已知的各种事实；第三栏要记下学习课题，就是我们还想进一步了解的事情；最后一栏，我们列出一个行动计划，也就是为了收集所需的资料，我们要做些什么事。"

（3）初步探讨问题

卡林老师对学生进行分组，每组指派一名学生做记录。然后请两位学生在教室前面担当全班讨论的记录员。完成这工作后，卡林老师建议学生再从头到尾阅读问题，读完之后引导学生："让我们先从第一栏开始，看着我们有什么关于解决问题的主意。请记住！这些不过是建议，如果发现了新的资料，以后还可以修正。"

教室前面的两位学生记下同学们的各种看法，小组记录员也忙着为本小组做记录（见表7-4-1）。

表 7-4-1

学生为设计运动场提出的主意			
主意	事实	学习课题	行动计划
聘请别人来做设计工作； 参观有同类运动场的其他学校； 把我们喜欢的运动场设施都摆进运动场			

卡林老师觉得学生提出了足够的主意时，转到第二栏（见表7-4-2）。让我们把已经知道的事实列举出来。

表 7-4-2

学生为设计运动场提出的主意和事实			
主意	事实	学习课题	行动计划
聘请别人来做设计工作； 参观有同类运动场的其他学校； 把我们喜欢的运动场设施都摆进运动场	从幼儿园到五年级的600名学生； 300万美元的7.5%； 必须构建一个模型		

卡林老师密切关注学生提出的事实。针对有个别学生把"面积最小"作为事实时,她与学生进行了如下对话:

卡林:"查理,你说'占地面积小'是事实,你确切知道这个运动场占地面积小吗?"

查理:"不,不知道。"

卡林:"那么你认为我们是不是要搞清楚这个运动场占地面积的大小呢?"

查理:"是的。"

卡林:"既然是我们要弄清占地面积的情况,我们应该把这个写进哪一栏呢?"

查理:"写进学习课题栏。"

卡林老师通过对话告诉学生,他们可以把提出的各种事项根据实际特点放在不同的栏目之中。在请一位学生把已记在表格中的事项读了一遍后,卡林继续说:"让我们看看第三大栏,学习课题。在这一栏,我们要举出还需要了解的事项,现在我们已经有了一项:占地面积的大小。"全班学生在此栏中列出的各种事项如表7-4-3所示。

表7-4-3

学生为设计运动场提出的主意、事实和欲知事项			
主意	事实	学习课题	行动计划
聘请别人来做设计工作; 参观有同类运动场的其他学校; 把我们喜欢的运动场设施都摆进运动场	从幼儿园到五年级的600名学生; 300万美元的7.5%; 必须构建一个模型	占地面积的大小; 儿童要做的游戏和运动; 管理制度; 安全制度; 设施; 其他运动场费用; 展示我们设计的最佳途径; 我们应该向谁展示我们的设计	

当学生给出各种欲知事项后,卡林老师引导学生集中到最后一栏。师生开展如下的对话:

卡林:"来看看我们要有什么样的行动计划,你们有什么想法吗?"

学生1:"先从'占地面积的大小'做起怎么样? 我们怎么能了解有关情况呢?"

学生2:"我们可以实地测量一下。"

学生3:"看哪儿有设计图纸,我们可以找来看看。"

卡林：（把学生的打算记录下来）"再看下一个：'儿童要做的游戏和运动'，怎么了解有关情况？"

学生4："我们可以直接去问。"

卡林："我们怎么去问呢？"

学生5："让一些同学到一所小学去，问问那儿的小学生。"

卡林："这个主意不错。不过，怎么问才能使每个问的人都能得到类似的资料呢？"

学生6："我们写出一张提问表。"

卡林："好极了！我们拿着提问表去提问，别人回答表中的提问，我们把这叫做什么？你们在电视中有时会看到这种情况，尤其是在选举临近的时候。"

学生7："你指的是社会调查吧？"

卡林："正是！你们也可以问问本校的六年级学生，问他们是否记得上小学时喜欢在运动场上玩什么。"

记录在第四栏——学生为行动计划提出的种种建议（表7-4-4）。

表7-4-4

学生为设计运动场提出的主意、事实、学习课程和行动计划			
主意	事实	学习课题	行动计划
聘请别人来做设计工作；参观有同类运动场的其他学校；把我们喜欢的运动场设施都摆进运动场	从幼儿园到五年级的600名学生；300万美元的7.5%；必须构建一个模型	占地面积的大小；儿童要做的游戏和运动；管理制度；安全制度；设施；其他运动场费用；展示我们设计的最佳途径；我们应该向谁展示我们的设计	向小学生调查关于游戏和运动的事情；与修建学校的有关人士联系，以便弄清运动场占地面积的事情；拜访保健主管部门去了解有关的规章制度；到运动器材商店了解各种器材的价格；就安全问题拜访专家；参观其他学校并拍摄运动场的照片

当最后一栏记录完毕后，卡林老师请学生回到原来的小组，并告诉学生现在每个小组要开始研究有关课题，并设计出自己的模型。

她对学生说："让我们回头看看学习课题。第一组，你们想弄清楚哪个课题？

每个小组轮流选择课题,直到不留下一个课题。"

课题选完后,卡林老师说:"现在讨论一下,你们打算采用什么行动计划?怎样研究你们的课题?"她要确保每个小组明白,虽然有些学习课题不止一个小组选到,但每一个课题都应该有人进行研究,也要确保每个小组有了明确的行动计划后再进行独立研究。

(4)问题的再探讨

每个小组各自进行研究,有的向小学生和本校六年级学生调查他的运动爱好,有的到运动器械商店了解价格,有的到市政府查看有关的规章制度,或是测量运动场的长宽,算出面积。当各小组完成研究之后,他们重新回到课堂相互交流研究经验。卡林要求每个小组谈谈自己了解到了什么情况,是怎样进行研究的。

各小组汇报本组的研究工作,其中包括研究的步骤及遇到的各种困难。

当每个小组汇报完后,卡林老师说到:"让我们看一看表中的各栏,决定一下我们是否想增删某些事项,我们是否在构建模型和编制预算前还有要研究的课题。"

她请负责调查学生的小组向全班读读自己的询问结果,读完后她追问,"根据这个调查,我们是否获得了足以修建一个运动场的所有资料?"在听完几个学生的发问之后,卡林老师补充:"我想,你们一定知道,修建学校的工人是要领工资的,那我们需要弄清工人每小时工资是多少,并把工人工资放进预算。我们同样需要知道安放购买的每件运动器材要花费多少时间。我们负责安全的小组已经了解,在每件攀登器材下要垫木屑,这要求我们根据使用面积大小算出需要多少木屑以及有关开销。还有,如果你们想要可以踢足球或跳格子的硬的场地,也需要算出要使用多少沥青以及有关费用。"于是,学生又开始查资料、打电话,以便研究这些新的课题,搞清楚雇工人、铺沥青、垫木屑的费用。

(5)产生的成果或活动

当学生完成新的研究并进行交流以后,卡林老师进一步引导学生:

卡林:"既然我们已收集到所需的全部材料,现在就让我们考察一下,在构建运动场模型和编制预算时,我们利用已知的资料应该在什么地方下功夫。"

学生1:"我们知道大同学和小同学喜欢在运动场上玩什么。"

学生2:"我们知道需要多大的占地面积。"

学生3:"我们知道运动器材及其价格。"

卡林:(认为所需的资料已经齐备时)"现在该你们设计模型了。首先回顾一下调查结果,确定学生喜爱的游戏和运动以及所需要的运动器材,然后再看看建造费用,确定在预算范围内你们怎样满足绝大多数学生的需要。"

卡林:(继续点拨)"要做到这一点,第一步,你们可使用的经费为 300 万美元的 7.5%,据此确定你们的预算。第二步,根据调查结果,确定每件运动器材有多少学生使用。第三步,根据所需各种项目的开支,确定你们能给每个项目提供多少经费。请记住,我们将把设计方案提交给教育委员会的建筑委员会,因此你们必须表明你们的设计方案可以满足学生的各种需要,但又不超出预算。"

"你们完成设计方案后就能构建运动场模型了,我已在教室后面摆出了你们构建模型时需要的所有材料和用品。每个小组应该指定一个同学,作为从中挑选所需要材料的专职人员,如果还需要添加新的材料,那个同学应该来找我。记住,模型应该根据真正的运动场按比例构建。有谁知道'按比例'是什么意思?"

学生 4:"按正确的数据。"

卡林:"差不多。"

卡林:(让一个学生查阅数学辞典"按比例"的定义后)"按比例构建意味着你们在构建模型时始终要使用同一比例。如果运动场的实际长度是 50 英尺,而你们的模型的长度是 10 英寸,你们使用的是什么比例?"

学生 5:"1 英寸比 5 英尺。"

卡林:"如果在运动场上的攀登木架长 10 英尺,那么在你们的模型上应该长多少?"

学生 6:"长 2 英寸。"

卡林:"很好。按照同一比例,你们就能注意避免这些问题,比如荡秋千的人是否会撞到玩翘翘板的人,跳格子区是否离跳绳区太近等等。"

接着卡林老师告诉学生要用多少时间来进行设计、什么时候结束以及怎样向全班同学展示自己的设计方案。

在学生的活动期间,卡林老师巡视各小组,观察学生的计算方法和设计方案。在各小组制订设计方案和构建模型之前,卡林老师已要求学生向教育委员会的建筑委员会发出邀请,请他们出席学生设计方案展示会,她还建议邀请新学校的建筑设计师和校长。在设计方案展示会上每个小组要用 15 分钟解说对新学校运动场的构想,说明这样的运动场如何满足小学生的需要,以及在设计方案和构建模型时进行了怎样的数学计算。

（6）评价表现和问题

根据美国的数学课程和评价标准，卡林老师从以下两个方面评价学生的表现。

① 学生能否认识到用数学来解决问题的需要。

② 学生的研究工作是否达到优秀的要求。通过对学生日常研究的观察和学生最后成果的评估，卡林老师可以清楚地了解学生的长处和短处，并以此为依据制定后继的教学计划。

3. PBL 对数学教学的意义

PBL 对数学教学具有积极的意义。学生在制定数学意义（make sense of Mathematics）时，他（她）们是在发展对数学的深层次的理解和获得基本技能。通过这种方法，学生逐渐成为成熟的、自信的问题解决者。正如国际教育进步评估（The National Assessment of Educational Progress）和第三次国际数学与科学研究（The Third International Mathematics and Science Study）[1][2]所做各种测试清晰表明的那样，虽然学生在基本技能上表现较好，但是在更高水平的运用这些基本技能解决问题上却表现得很糟糕。PBL 从以下几方面促进学生的数学学习：

（1）日常生活中熟悉的情境使得学生把他们非正式的、校外的数学知识与正式的学校数学知识联系起来。已有研究表明，在日常生活中有大量丰富的数学知识，它为学生学习很多数学概念提供了基础，例如幼儿常常运用他们非正式的知识去解释有关加、减、乘、除的概念。[3] 五至六年级的儿童喜欢通过故事来解决除法的问题，[4]他们在算出"12 块饼干 4 个儿童分，每个儿童得多少块"的结果后继续思考在人数更多（超过 5 人）、饼干更少（少于 12）的情形下平均分的问题。他们试图将除法与加法联系起来，如通过思考 3＋3＋3＋3＝12 得到 12 块饼干 4 个人分

① Kenny. Patricia A., and Edward A. Silver, eds. Results from the Sixth Mathematics Assessment of the National Assessment of Educational Progress (NAEP). Reston, Va: National Council of Teachers of Mathematics, 1997.

② U. S. Department of Education. Office of Educational Research and Improvement. Attaining Excellence: A TIMSS Resource Kit. Washington D. C.: U. S. Government Printing Office, 1997.

③ Carpenter, Thomas P, Ellen Ansell, Megan L. Franke. Elizabeth Fennema, and Linda Weisbeck. Models of Problem Solving: A Study of Kindergarten Children's Problem-Solving Processes [J]. Journal for Research in Mathematics Education, 1993(24): 428 - 441.

④ Hutchins. Pat. The Doorbell Rang [M]. New York: Greenwillow Books, 1986.

每个人得 3 块。小学二年级的学生通过运用数学关系解决 150 块饼干被 6 个人分的问题。他们知道 $150 \div 3 = 50$，因为 $50 + 50 + 50 = 150$，然后他们把每个 50 分成一半，这样每个人就得 25 块。

（2）在学生小组学习和讨论时他们的注意力明显转到了反思和交流上。小组学习为学生提供了反思自己的思维并向其他人交流自己的发现的机会。而反思交流又有助于发展学生的理解。[①] 几乎可以肯定，从对问题的详细考察转到反思将会导致建立一些新的联系并重新检视以前的方法，而交流则促进学生更清晰、深入地解释或论证问题。学生致力于解决问题并共享解题策略，他们从多种角度思考概念并形成自然而然的思维方式。

（3）通过解决问题自然地学习策略性知识。学生拥有属于他们自己的各种解决问题和计算的策略。他们在解决问题时会经常使用没有经过正式教学的策略。例如：一名一年级学生在思考"怎样把 83 颗珠子平均分配给他所在班上的 25 名同学"时，他这样推理："83 只是比 75 大一点，于是我们每人只能分到 3 颗；一元钱有 4 个二角五分，75 分中包含 3 个二角五分，因此我们每个人分 3 颗。"[②] 小学低年级学生习得各种类型的加法的策略，小学中年级学生习得各种类型的乘法策略。周全的策略会使得学生更有效地记忆一些事实。学生的心智策略自然地促使学生更好、更全面地运用计算法则。持续不断地关注成熟的思维方式和计算方法对达到熟练计算很有帮助。

（4）学生有很多的学习体会。通常情况下，学习只是发生在单一一节或几节课内。当把数学嵌在一个问题或一个任务时，当问题促进了数学各分支领域的联结时，学生就会有大量的机会遇到一些重要的思想。例如测量、位置制、几何、除法的学习都可以安排在一个较大跨度（如一学年）里进行，这样就为学生提供了一个很宽松、充足的学习机会。一些学生在准备规范运用策略之前需要较长时间接触这类策略。

（5）学生在解题过程中形成更多的自信。在一个强调意义制定、反思和交流

① Hiebert. James. Thomas P. Carpenter, Elizabethe Fennema, Karen Fuson. Diana Wearne, Hanlie Murray, Alwyn Olivier, and Piet Human. Making Sense：Teaching and Learning Mathematics with Understanding. Portsmouth, N. H.：Heinemann. 1997.

② National Council of Teachers of Mathematics (NCTM). Professional Stadards for Teaching Mathematics. Reston, Va.：NCTM, 1991. ——. principles and Standards for School Mathematics. Reston, Va.：NCTM, 2000.

的课堂里,学生学习倾听他人、学会尊重他人的思考意见,并且逐渐变得对自己解决数学问题的能力有信心。强调课堂的交流是国际数学课程改革的特点之一。在一个倡导合作、意义制定的学习的环境里,学生习得的数学知识将会得到强化。学生在深层次学习更多的数学,同时他们还学会尊重、信任他们自己的思维和别人的思维。这种思考方式将有助于他们后续的学习。

4. PBL 之省思

由于 PBL 把数学知识的学习嵌入在一个现实的问题中,学生被这个问题所吸引,这就在很大程度上调动了学生的积极性,使学生切实处于主体的地位,通过亲身体验和思考建构对于数学的概念、法则的认识,并逐步培养起一定的探究和创新能力,因此 PBL 获得了数学教育研究者和教师的普遍认可,特别是,在新一轮的数学课程改革中这一方法更得到了大力提倡。但就当前而言,在这一方面也出现某些认识上的片面性与做法上的绝对化。例如,下面的说法就具有代表性:"基于问题的学习是以信息加工心理学和认知心理学为基础的,属于建构主义学习理论的范畴,是建构主义教学改革中一条被广泛采用的核心思路。"①有人甚至将建构主义与教学法或教学模式等同起来,认为基于问题的学习是一种建构主义的教学法。② 这种认识如果得不到纠正,必然会对课程改革的深入发展产生消极影响,特别是,我们更应清醒地认识到 PBL 既有其一定的合理性和优越性,同时也有一定的局限性。

(1) 数学学习：围绕问题组织还是围绕学科知识组织

PBL 与传统的数学教学采取了不同的路径。在传统的数学教学中,教师通常以学科知识为切入点组织教学,让问题解决为学科知识服务。表现在问题多数出现在知识获得的开头或结尾。作为开头,问题用来导入新的知识。在知识的学习过程中若需要再引入一个问题时,则完成其功能后又被扔在一旁,学习又回到知识、概念体系上。这种做法的特点是教学上提出的问题之间关系松散、零乱。PBL则完全不同,用一个问题一以贯之,伴随知识获得的始终,而这样的问题大多是真实的或源于生活的。③

① 黄斌. PBL 与我的教育现实[J]. 现代教育科学,2005(12)：7—9.
② Linda Torp, Sara Sage. 基于问题的学习——让学习变得轻松而有趣[M]. 刘孝群,李小平,译. 北京：中国轻工业出版社,2004：56—59.
③ 刘儒德. 基于问题的学习对教学改革的启示[J]. 教育研究,2002(2)：73—77.

那么究竟如何看待这两种学习方式呢？

首先，PBL属于一种探究性的学习，或者说PBL是一种探究性数学学习方式。而就探究性学习而言，在承认它的积极意义的同时也应对其局限性保持高度警惕。例如以下就是在教学中应给予高度关注的。① 首先，儿童基于具体问题所做的观察即他们由日常生活所形成的"经验知识"往往与相关的科学知识直接相冲突，因此学生的"经验知识"往往靠不住，科学知识并非是建立在直接经验之上的常识，因此应防止对探究学习的片面强调而忽视系统学习概念体系的重要性。探究式学习中要用到的一些知识和技能应该在开展探究之前预先为学生准备好，并先教给他们。如探究活动中若要用到小数、距离、速度、测量和时间换算等概念和技能，就必须探究之前先让学生掌握。将所要用的知识与技能先行教会，有利于探究活动顺利高效地开展，也避免学生在探究过程中走过多的弯路和浪费时间，有利于提高学习的效率。

其次，考虑到数学学科的特殊性，我们不难看出依赖具体经验归纳数学知识（概念、公式、理论）的局限性，即数学教学中必须对于演绎证明给予高度关注。这事实上反映了数学与其他学科（物理、化学、生物等）的差别。其他学科像物理、化学、地理、生物的研究对象主要是现实世界的真实问题，而数学仅在其发展的初期直接研究现实问题，经过一定阶段后数学的研究对象主要是理想化的模型，而这些模型并不具备直接的实际意义。② 另外，现代数学教育还提出了训练逻辑与批判性思考的要求。这种高层次的思维能力最初归结于对具体行动的思考，但最终又必须高于心理活动本身，即脱离具体活动的反省抽象。也就是要把"从已发现的结构中抽象出来的东西反射到一个新的层面上，并对此进行新的建构"。已有的研究还揭示出，数学学习并非是一个连续的过程，它涉及知识的重组，甚至要与以前的知识和思考方式决裂。而这些只有通过反思行为才能完成，其中教学行为能够为这一过程"播种"，通过交互作用培植某些观点，而这些观点要通过反思过程达到内化。这也从一个侧面表明了数学教育从"问题解决"向"数学地思考"过渡的重要性。③

---

① 郑毓信，吴晓红.数学探究学习之省思[J].中学数学月刊，2005(2)：1—4.

② Zhang Xiuping. : The Combination of Traditional Teaching Method and Problem Based Learning [EB/OL]，http://science. universe. edu. au/pubs/china/voll.

③ 同①.

以上分析表明,PBL 并不代表全部的数学教学。例如,启发学生做出如下思考可以被看成是数学教学对 PBL 的超越:

① 为什么结论是正确的?

② 证明过程运用的主要方法是什么?

③ 为什么得到了这样的结果?

④ 为什么数学家按这种方法思考?

⑤ 能否进一步抽象概括?

⑥ 还有其他的性质吗?

最后,就学校学习而言,我们也并不能指望学生能发现、解决书本上所有的知识。这不仅没有必要,而且也不可能。因为从科学发展的历史来看,即使一个简单的数学公式,也历经了许多年的探索最后才形成。

（2）建构主义与 PBL

① PBL 与学习迁移

PBL 所持的一个基本信念是学生在解决实际问题中建构起来的知识是灵活的知识,通过这种形式的学习,可达到灵活应用知识、推演新知识、广泛迁移知识的目的。就这一点来看,它对数学教育有特殊的意义,这是因为如今人们已清楚地认识到,数学知识的重要性的表现之一,在于它灵活而广泛的迁移。也因为这个原因,在数学教学中除要对学生对数学的理解给予高度关注之外,我们还应特别重视数学迁移能力的培养。

尽管 PBL 的支持者期待着实现数学知识的成功迁移,但是实践的效果并不理想。因为,这是一个基本的事实,即抽象的概念若只是联系到某个特定的问题,则会使得学生不易从中概括出本质规律,从而也就不易应用到别的问题上去。因此作为一种学习模式,PBL 事实上并不能保证知识的广泛迁移。在促进学习迁移方面,现代认知心理学的理论给予我们很多启示,例如,有实证研究表明,通过教师操纵认知结构的变量亦可显著促进学生学习的迁移。美国一些心理学家曾对影响新的学习和保持的因素做过精细的研究。他们通过设计先行组织者(Organizer)来改变被试的认知结构变量。[①] 设计"先行组织者"的目的,是为新的

---

① 所谓先行组织者,是指先于学习本身呈现的一种引导性材料,它要比原学习任务本身有更高的抽象、概括和包容水平,并且能清晰地与认知结构中原有的观念和新的学习任务关联。——作者注.

学习任务提供观念上的固定点,增加新旧知识间的可辨别性,以促进类属性学习。而先行组织者又可分为陈述性(expository)和类比性(comparative)两类。陈述性先行组织者为新的学习提供一种上位关系,目的在于为新的学习提供适当的类属者;类比性先行组织者用于比较熟悉的学习材料,目的在于比较新材料与认知结构中相类似的材料,从而增强新旧知识的可辨别性。

奥苏贝尔通过比较两组被试学习有关钢的性质的材料,发现提供陈述性先行组织者(关于炼钢和炼铁方法的历史)的一组的学习效果明显优于对比组。巴恩斯(H. L. Barnes)在1972的研究中指出,"先行组织者"不仅对学习有统计意义的影响,而且产生了实质性的作用。她发现在98%的研究例子中,平均学习分数增加了10%~18%,同未使用"先行组织者"的小组相比,利用"先行组织者"的被试的概念迁移所增加的百分数,按照学习材料不同,达到16%~50%不等。

奥苏贝尔和约瑟夫(M. Youssclf)后来的研究进一步表明,设计"比较性组织者"可以操纵新旧知识的可辨别性,从而促进知识的学习和保持。[①]

从上述论述可以看出,从促进数学学习的迁移的角度去考虑,PBL并不是最佳的选择,其他的一些方法如提供先行组织者也可有效地提供数学知识的迁移性,而提供先行组织者的教学方法明显与概念法则的接受学习有关(下文将对此深入分析)。

② 有意义的接受学习与学生知识的建构

PBL被过分推崇的一个主要原因是在一段时期内从定义、法则开始的数学教学法被当成是过时方法而遭到批判。尽管奥苏贝尔对讲授法进行了深入研究,并提出有意义的学习理论,但是在一些人看来,讲授法与建构主义理论是相悖的,这直接造成新一轮的数学课程改革中对"讲授法"的排斥,并最终影响到教育改革的成效。

按照有意义的学习理论,学生的学习可以划分为两类:一类是机械学习;另一类是有意义学习。所谓机械学习是指学生对数学的概念、定理、公式、法则缺乏理解,单纯重复的死记硬背的学习。用心理学的观点来解释,就是当前所学的内容没有纳入学生已有的认知结构中去,新旧知识没有融会贯通,没有建立非人为的、

---

① 邵瑞珍. 教育心理学[M]. 上海教育出版社,1996：233—236.

实质性的联系。① 与机械学习相对照,在有意义学习的情形下,新旧知识之间发生了相互作用,并建立了实质性的、非人为的联系。

由于机械学习没有带来认知结构的变化,知识的增加只是量的积累,学生智力活动实际上并没有展开,因此机械学习被认为是完全消极的,因而是必须被彻底否定的。奥苏贝尔的最大贡献就在于此,将机械学习与有意义学习分开,使得人们将注入式、灌输式的方式与讲授法区别开来,并因此而重新肯定接受学习的积极意义。

首先,在有意义的学习理论中,强调的仍然是主动而不是被动的学习。这是因为,有意义的学习理论继承了学习的认知论的传统,把学生原有知识的实质内容及其组织特征看成是影响新知识学习的最重要的变量。这种强调原有知识在新知识学习中的作用的理论也被称为认知结构论或图式论。奥苏贝尔首次提出了一个针对学校教学的认知结构理论。他在 1978 年出版的《教育心理学:认知观点》一书的扉页上指出:"假如让我把全部教育心理学仅仅归结为一条原理的话,那么,我将一言以蔽之一曰:影响学习的唯一最重要的因素就是学生已经知道了什么,要探明这一点,并应据此进行教学。"②

这里之所以强调教学要从学生过去所知道的开始,目的就是反对教师外在压制和强迫,主张教学要与学生的心理发展相适应,这事实上强调了学习的主体性的一面。

讲授法常被指责为是从定义、概念或法则开始,因而它不是一种主动的学习。然而是否属于主动学习主要看学生是否具有主动的学习心向,是否进行着积极的思维加工,而不在于教学形式——教师从问题开始还是从法则开始。就数学学科来说,把主动学习理解为从自己具体的经验和非言语的活动中所进行的直接探究发现是一种误解。由于数学的特点之一在于它的高度抽象性,当数学发展到一定的阶段,数学发展就并非完全依靠直接的可感知的具体材料而主要是它自身内部矛盾发展,这时理解抽象的定理、法则,以及建立在概念之间的关系并给予论证就成为数学学习的一种主要方式,这种学习同样也是一种学生高度参与的学习。

---

① 谢明初. 数学机械学习的表现、成因及其若干对策[J]. 数学教育学报,1997(2): 58—60.

② G·H·鲍尔,E·R·希尔加德. 学习论——学习活动的规律探索[M]. 邵瑞珍,皮连生,吴庆麟,等,译. 上海教育出版社,1987: 8—9.

其次,在有意义的学习中也鼓励学生的建构。认为建构主义完全否定讲授法或者认为在讲授法中不存在学生的建构也是一种不正确的观点。众所周知,奥苏贝尔用"同化论"来解释他的有意义的学习理论,而根据同化论,知识的习得过程是以文字或其他符号表征的意义同学习者认知结构中原有的相关的观念(包括表象、概念或命题)相联系并发生相互作用以后转化为个体的意义的过程。这里的知识即指个体所习得的符号表示的意义。奥苏贝尔在这里清楚区分了材料的"逻辑意义"和"心理意义"。同一个由语言文字或其他符号表示的材料,尽管它反映的是人类共同认识的结果,但是对具有不同原有知识结构的学生来说,各人对它的理解程度是不同的。奥苏贝尔称这种意义为心理意义,而称材料所反映的人类共同的成果为逻辑意义。将材料自身的逻辑意义和每个人习得的心理意义区别开来,这很好地体现建构主义认识论的思想:学习并不是对客观世界的规律的机械的反映,而是结合学生自身的认识的一个理解和意义生成即能动的建构的过程。在有意义的学习理论中,奥苏贝尔还使用了"认知结构"的术语,并将它与"知识结构"区别开来。此外有意义的学习理论将学习看成是"认知结构的重组"或重构,这表明了学习过程中的意义生成、自主探究。由以上分析就不难看出,尽管从形式上看 PBL 与有意义的接受学习有很大的不同,但是其内在心理机制具有相同性,都强调学习的内部建构与意义生成。

③ 建构主义与 PBL

勿庸置疑,建构主义对 PBL 采用了支持的态度。但是这决非表明 PBL 是建构主义的直接结论。这可以从以下两个方面去理解。第一,作为一种学习理论,建构主义主要是描述(数学)学习活动的实质——学习并非对已有知识的简单接受,而是以主体已有的知识和经验为基础的主动建构。在这里建构主义主要是描述、解释了(数学)学习发生的原因、条件,揭示了学习活动的内在属性,而并非对教学的方式方法给予具体处理方式的规定。根据建构主义理论形成相关的一些教学方式、技术或是对教学活动进行若干改进则属于理论的应用而不是理论本身。第二,从前面讨论可知,从学习迁移的效果来看,PBL 远非是促进学习迁移的最佳方式。因为根据认知心理学的研究成果,例题的表征、学习者的自我解释、练习的质量(精加工还是粗加工)对学习迁移效果具有非常显著的影响。[①] 从学习的

---

① 朱新明,李亦菲.示例演练教学法[M].沈阳:辽宁人民出版社,1998:123.

心理机制上看,有意义的接受学习与建构主义理论并不相悖,或者在一定的程度上奥苏贝尔的理论也得到建构主义理论的支持。

正确理解并处理建构主义与 PBL 的关系具有重要意义。首先,由于传统的教学过多采用了直接传授方式,PBL 作为建构主义支持下的教学模式,有助于打破这种单一的教学模式。因为,接受学习固然是一种基本的、重要的其至在一定程度上也是建构知识的方式,但是就知识的建构来看,PBL 同样也是一种基本的、重要的、不可或缺的方式。其次,认识到 PBL 模式并不是建构主义的一个直接结论有助于教育改革的顺利进行。若把 PBL 看成是建构主义的直接结论,是对建构主义的一个教条化的理解,由此产生的后果之一是使这种理论走向僵化,变成像"食谱"、"实用手册"之类的东西;后果之二是当实施 PBL 模式遇到困难时,就会错把实践中的其他方面的问题当成建构主义理论本身的问题,从而导致从根本上否定建构主义。事实上,PBL 模式自身有很多值得改进之处。例如,PBL 中设置的问题究竟是否必须是完全真实的、源于生活的。我们知道,并非所有的数学出自于实际生活,教学没有必要也不可能完全从真实生活问题开始。

另外,PBL 中设置的问题常常是一个较大的、比较开放的问题,但是问题情境中的问题究竟怎样设置才算合适却有待研究。值得一提的是,美国认知心理学家西蒙与中国心理学家朱新明于 20 世纪 80 年代以来开展了一项著名的合作研究——人类自适应学习理论与数学教育,以此为基础创建了"示例演练教学法",并在中国部分中学进行实验,实验结果表明:这种方法能够极大提高学生的数学认知能力,同时也能促进学生情感、态度的发展。[①]

应该指出的是,从形式上看"示例演练教学法"也是强调由问题驱动,并且朱新明等人也强调这种方法符合建构主义思想,但是"示例演练教学法"中所指的问题与 PBL 中提供的问题相比更有针对性、更具体、更容易为学生掌握。相对于 PBL,示例演练教学使得数学教学变得更有效率,使学生更容易适应。以上分析充分表明,当把建构主义与 PBL(教学模式)作为明确划分之后,我们易于找准教育改革的关键所在,特别在当确定某个教育理论为改革的指导思想之后,重要的是对实践层面中的各个因素做出精细的研究,这样才能确保教育改革取得成效。

[①] 相关报道可参阅《中国教育报》1993 年 9 月 7 日版,1996 年 2 月 13 日版,2003 年 11 月 15 日版,2004 年 1 月 3 日版.

第五节　建构主义与中国数学课程改革

1. 为什么需要建构主义

（1）促进对传统数学教学的批判与反思

对于学生的学习、知识的获得，乃至于人类的行为这方面的研究，行为主义学派的观点认为最根本的问题乃是环境的刺激引发人类行为上的反应。由于受到科学哲学方面传统上实证主义的影响，环境的刺激被视为是客观存在的绝对的事实，而行为主义学派的学者们还假定人类行为上的反应可以被分解为若干主要成分并且可以以量化的方式加以界定、观察和测量。在很长一段时期内数学教学研究的主流在于设法找出一些一般性的规律作为改进教学的依据，例如什么样的教学方法、什么样的学习工具、什么样的表征方式等等可以使得教学效果最佳。近一二十年来，在这方面的累积的研究使得学者们感到数学教学决非那么简单。不同的性格特点、学习经历、态度动机的学生，对于不同性质的教材和不同方式的教法，会随着不同的教学环境，在认知、技能或情感方面取得不同的学习效果。

显然，影响数学教学的因素很多也很复杂。不过，更引人注目地站在数学哲学、社会心理学、认知心理学的角度看，行为主义的一些基本假设都不成立，这使得建构主义在数学教育中扮演的角色越来越重要。由于建构主义可以被看成是后现代主义这个更广泛的社会文化思潮的一部分，因而它表现出与后现代主义较为明显的内在一致性，它们都对我们反思教育传统起到了很好的积极作用。[1] 特别是从学习的角度看，建构主义的核心所在是：学习并非学生对于教师所授予知识的被动接受，而是依据其已有的知识和经验所作的主动建构。由于这一观点突出强调了学生在学习活动中的主体地位，并与传统的"注入式"学习观直接对立，因此不仅为我们更深入地理解教和学提供了重要的新视角，更为我们自觉反思和深入批判传统教学思想提供了重要的理论工具。[2] 把建构主义的认识论思考引进

① Michael D. Hardy. Von Glasersfelel's Radical Constructivism: A Critical Review. Science & Education, 1997(6): 135-150.
② 郑毓信. 建构主义之慎思[J]. 开放教育研究,2004(1).

中国的数学教育，为反思中国的数学教育找到了有力的思想武器，使得数学教育研究者学会反思，并从此能够专注于旨在改进的务实的内在批判，数学教育获得朝向健康发展的认识论指引。

在教材编写、教学方法的改变、教师培训等方面，建构主义都带来极大的影响。和行为主义认为外在的环境和刺激是客观、绝对的独立存在的基本假定相反，建构主义的观点是每个人因其原有的知识背景、信念、目的、兴趣、动机等等参考基准，或者所谓的参考架构不同，因此对于外在的环境和刺激会有不同的选择、注意和解释，在观念、态度、思维上都会因人而异。事实上，在建构主义者看来，每个人的参与架构、环境刺激和反应这三者是在互相影响中趋向动态的平衡，这样的观点最早可追溯到早期的皮亚杰的研究，不过皮亚杰的研究着重在学生的逻辑思考和推理等一般性的能力，而从事数学教育研究的学者，则从建构主义的观点出发，侧重探讨学生对于特定数学材料的学习。

在分析建构主义对当前数学教育改革或者具体说当前中国数学课程改革的特殊意义时，一个必要前提就是对中国数学教学法的特征做出界定。近年来这个问题引起了数学教育界的注意，一些中外学者曾做出探讨。例如，张奠宙教授就曾围绕以下一些环节对东西方数学教育的不同特点进行过具体分析：①

考试严厉对考试温和；

教师中心对学生建构；

注重演练对强调理解；

负担过重对课业不足；

强调严密对注意趣味；

形式演绎对形式化；

重视模仿对注重创造；

相对平均对两极分化；

弱于自信对善于表达。

---

① 郑毓信. 数学教育：动态与省思[M].上海教育出版社,2005：91.

郑毓信教授进一步指出中国数学教学法的三个主要特征。[①]

第一,课堂教学相对于具体目标的高效率性。这主要指,在中国每一堂课都有一个针对数学知识和技能的目标,即整个课程是围绕特定的知识内容或技能进行组织的。好的教师像一个熟练的演奏者,像演员一样,主要是去演奏而不是作曲。

第二,数学教学的规范性和启发性。数学教师通过自己的再创造试图将数学课"讲活"、"讲懂"、"讲深"。"没有规矩,不成方圆"清楚说明中国数学教育规范性的特征,这种规范性建立在这样一种认识基础上,即只要教学方法得当,学生又做出了足够努力,绝大多数学生都能掌握基本知识与技能,从而为进入社会做好准备。而为了讲深、讲透,中国数学教学通常注重"设问",不过这种设问更集中于结论的"对"与"错"。

第三,强调记忆和练习。这里记忆和练习并非等同死记硬背,而是通过记忆和练习促进学生对数学结论的理解,成语"温故知新"、"熟能生巧"反映了这种理念。

以上分析具有很大的合理性。尽管要全面、科学地总结中国数学教育的特征的工作只是初步,但是从已有的文献的分析可以看出东西方数学教育的一个主要差异:东方特别强调教育的规范性质,即表现出明显的社会取向;而西方则特别重视学习者的个性发展,从而表现出了明显的个体取向。应该承认,适度的"规范性"是必要的,但是过度规范,则会走向另一个极端,抹杀学生学习的积极性、主动性,从而不利于培养学生的创造性,而这事实上成为中国数学教育的弊端:

① 教材编写实行一纲一本,后来改为一纲多本,但是教学内容都是预先设置,教师和学生很少有选择余地。

② 教学是大班授课,主要采用讲授法的方法进行,一个班级、一个学校乃至一个地区教学进度、教学内容高度统一。

③ 学习方式单调,基本上是被动接受式学习,动手实践、合作交流、社会调查等积极主动学习机会甚少。

④ 评价方式单一,基本上是书面形式的纸笔测验的客观性评价,只注重对学习结果的评估,忽略对学习过程的评估。

⑤ 教学手段主要是"粉笔+黑板",形式较单调。

---

① 郑毓信.数学教育:动态与省思[M].上海教育出版社,2005:92—95.

⑥ 受考试指挥棒的影响，各地教学主要针对升学考试（中考、高考），较少考虑不同层次的需要。

总之，中国的数学教育理念可以概括为"严格训导观"，教育的目的在于"掌握基本技能，接受服从和服务的训练，为升学或职业生活做准备"。① 正如威廉·F·派内（William F. Pinar）在批判时所指出的那样："课程领域已忘记了个体的存在，仅仅专注于设计、序列、实施、评价以及预设的课程材料，课程忽略了这些材料的个体体验。"②这也是中国数学教育常被人责难的原因。

（2）为数学教学改革提供理论基础

教育改革是人们有计划、有目的变革现存教育的活动，它是一种特殊的教育实践。教育改革既需要改革的勇气和魄力，又需要相应理论的理性指导。从 20世纪 90 年代以来国际发展趋势看，建构主义的理论影响已渗透到文学、艺术、历史、宗教等广泛的领域，美国的一位学者写到："建构主义可能是转换教育理论的后现代知识理论。"站在这样的角度就不难理解"为什么近年来全国（美国）的教师都把建构主义当成是一种教育哲学"。③ 这里必须要回答的一个问题是，建构主义究竟能不能作为数学教育改革，特别地，能不能作为近年来中国数学课程改革的理论基础。

能否将建构主义作为指导当前数学课程改革的基础涉及以下两个方面的理解：④

第一，建构主义是否针对中国传统数学教学存在的问题。传统中国数学教学的特点和缺陷前已论述，进一步可以认为正是这种缺陷造成了中国学生的表现：虽然书面测试成绩领先，但是在提出问题的能力、动手实践的能力等有关创造思维的能力表现方面却技不如人。而在当前诸多教育理论中，建构主义特别强调学习者的自我建构、自主探究、自主发现，并要求将这种自主学习与基于情境的合作学习、基于问题的研究性学习结合起来，因此特别有利于学习者创新意识、创新思

---

① Paul Ernest. 数学教育哲学[M]. 齐建华，张松枝，译. 上海教育出版社，1998：179.

② 威廉·F·派内. 理解课程：历史与当代课程话语研究导论[M]. 北京：教育科学出版社，2003：183.

③ Bentley, M. L. Constructivism as a Referent for Reforming Science Education. In M. larochelle, N. Bednarz & J. Garrision (Eds.), Constructivism and Education, Cambridge Unaiversity Press. 1998：233 - 249.

④ 何克抗. 关于建构主义的教育思想与哲学基础（下）——对建构主义的反思[J]. 中小学电教，2004（5）：4—5.

维与创新能力的培养。因此,当前进行的数学课程改革,在提倡运用多种教育理论指导的同时,特别突出建构主义,这是合适的,建构主义是转变传统数学知识观和数学学习观的思想武器。

第二,建构主义是否考虑文化背景的差异。以美国为例,由于受到杜威(John Dewey)"实用主义"、马斯洛(Abraham H. Maslow)"人本主义"以及布鲁纳(Jerome Seymour Bruner)"发现式学习"的影响,其数学教育表现为"以儿童为中心"的特点。如小班上课、自由发言、平等讨论、师生交流、较低学习要求、没有统一教材、没有统一考试等等。这种环境有利于学生个性的发展。不足之处在于没有发挥教师指导作用,学生的基本知识和基本技能掌握得不够好。由于美国学生在国际数学测试中的成绩表现不佳,美国人自己也感到危机,并提出要向中国学习。2006 年 6 月 6 日美国权威的教育思想库亚洲协会公布一份报告,标题就是《全球化时代的数学和科学教育——美国能向中国学习什么》,并警告说,美国学生的数学成绩远远落后于几乎所有亚太国家,这"将严重影响到美国为未来培养高质量的科学家和工程师"。[①] 这些背景材料,足以说明美国为什么从 1996 年开始反思建构主义特别是极端建构主义对数学教育的影响。中国的情况完全不同,以教师为中心、严格升学考试、统一的课程管理,虽然在某种程度上有利于基本知识、基本技能的掌握,但却造成学生对教师、书本、权威的迷信,缺乏独立思考和批判性。因此当前中国数学课程改革倡导建构主义是必然的。

2. 课程改革热潮之后的冷思考

尽管从总体上说建构主义对我国数学教育(更一般地对国际数学教育)产生了十分积极的影响,特别是,建构主义可被看成是为新一轮数学课程改革提供了重要的动力因素和思想武器,但是,这一口号又隐藏着诸多错误的观点。因此如果对此缺乏自觉性的话,就很可能导致某些错误的结论,甚至影响数学教育改革的健康发展,因此有必要从理论高度对建构主义做出必要的澄清和批判。[②]

(1)认识理论还是教学方法

在具体运用建构主义指导数学教育实践的时候,必须分清一个概念,即建构

---

① 美联社,路透社. 美国权威思想库认为基础教育应向中国看齐[J]. 基础教育参考,2006(8): 21—22.
② 郑毓信. 数学教育:动态与省思[M]. 上海教育出版社,2005: 264.

主义是一个认识理论而不是某种特定的教学方法。这是因为从本质上讲,建构主义的学习观是关于数学学习活动本质的分析。这种认知论是与机械反映论的认识论直接相对立的。因此,建构主义的学习观对数学教育具有重要的涵义,它标志着数学教学思想的根本转变。站在这样的角度去考虑就可谈论建构主义的数学教学观,即从建构主义的观点出发对数学教学活动的本质做出分析。①

相对于数学教学的认识理论(学习观、数学观)来讲,数学教学方法则是指某种预设的教学程序或教学规律。将建构主义与某种特定数学教学方法区别开来的意义有三点:

第一,避免把某种特定的建构方法标准化,不同的学生和不同的数学内容,应该允许有不同的教学方法,把某种特定的建构过程当成标准,用来规范全部课堂教学或是教材的编写,本身就违反了建构主义的思想,反而压抑了学生和教师的思路。

第二,避免了对已存在的数学教学方法做出是"建构主义教学方法"或不是"建构主义教学方式"的简单对立的二元划分。任何教学方法都有合理性和局限性。建构主义强调的是"让学生在学习过程中主动建构",而不是某种僵化的教学程式,按照这个标准,对每一种教学方法都可做出辩证分析和改进,使其尽量适合学生学习数学的认识规律。

第三,众所周知,进入 20 世纪 90 年代后,各国数学课程改革并未取得预期的效果。由于建构主义被普遍认为是这轮改革的主要指导思想,因此人们批评的焦点又集中到了建构主义。例如在我国台湾,在批判课程改革时甚至流行这样的口号:"都是建构惹的祸。"在承认建构主义的固有局限性时,我们在此也应特别防止把"建构主义"当作"课程改革失败"的替罪羊。这是因为建构主义作为一种认识理论主要是对学生的学习活动做出本质分析,它并未对数学教学活动做出具体规定。建构主义强调的是自主建构观点。自主建构观点被赋予教育学意义之前本身无所谓好坏,自主建构现只是一个客观存在,是认识论或心理学的一个研究结论:它只解决了"是什么"的问题,并没有解决教育学所关心的"怎么办"的问题。从逻辑上讲,"学习不是被动地吸收知识",不等于"学生不吸收传授的知识",强调"顺应"时,不能否认"同化"的存在。面对学生旧有的错误概念干扰以及限制新的

---

① 郑毓信. 数学教育哲学[M]. 成都:四川教育出版社. 2004:342.

正确的概念吸收的现象,教育者的责任是寻找合适的教育手段使错误概念得到纠正,新概念被赋予意义。①

建构主义的认识理论要取得良好的实践效果,除了理论本身的正确性外,还需要依靠实践者的准确把握以及对将这种理论贯彻到教学实践的中介——教学设计做出精细的研究。

（2）个人建构还是文化传承

从认识特别是从学习的角度,建构主义的核心观点是:学习并非学生对教师所授予的知识的被动接受,而是依据其已有的知识和经验所作的主动建构。② 从这一基本学习观念出发,有效的数学教学包括以下几个方面的要素:

① 不直接传授数学知识;

② 将数学问题嵌入学生生活的情境中,以使他们用旧经验来建构新知识;

③ 鼓励学生在课堂上发表不同于他人的意见,以便其他同学想到不同的观点;

④ 反对机械操练;

⑤ 为了使学生发展正确的概念,教师可以为学生搭建学习的脚手架,或运用一些策略让学生感到自己的概念是有缺点的,然后帮助学生发展出正确的概念。

从上面观点可以看出,知识传递不应成为数学教学的主要目标,根据建构主义的思想,让学生有"获取知识的能力"比让学生拥有"知识"更重要。但是,在缺乏深入思考的情况下,若是认为知识教学是完全不可能的,或者说,我们根本不可能通过向其他人学习而获得一定知识,则走到另一个认识误区。就是说,我们不该视学习为纯粹的个人行为,其中外部作用(教师、环境)对学生也有很大的促进作用。可以从两个方面对上述观点予以分析。

首先,心理学的实证研究并不支持自主建构是学习的唯一方式。例如考夫曼、巴龙和苟普曾经在一个很有趣的研究中探讨③,人类所处的"客观环境"和人们对环境所做的"主观判断"这两个因素,哪个因素会影响人们的行为。在研究中受试者必须做一些动作,受试者做的动作会为他们带来一些奖励,虽然实验者以同样的方式奖励受试者[变时给奖(Variable-interval schedule)],但是实验者却将受试者分为三组,然后让不同组的受试者相信他们的获奖方式不同[这三组受试者

① 张红霞.建构主义对科学教育理论的贡献与局限[J].教育研究,2003(7):79—84.
② 郑毓信.数学教育:动态与省思[M],上海教育出版社,2005:264.
③ 李莹英.建构数学与数学教育[J].科学月刊(中国台湾),2002(12).

相信实验者分别以定时给奖（fixed-interval schedule）、变时给奖和定比给奖（fixed-ratio）的方式奖励他们的行为]。实验发现，三组受试者在研究中显示了不同的反应方式，也就是说，虽然所有的受试者都身处于相同的客观环境中，但他们会忽视现实环境中的信息，而根据他们心中的想法来做反应。

考夫曼等人的研究是一个典型的行为主义学派研究。受试者在研究中无法主动地"探索"环境，只能被动地根据环境刺激做出反应。而这个研究结果却显示，受试者会主动地诠释环境，并根据自己的诠释对环境做出反应。由此实验的结果推知，人们在"给予式"的教学环境中，还是会"主动"地诠释信息，主动地建构知识，因此并不能得出在给予式的教学环境中学不到知识的结论。

类似考夫曼的研究让所有的认知心理学家都同意学习是一种主动的过程，只有学习者能改变他自己的知识结构。然而，这里所说的"主动"，并不是学习环境的特性，而是人类认知的本质。所以一个被动的学习环境也可以产生主动的学习过程。

其次，若是把教育界定为人类特有的传承文化的能动性活动，它具有选择、传递、创造文化的特定功能，在人的教化与培育上始终扮演着重要角色，它可以使人们高效地享用现有的文化财富，则可以明确肯定，学习活动也是一种文化传承的行为。"从而，这事实上也就应当被看成是认识上的一个误区，即认为建构主义的学习观直接决定了学习活动的探索性质，也即认为按照建构主义的观点就只有通过主动探索学生才有可能进行有意义的学习活动。"①

（3）合作学习是否是最佳的方式

合作学习被认为是建构主义所倡导的学习方式。而所谓合作学习是指这样的一个环境，在这里，学习者似乎都可以平等的身份通过对话共同参加知识和技能的获得。合作学习与传统的数学学习形式鲜明对比：传统的学习方式，教师是数学上的权威，学生与学生则是竞争对手；在合作学习的课堂中，学生可以互相交流学习心得，互相教给对方所不了解的东西，教师是学生的帮助者、学习活动的参与者，是学习共同体的一个成员。② 然而一些认知心理学者并不像建构论者那样认为合作学习是学生学习数学的最佳方法。③

以皮亚杰所说的"适应"过程来说，如果一个人能够从人际互动与协商的过程

① 郑毓信. 数学教育：动态与省思[M]，上海教育出版社，2005：266.
② 谢明初. 后现代主义，数学观与数学教育[J]. 教育研究，2005(12)：66—71.
③ 李莹英，建构数学与数学教育[J]. 科学月刊(中国台湾)，2002(12).

中修正自己的知识,那么这个人必然能够颇为公正地收集各种有关这种知识的信息,最重要的是收集那些不符合自己原有知识的信息。坎普曼(Chapman)曾经在一个非常有趣的实验研究中显示,[①]人类绝非客观信息处理者,人们会根据自己的想法,选择性地接受和处理呈现在环境中的信息。实验中,研究者让被试观看一些"画人测验"(draw a person test)结果,随后对被试说这些人像图是一些患有某种精神疾病的人所画的,要求被试找出这些图案的共同特征。由于被试都学习过"临床心理学"的课程,所以他们能从理论上概括"画人测验"的含义,即如果一个人患有某种精神疾病的症状,这个病人便会在"画人测验"中显现这种疾病的特征。如,一个"疑心很重"的病人会在人像的眼睛部分画得特别仔细或特别大等等。坎普曼等人在研究过程中操弄"疾病"和"人像特征",使它们之间没有关系(例如,在"疑心很重"的病人所画的人像中,50%没有)。有趣的是,90%以上的被试都认为,"特别的眼睛"是"疑心很重"的病人所画人像的共同特征。

其他研究有类似的报告。例如华生(John H. Watson)曾让被试(大学生)猜测实验者对一些事情的看法,[②]以此来探讨人的推理能力和验证想象某种观点的能力。被试被要求猜测实验者对"三个数字之间的关系"的看法。实验时,研究者会先提出一组合乎规则的数字(如2、4、6),然后被试接着根据他们对规则的猜测,提出一组组的数字,问研究者这些数字是否合适。实验时,被试可以将自己对规则的猜测以及验证猜测的数字组,连同研究者的回答(适合或不适合)记录下来,并且可以自行决定要提出多少数字组来检验心中的想法,所以只有当被试觉得他已经猜到研究者心中的规则时,他才会将他心中的想法说出来。

华生的研究发现了一个有趣的现象:当被试心中有了某种想法后,他会重复检验这个想法。例如,在"2、4、6"这个例子中,如果被试对规则的猜测是"等差递增数列",他会连续提出类似"10、12、14","1、3、5","100、200、300"这样的问题来检验心中的想法。如果研究者心中的规则只是"递增数列",则被试所使用的方法完全不同。华生的被试所显现的"验证偏误",为后来其他的实验

---

① Chapman, L. J. & Chapman, J. P. Genesis of popular but erroneous psychodiagnostic observations, Journal of Abnormal Psychology, 1967(72): 193-204.

② Wason. p. c. On the failure to eliminate hypotheses in a conceptual task. Quarterly journal of Experimental psychology, 1960(12): 129-140.

所重复验证。① "验证偏误"是一种人们检验心中的想法的共同倾向。这种人类倾向不得不让人怀疑"激进建构主义"。激进建构主义完全排斥了教师教学的成效。因为当学生在自行建构时,他们会忽视那些和自己想法完全不同的信息,所以一个完全依赖于学生自行建构作为数学学习唯一方式的教学并不利于知识的"适应"。

(4) 直接教学是否完全无用

在实际的数学教学过程中,我们不应把建构主义看成是解决一切问题的灵丹妙药。相反我们也应该采用更加包容、更加综合的态度吸收各种教学方法(包括传统方法)的优点。特别要指出的是完全排斥直接的技能教学,并非为所有的学生带来好处。例如,哈利斯(Harris)和吉瑞汉(Graham)描绘了他们的女儿勒茜(Leach)在一所全语言进步学校(a whole language school)的学习情况,在这所学校中勒茜的创造力、思维和理解能力得到了充分的发展。但是,另一方面,勒茜及其他一些同学的技能却成了一个问题。当幼儿园学习即将结束时,勒茜有学习障碍,老师对此也感到疑惑,于是决定对勒茜做一个测试。然而测试结果显示勒茜并没有学习障碍,她有很强的理解能力和较弱的文字处理能力,所幸的是勒茜的父母能够对她传授文字阅读技能。而正是通过六个星期的直接教学使得勒茜有兴趣、有能力去阅读。勒茜的经历并不是偶然的,具有一般的普遍意义。如同行为主义有适用的范围一样,建构主义也并非时时处处都适用,特别是当某个学生在学习的某个地方掉队了,那就说明他缺乏某种特定技能,这个时候最好的方法就是直接教授这些技能而不是等待学生"自然发展"。即使激进建构主义者冯·格拉斯费尔德也认为建构主义完全排斥记忆和机械学习是一种误解,在教学中应该考虑一些特殊的需要。这个时候就需要一些恰当的评估方法并采用相应的措施以保证学生的学习不至于掉队。②

直接教学的有效性在某种意义上是对中国传统数学教学的合理性成分的肯定,即应该将双基教学看成是一种积极有效的教学方式。在提倡吸纳各种新教育思想的同时,我们也应看到中国数学教育的优良传统,只有在继承这种优良传统的基础上才能得以新的发展。

---

① Evans, J. t. Bias in human reasoning: Causes and consequences. Hillsdale, NJ: Erlbaum, 1989.
② Anita. Woolfolk. Educational psychology [M]. Higher Education press, 2003: 513 – 514.

（5）是否考虑数学知识类型的差异

对知识的类型的研究是现代认知心理学关注的重要问题。如奥苏贝尔将有意义的学习分为五类：表征学习、概念学习、命题学习、解决问题学习与创造学习。相应地将知识分为表征、概念、命题、解决问题和创造。加涅则将学习分为六类：连锁学习、辨别学习、具体概念学习、抽象概念学习、规则学习和高级学习。与此相应，他们将知识分为连锁、辨别、具体概念、抽象概念、规则与高级规则。尽管这些划分带有思辨的色彩，但是这些心理学家力图根据个体获得知识的学习过程的性质来对知识做出分类，使知识的类型能反映出学习的不同心理过程，这是非常有意义的。

现代认知派心理学根据对人的学习的信息加工过程的实验研究的结果，按照知识获得的心理加工过程的性质与特点提出了关于知识分类的富有启发意义的见解。安德森（J. R. Anderson）等人认为，人的知识可以分为两类：一类是陈述性知识；另一类是程序性知识，也称产生式知识。陈述性知识是指关于事实的知识，而程序性知识是指关于进行某项操作活动的知识。这两类知识获得的心理过程、它们在个体头脑中的表征、它们的保持与激活的特点有重要的不同。①

尽管现代认知心理学只对一般的知识的性质和学习过程进行了分析、归类，并没有就数学知识的学习过程和不同性质做出区分（在这些方面，数学应该具有学科特殊性），但是，这对数学教育研究仍然有很大启示。

在近 20 年里，随着对数学教育规律认识的不断加深，人们把研究的焦点从数学教学方法转移到数学学习方法，因为学习的过程从根本上决定教的过程，这就正如郑毓信教授所说："一切数学教育研究最终都要落实到学生的数学学习活动，从而就只有对学生在学习数学过程中的思维活动有着较为深入的了解，数学教育学才可能在科学的基础上得到健康的发展。"②如果说上述研究方向的转移使人们认识到学生学习过程是人们思考数学教学规律一个重要的维度的话，那么现代认知心理学对知识的分类则使人们进一步认识到各种数学知识的性质并不是一样的，相应的学习过程也就有很大的变化甚至根本不同，这样一来对数学知识类型和相应认知过程的研究就应成为思考数学教育的另一新的维度。过去因为忽视

---

① 莫雷. 知识的类型与学习过程——学习双机制理论的基本框架[J]. 课程・教材・教法，1998(5)：3—5.
② 郑毓信. 数学教育：从理论到实践[M]. 上海教育出版社，2001.

这个维度,造成了认知的一个误区,即常常将某种教学方法绝对化,把这种方法视为对任何学生、任何内容都适用。就建构主义来说,其主张的教学宗旨是培养学生的高层次思维能力,而就教学内容上来讲则是适合于"结构非良好的数学领域"(ill-structured domain)。例如作为建构主义的一个分支,斯皮罗(Spiro)提出的认知灵活性理论(Cognitive Flexibility Theory)就明显指出,它所要研究的是结构不良领域中高级知识获得的教学方式,并非适合一切学习内容。斯皮罗等人曾将学习划分为三大类型:适用于初学者的导论式学习、高级知识的获得与专业知识与技能的学习。导论式学习属于学习中的低级阶段,这是一种具有还原倾向的过于简单化的学习。学生通过导论式学习掌握的概念与事实只能在相同的情境中再现。高级知识的获得是一种比较高级的学习类型,它要求学习者通过知识表征的建构,掌握概念的复杂性与跨越案例的变化性,使认知具有适应不同的真实情境的弹性与灵活性。遗憾的是,传统教学混淆这两种不同类型的学习,而简单地使导论式的初级学习在学校中形成一统天下的局面。这一事实造成了学校传统教学中一些根深蒂固的弊病:将内容从其产生的复杂背景中抽取出来以及将整体分割成部分等。这些过于简单化的处理极易导致学生对概念的误解或理解的浅表化,使学习停留于知识的再现,从而造成真正学习的缺乏,影响知识在真实情境中的灵活应用与新情境中的迁移。为解决数学中的这一严重问题,斯皮罗等对应作为学校学习主要类型的"高级知识获得"进行了深入研究,这在现有研究中实属凤毛麟角。他指出,"高级知识获得"学习适用于结构不良知识领域,它充分考虑了该领域的两个重要特征:概念的复杂性与跨越案例的不规则性。认知弹性理论为这一高级学习类型提供了理论依据,而源于该理论的认知弹性超文本则是适用于这类学习的最佳媒介。弘革(Namsoo Shin Hong)以天文学知识为例对结构良好数学问题和结构不良问题做了精细比较,[①]发现这两类问题不论是在组织成分还是在认知过程和迁移特性方面都有很大不同。尽管我们还需进一步在数学领域验证这种差异的有效性,但是所得出的结论对我们设计数学教学有很大的指导意义:在运用建构主义认识观时,除考虑学生之间的思维差异外,还应充分考虑数学知识内容本身之间的差异。因此,在实际分析建构主义的课程改革成效时,我们

---

① N. S. Hong. The relationship between well-structured and ill-structured problem solving in multimedia simulation. Unpublished doctoral dissertation, the Pennsylvania State University. The Graduate School. College of Education, 1998.

应该保持警惕：我们是否注意到建构主义的适用范围或者说到底是建构主义错误还是对建构主义的误用。

3. 需进一步做好的几项工作

（1）突出教师在课程改革过程中的主体地位

"……这是一个明显的不足之处，即人们往往只是集中于学生的学习活动，而未能认识到我们也应从这一角度对教师的工作做出新的认识。"[1]就中小学数学教师的工作，以下两点应该引起高度重视。

第一，不能将中小学数学教师看成是课程改革中的旁观者，而应看成是积极主动的参与者。这是因为一项新的教学方案只有教师理解、认同并感到是自身教学所必需时，他才会积极去吸纳这种新的方案并将之自觉付诸教学实践。若是采取一种"灌输式"甚至行政"命令式"的形式让教师接受某种观念、方法，这时教师就会成为课程改革的障碍。特别就建构主义来看，由于其基本立场与传统教学发生了根本的变化，如果不采取办法引导教师学习这种新的理念，让教师逐步理解并掌握其精神实质，即便是面对一本新教材，教师所采取的方式可能仍是老一套，即使是形式上变了，但教学观念依旧。这样的教学当然不会产生什么好的效果，这至少有两点启示：①教师培训过程中也应该体现建构主义思想。特别要摒弃"上传下达"的培训方式，积极引进案例教学、问题讨论等参与式的培训方式。②课程标准的制定和教材的编写应该充分吸纳优秀中小学教师参与。研制课程标准和教材无疑应该邀请一大批专家（如数学家、数学教育专家、教育心理学专家参与），但是他们并不能替代中小学教师的作用。由于中小学教师处在教学的第一线，他们对中小学数学教学的具体问题更有发言权，他们对新课程方案的可行性更有深刻见解，因此，重视中小学教师的意见，并邀请他们作为课程标准的研制者和教材的编写者具有十分重要的意义。

第二，鼓励教师进行创造性教学。由于教师之间的个体差异，也由于教师面对的学生的差异，课程改革中不能片面夸大某些方式方法的作用，相反应提倡教学方法的多元化。按照这种观点，在推行课程改革中，以下的做法就不可取：①在推出新的教材的同时，相关的单位同时推出所谓教案，而这些案例对教学过程做

① 郑毓信. 数学教育：动态与省思[M]. 上海教育出版社，2005：272.

了非常详细的设计,这种做法无疑妨碍了教师对教材的深入钻研和理解。这一点与西方国家形成鲜明对比,西方发达国家的教学指导书更多的是学案而不是教案。②采取简单量化的方法对教师的教学工作进行评估。对教学评估的目的在于促进教师对自身教学工作的总结与反思,在此基础上进一步改善教学方法,提高教学水平,相反,过分程序化的规定,甚至硬性指标,会抹杀教师的个性,并不利于教学创新。③为适应新一轮课改的要求,相关教研部门十分重视"优秀教师"的示范效应,各地纷纷组织所谓公开课、优秀课、示范课。如果这样的示范课是用来让其他教师做分析、对比进而找出自己的差距,并从整体上促进对数学新课程的理解,则是无可厚非甚至是有积极意义的。但若是把极少数优秀教师的课堂教学当成一种标准的模式来供其他教师学习甚至模仿,则会起到相反的作用,因为任何一种教学模式都涉及教师的个人风格、学生的学习特点以及学校和地区的差异。千人一面的教学是不会成功的。

（2）把数学教师的培训工作放在课程改革最突出的地位

由于建构主义的数学教学对教师的数学素养提出了更高要求,教师不仅对课程改革的目标要有清晰把握,而且在教学过程中还要做到建构知识和传承知识之间的平衡;他们不但要能马上辨认学生有创意的、正确的想法,也要能从学生的错误里分析学生的思路,并且适时加以引导;他们不但要熟悉所有的中小学数学题材间的各种各样的关系,而且也要根据国家的课程要求对数学内容进行增删、取舍。如果数学教师没有得到恰当的培训,即使认真地从事基于建构主义的数学教学,也可能产生不良的后果。因此推动我国数学课程改革深入发展的一个重要的工作是对目前的教师培训工作进行检讨。

另外,由于我国传统的数学教学在培养学生基础知识和基本技能方面已取得很大成功(这正是我国数学教育的优势所在),所以在推行建构主义的课程时首先要注意保持这种优势,其次才是考虑如何进一步克服传统教学的不足之处。而为了保持教学的连续性,改革可先从教师培训开始,而不急于一下子推出新的数学教材。因为只有教师的观念转变了,他才会在教学过程中自觉贯彻新的教学思想、理念,否则即使有了新的教材,教师也可能采取陈旧的方式对待教学。由于建构主义带来了新的教学范式,其理念、教材、教法必然要与旧有的一切教学理念、教学模式发生激烈的碰撞和摩擦。因此,转变教师的教育观念就成了教师培训的关键的问题。

（3）积极做好教育评价改革

教育评价本来是教育改革中的一个重要组成部分,但现实的情况是,由于受到多种因素(制度、文化等)的影响,教育评价的改革往往滞后于教育内容、教学方法的改革。这事实上制约或限制了课程改革的顺利实施。例如,针对我国课程改革所出现的困难,《中国教育报》2004 年 10 月 18 日发表的署名文章指出:"课程改革面临着严峻的挑战和许多亟待解决的问题,教育评价是其中非常突出的问题,评价已成为新课程改革急于突破的瓶颈。"还有学者指出:"课程评价正在成为基础教育课程改革中的焦点和难点,课程评价改革也因此被认为是课程改革的瓶颈,突破瓶颈是一个关系到课程改革全系统的问题,但实事求是地弄清楚制约课程评价的条件因素,无疑是系统中的一个基础性的问题。"分析 20 世纪 80 年代末开始的世界性的数学课程改革(主要受到建构主义的影响)的困难,这里面也有教育评价的因素。例如,在数学课程改革中,如果我们只是一味强调教学内容的弹性化、多元化,而相应的教学评价却没有作出必要的改变(仍然使用高度统一的量化标准),那么会使教师感到无所适从,最终导致教学混乱。再如,在针对我国2001 年启动的数学课程改革的批评中,有一种意见提到了教材和考试中"数学水准下降"的问题,并认为这也是新课改不成功的标志之一。表面上看这是一个教材或考试难度的问题,实质上却是一个学习评价的问题,即我们究竟该怎样对学生或教材的水平进行评价。显然仅仅从书面测定的分数或教材的深度和难度这一个维度来评价学生或教材是不够的,学生的能力、情感、态度的变化也应是评价的一个重要内容。如果把这些方面也考虑进去,对新课改的认识就会发生不同的变化。

建立一套恰当的评价体系是一项长期、艰巨、复杂的工作,不能指望短时期就能做到。但是有一点应予肯定,即评价与考试是很不一样的概念。就学习评价来说,评价的目的只是考查学生的学习进度,让老师可以据此了解学生、帮助学生。但考试则是一种外在的社会选择机制,它的来源和方式不是教师可以控制的。这表明不管教师采用的学习评价方式如何,学生最终还是要接受外在环境的考验,而这也同时成为课程改革成败检验的实用标准。

高等教育、国家选拔、职业人才、国际竞争等各种标准,是数学教育外在的限制条件,无论教师采用什么样的教学方法,都不能避开这个条件。建构主义虽然有自己的学习观、教学观,但也不能改变外在标准来适应自己的理念。因此如何在考试与课程改革之间达到一个平衡,则是当前急需解决的问题。

第八章　情境认知理论与数学教育

　　情境认知理论是继建构主义之后对数学教育有深刻影响的教育理论。情境认知理论与建构主义理论有着共同的哲学立场：承认数学知识的整体性、境脉性、建构性。但二者又有重要的区别：如果说行为主义主张心理学的研究局限在外部的可观察的行为，建构主义强调人的大脑的内部建构过程，那么情境认知理论再一次把关注的目光集中在特定的外部情境。从这个意义上讲，学习理论经历了一个由"外"到"内"，再从"内"到"外"的辩证发展过程。正是从这样的角度去看，情境认知理论实现了对建构主义的超越。

　　在数学教育过程中，建构主义的一个明显缺陷是忽略外部情境对人的建构的意义，而情境认知理论恰恰是强调外部因素如教师、学习环境等因素对数学学习的影响，因此从建构主义到情境认知理论发展也表现了一定的必然性和合理性。

　　尽管情境认知理论具有很大的发展前景，但是它的某些论点也受到质疑，特别是受到来自认知心理学的研究的质疑。然而正是这种争论，可能预示着该理论的发展方向。

第一节　情境认知理论：教育的另一个视角

1. 当今教育面临的困境

　　各种学习流派对学习的看法，不论是知识观、学习的机制，还是由此得到的教学策略，对改进教学都有很大的启示性。

　　特别是近年来在教育界对于教与学的看法，正发生范式的转换，关注的焦点从早期对教学外在条件（硬件）的充实，随后强调对学习者内在认知过程的分析，转向重视学习环境的设计。不论是"刺激-反应"理论，还是"过程-结果"范式，对人类的学习都有理论和实践上的贡献。然而教育最终是一个人际影响的过程，学习的最终目的是要培养问题解决的能力。

长期以来，学校教育最为人诟病的是学习的内容、过程与实际生活情境相脱节。许多教育者的认知趋向，似乎在暗示知识的学习和使用是独立分离的。其结果使得学生在课堂里生吞活剥，一出教室，学校的知识便被打包收藏，仍然用学习的心态、能力去面对生活，学校俨然成为复制"僵化知识"的工厂。学校教育习惯于以快速、简化、唯一标准为原则，将抽象概念视为绝对客观、定义良好的真理。教科书上提供的各种经典的例子，以及作业中一些程序化的习题，使得学习者无法将所学的知识应用到真实的活动之中。

当前教育改革的呼声越来越迫切。而"情境认知理论"的核心观点——活学活用、知识来自于活动为教育改革提供了另一视角。"情境认知理论"的主张，将关注的焦点从学习者本身转到整个学习所处的情境脉络以及其中的学习活动，而基于情境认知的教学，则由传统教学的内容灌输、教材安排，转到强调学习环境以及学习活动的设计与提供。

2. 情境认知理论的兴起

情境认知(Situated Cognition)或情境学习(Situated Leaning)强调的是学习处于(situate)它所被建构的情境脉络(context)之中，也就是说学习者不能被排除在学习的情境脉络之外，知识是蕴含在学习的情境脉络以及学习活动之内的重要成分。虽然"情境认知"这一术语是由布朗(Brown)等人在1989年提出的，[1]但是，这种认知观点并非全是新的，人们在对日常生活认知(everyday cognition)的各种研究中已经提出了这种思想。西康(Schon)认为许多专门行业的知识、技能、行规或术语，无法全用文字或语言加以详述，要获得该专业技能以及"大师"风范与气质，只有进入专业情境成为学徒，亲自觉察和参与，才能有所收获。[2]

萨奇曼(Suchman)以观察人们操作影印机的过程，发现部分人是在使用过程中遇到困难时，才查阅说明书或直接请教有经验的人，而非一开始即阅读使用说明书。在此基础上他提出"情境行动"(situated action)的观点，强调知识若脱离实际情境，则学习就变成为一个抽象的符号游戏。萨奇曼认为，人们日常生活的思

① Brown, J. S., Collins, A., & Duguid, P. Situated Cognition and the culture of learning, Educational Researcher, 1998,18(1): 32-42.
② 陈姮良,从情境学习观初探高中语文教学上的启示与运用[J]. 景女学报(中国台湾),1991(1).

考活动发生在文化脉络之中,如办公室、工厂、家庭,目的是解决自然发生的问题,这种活动是情境相关的,它有赖于特定具体的情境。萨奇曼还强调知识中的许多概念及规则必须通过实际的经验来揣摩,在实际行动中才能理解其真正的含义。

布朗等人提出情境认知理论,主要强调知识如同工具,是学习者与环境互动的产物,且本质上受活动与文化脉络的影响。[①]

莱夫(Lave)等人则通过学习和日常活动的人类学研究发现,一些专门行业的老百姓(如屠夫、助产士、缝纫师、飞行员等),虽然从小小的学徒做起,并未像专家一样接受完整教育或正式训练,思考模式也与完全依赖理论、法则来行事的学院派学生截然不同,却像专家一样对专业上的疑难杂症能够迎刃而解,甚至更懂一些诀窍,知道如何直接利用环境资源以解决新的问题,究其原因,可能是由于知识是在学习情境中建构的。

3. 情境认知理论:教育心理学的分析

情境认知的主要观点来自于两个领域:一是教育心理学;二是文化人类学。基于教育心理学的情境认知理论的倡导者主要来自认知科学领域,包括柯林斯(Collins)、布朗、诺曼(Norman)和克兰西(Clancey)等。这些理论家的研究聚焦于学校学习,认为传统教学设计将学习置于一种学生间相互竞争并且仅有一个信息源——教师的学习环境中,所教授的知识是已定义良好的、独立的抽象概念,这种情境不是一个可以迁移到教育系统之外许多境遇中的情境,因此大大限制了教学的有效性。以下结合克兰西的个案研究,揭示出要理解一个词汇所表征的意义涉及知觉活动,以此为基础进一步分析情境认知理论的观点。[②]

在一次实验中,克兰西安排两个学生来进行练习以便教给他们一元线性方程的性质。他发给学生每人一张工作表,这上面印有关于"Green Globs"的计算机使用程序。Green Globs 主要是一种用来作方程图象的工具。按照这样的方式学生一开始会对什么是直线发生混淆,并且也没领会这堂课所要达到的目的。

克兰西观察到学生好像在自问:我在看什么?什么东西是我需要看的?这是

---

① Brown, J. S., Collins, A., &. Duguid, P. Situated Cognition and the culture of learning, Educational Researcher, 1998,18(1): 32 - 42.

② Clancey, W. J.. Situated Cognition: How representations are created and given meaning. In: R. lewis and P. Mendelsohn,(eds) lessons. from learning, Amsterdam: North-Holland. 1994: 231 - 242.

一种想要的表征形式吗？我怎样把工作表上的文字描述与我实际观看的相联系？就我所观看的来说这个词意味着什么？我能把这个术语同时应用到两个例子上吗？我需要找的代表这个术语的例子在哪里？

学生试图把自己对给定术语、提示的解释与另外一个人的联系上。人与人之间互动会引起一些什么倾向？一起工作是怎样促进或妨碍可替代的观看方式的？不同的观点是怎样融合的呢？

下面的节选是由保罗和苏姗娜完成的工作表的一部分，其中，黑体字代表保罗书写，斜体字代表评论。

（此时，保罗和苏姗娜已经接触了方程的图象的概念，他们已经描出满足线性方程的点并且观察到这些点落在一条线上，现在他们运用计算机去画线）

一看即明

描点是作图的一种方法，但是它相当费时，下面的活动将帮助你学习怎样在不描点的情况下作一个方程的图象，你可以用一个计算机程序帮助作图。

选择 4 从索引中代表方程作图器，然后选择 2 代表下一个菜单的长方形格。

输入方程 **Y＝2X＋1**，击 ruturn 键，然后观察发生了什么。

现在输入方程 **Y＝－5/3X＋6.7**，击 return 键，然后观察发生了什么。

也许你已经注意到了，上面两个方程的图象都是直线，你将发现任何形如 Y＝**[2]**X＋**[2]**（在方括号里填上数）的方程的图象都会是一条直线。

（学生在每个方括号里写上 2）

我们要弄清楚为什么填上不同的数会得到不同的直线。首先，让我们看看自己能不能找到相关的因素，试着输入一些方程，看看你能不能预测它们是怎样的直线。请对每个方程进行分析，看看你能发现什么（表 8-1-1）。

表 8-1-1

你的方程	你的发现
Y＝4X＋3　　Y＝－1X＋10 Y＝5X＋5 Y＝5X＋7 Y＝10X＋9 Y＝30X＋10 Y＝50X＋10	当输较小数字时，直线越直； 当输大一点的数字时，直线变得越厚。

（学生试着输入了从 **Y＝1X＋1** 到 **Y＝300X＋300** 的另外 9 个方程）

第一个方括号

正如你已经注意到的,如果同时改变两个方括号里的数,则很难弄清方括号里的数与对应直线的关系。因为这个原因,我们打算一次只注意一个方括号里的数,接下来的几个活动主要集中考察方程 **Y＝[]X＋[]** 的第一个方括号,我们把第二个方括号里的数固定为 1。现在让你思考形如 **Y＝[]X＋1** 的方程。

正数

清掉屏幕（按 Esc 后,再按 return）,并且依次输入如下方程:

Y＝2X＋1

Y＝3X＋1

Y＝4X＋1

你注意到了什么? **这些线不那么直。**

这些线有什么共同的地方? **它们……**

这些线有什么不同? **一条比一条厚。**

如果你输入方程 **Y＝5X＋1**,你会预测什么? **这个方程的图象不会变得更直。**

在空白处描述你的预测,然后在电脑上试试（图 8－1－1）。

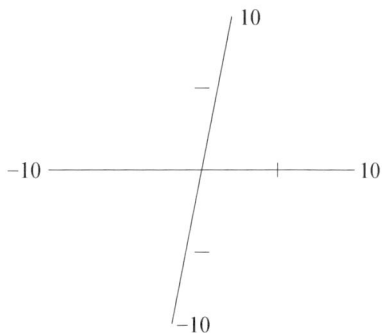

图 8－1－1

（"不会"是后来插入到"变得"前面的,前面的厚字被擦掉了）

发生什么? **这条线并不直。**

如果你输入方程 **Y＝1X＋1**。你想会发生什么情况? **这条线会变得直一些。**

在空白处描述你的预测并且在电脑上试一试（图 8－1－2）。

哪个地方你是对的? 解释它。**是的,因为这些点落在一条直线上。**

试一试大于 5 的数。

当数变大时你预测会发生什么?

写下你的预测。

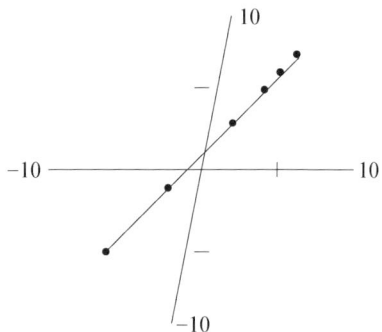

图 8－1－2

这些线不会变成直线。

现在在计算机上试一试,你在什么地方做对了,并解释。

是的,因为这条线不是直的。

　　学生的对话显示出他们假设直线意味着"把什么东西排成一行",他们争论一条给定的直线是否是直线时,至少采用了下面几种解释:排在一条垂直的轴上;排在一条水平的轴上;把方程代表的点连在一起;排在格子上。学生彼此之间从来就没有定义他们所说的直线意味着什么。两个学生中有一个打算为"直线"找到一个标准。

　　这里发生了什么呢? 首先,学生从来没有被告知所画出来的线看起来有什么特性。只是简单地对那些线做比较,文本中两次提到"直线":……这些方程代表着直线……将画出一条直线……那么什么是不直的线呢? 学生被要求去画很多的图象,并比较它们。直线被当成是某些方程的属性,也许学生能够找到不是直线的方程。

　　事实上,学生发现有些线直一些,又有些线厚一些,这是一个很重要的线索,学生在看屏幕上的象点(图 8-1-3),像 **Y=5X+1** 这样很接近垂直线的线并非是真正的直线,因为象点格子太粗——线看起来是弯弯拐拐的。

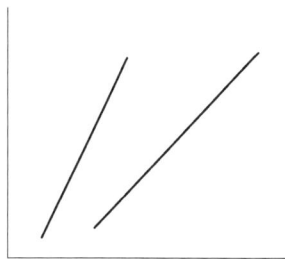

图 8-1-3

　　说明计算机上的象点引起的效果:只有水平和垂直的线是直的。

　　方程 **Y=1X+1** 是直的至少有两个原因:格子点是完全连结的,象点表征不那么弯弯拐拐,然而,当我们运动到水平一些时$\left(Y=\frac{1}{2}X+1\right)$,这些线又变得弯弯拐拐。随着坡度的下降$\left(Y=\frac{1}{5}X+1\right)$,线又变得更加水平,因而看起来更加"直"。

　　学生的这一互动对计算机辅助教学和教材设计者来说是一个警示。很明显,有必要对学生在屏幕上的操作给予更多的指导,但是在实践中并不能对所有可能出现的另类观察方式做出预测。理解"直"意味什么并非是一个记忆定义的过程,而是一个对你所见到的东西指定(或创造)意义的过程。

　　例如,假如我们告诉保罗和苏姗娜"直就是指所有的点能被排成一列",那么

"排成一列"是什么意思？"你画的点"是否包括电脑为你补充的中间点？没有这些指导，保罗和苏姗娜就会从他们自己的经验出发去给予解释：直的(像火箭)，平的(像沙漠)。这个例子说明了一个人怎样去看待表征的方式。我们怎样通过语言图式模型去模拟保罗和苏姗娜的行为呢？如果我们通过输入直线方程作为开始，我们就为保罗和苏姗娜试图去理解的符号建立了最原始的意义。另一方面，没有一个学生谈论屏幕上的象点。他们也许没有对可视的点和它们怎样被显示出来做出概念上的区分。那么对于模拟程序什么东西是输入端呢？我们必须明白，输入是一个全屏幕，并且随时都在变换它的形式，包括学生在什么地方点击。但是这种认知过程必须始于知觉过程，而不是储藏在某种语言中的符号。事实上如果语言学习的模式离开藉以使其分清意义的动作、姿势的过程，那么在我们的认知模式中，语言和对话的什么方面还是我们企图去理解的呢？

另外，认知的情境性(situated)方面即是指这个世界并非是一个给定的客观形式，相反，我们知觉到的性质和事件都是在相应的活动境脉中建构的，表征方式是在知觉过程中被建构并被赋予意义。而这里的知觉过程涉及人与环境相互作用，以及觉察到差异和相似性并因此而创造信息。作为一个知觉方式，屏幕上的记号并没有一个原本的意义，相反，它是作为一个符号在它们显示的数学关系的境脉中被观察的，而这种关系是学生要去学习的。关键是，控制知觉、指导分类、引导注意特殊细节的内部过程本身是通过正在进行中的互动来组织的。保罗对苏姗娜的解释受到在屏幕上所见到的东西的影响，包括线的相对厚度以及保罗的姿态。结果是一个合作建构：工作表并不简单地把"直线"的意义迁移给这两位学生，他们彼此之间也不把"直线"的意义从一个迁移到另外一个。

为了更为清晰地勾画出以上分析对教育的涵义，应注意到所有学生都必须面对的是教学设计者的表征——工作表以及计算机屏幕上出现的。在课堂练习中学生试图去对经过解释过的所见所闻以及制定意义的策略进行调整。指出教学设计者必须明确地表达自己的意思并要适当地引导学生的注意，这一点并不显得有特别的意义。不过，定义和程序则每时每刻处在待解释的状态。诀窍就是把这种解释嵌入到一个活动之中(如操作屏幕上的东西)，这种活动的反馈就会表现出学生注意以及对什么是有意义的意识倾向。

把词"直的"与屏幕上所见的或所感觉的相联系的例子说明了表征是怎样被创造和赋予意义的：

（1）很多概念的意义是直接置于物理经验（包括图象、感觉、声音、姿态）的，理解像"直的"这一词涉及一个分类的知觉过程。理解一个词的意义不能够简化到记忆一个定义，因为定义中的术语不是来自于经验的（正如学生对"直的"概念争论那样）。

（2）叙述概念牵涉到返回到感觉经历、观察新的细节、形成新的分类。这种分类整合了各种与原始不同概念的经验。显然，我们在头脑中叙述概念、回忆相关细节也是经历同样的过程：回过头去听或看实际物理材料。

（3）学习一个新的概念一般涉及与社会环境中的物理材料互动的过程，不同的组织材料的方式是引导个体注意不同的看待问题方式的结果。

4. 情境认知理论：人类学的分析

人类学对学习问题的研究采取了与心理学不同的方法：它不再局限于学校里的课堂学习，而在一个更宽广的视野中分析学习、研究学习，真正关注人在各种真实场景中的学习、关注人在日常生活情境中的学习、关注人在参与实践共同体中身份的变更。

以莱夫、温格尔、萨奇曼为代表的人类学家对意义的文化建构特别感兴趣，他们在综合杜威的实用主义理论、文化人类学的方法以及维果斯基的社会认知理论基础上，提出学习是情境相关的，离不开学习活动的情境与文化。该阵营的理论家还十分关注共同体中个体全面素质的建构，而不仅仅局限于知识和理解的形成。分析的单元也从个体境脉转向共同体境脉，从而进一步使得关注点从技能学习和发展转向"形成一种作为共同体成员的身份，成为知识化的有技能的人，这两者是同一过程的组成部分，在这一过程中，前者激发了其所包含的后者，对其加以塑造并赋予其意义"。[①]

运用人类学方法对情境认知理论所做的研究最突出的工作之一是有关日常数学认知的研究。

卡拉尔（David W. Carraher）、施利曼（Analuecia D. Schlieman）列出了下面一些典型案例：[②]

[①] （美）戴维·H·乔纳森.学习环境的理论基础[M].上海：华东师范大学出版社，2002：25.
[②] 同上：175—163.

(1) 在测量方面 盖伊(Gay)和科尔(Cole)发现,格列贝来农民在估量米的体积方面有时比那些学习过体积估量的美国大学生做得更好。在一项调查中,撒拉斯瓦萨(Saraswathi)让印度的文盲、半文盲和有文化的人描述物体、距离等事件的维度。对于一些维度(高度、深度、距离、较短的长度、面积),那些被调查的人更倾向于用标准单位,而对于其他维度(平均长度、半径、直径、斜度、度量),他们则常用身体部位进行测量或非具体化的手段加以描述,这些都取决于他们是如何接触所讨论的情境或者对于这些情境的经验,在测量时间时,他们除了用像小时、分钟这样的时间单位外,还利用太阳、月亮和星星的移动,以及根据影子情况或刻度准确的液体容器制作的测量时间的设施。

(2) 在几何方面 施利曼对于巴西木匠的研究表明,同那些上过如何计算面积和体积的数学课的木匠相比,那些上学很少但经验丰富的木匠有更好地进行测量和计算体积的方法。扎斯拉弗斯基(Zaslavsky)概括了中非洲几何图形中的几何概念应用,格迪斯展示了捕鱼、建房、编织篮子上几何概念的运用。

(3) 在算术方面 莱夫做了广泛的分析。莱夫的研究表明,利比亚的裁缝通过对于量的处理来解决算术问题,而不是用学校中教授的符号操作的方法。卡拉尔、施利曼、艾而奥利也报道了很少上学的人理解和应用十进制的情况,那些不依赖学校教学而获得的解决比例问题的方法对于比例关系的理解,主要出现在需要口头解决当时问题以确定买卖物品的价格时。

努力斯(Nunes)等人发现,巴西街头的年轻商贩总是能够计算出正确的结果,但是他们的方法随着问题呈现的方式却大不相同,对于在校外呈现的问题,他们用的方法可以说是心算,但给他们呈现学校中遇到的问题时,他们又赞成用学校里的笔算方法。这表明,他们在解决算术问题时所用的表征方式,看起来并不像学校里所教授的那样利用书面符号并对其进行分析。他们在校外成功地解决问题,靠的是他们理解了一个数量如何由其他数量组成,或者如何从其他数量分解出来。他们之所以得出与用学校方法相同的计算结果,是因为尽管他们的计算过程包括了数量的拆分和重组(与学校算术方法不同),但是他们的方法遵守了算术的基本规律。

上面关于日常数学的认知研究表明:实用问题解决并不是按照学校里规定的步骤进行的,相反,它具有相当大的灵活性,这就引导研究者将知识和学习看成是囿于社会情境脉络的(Contextualized),以此取代那种将认知看作完全是个人的一般能力的特点。

除了通过观察人们日常生活认知活动所得的结果外,事实上,在一些有关思维与问题解决的认知研究中,情境脉络的重要性日渐受到重视。研究者开始思考,一般性知识(general knowledge)是否真的能够帮助人达到广泛的迁移？或者说充其量只能沦为弱方法而已？一些研究者指出,领域知识(domain knowledge)在学习过程中起着关键性的作用,这就是说真正的学习是情境相关的。

这里特别要强调的是,所谓情境相关,并非是指情境脉络是影响认知或学习最重要的因素。它的真正涵义是指知识的学习应该用一种整体、不可分割的社会学习观点来解释,是一种周边参与渐渐达到的核心过程(合法的边缘参与,Legitimate peripheral participation),学习的内容是行动脉络(action context)本身,并非所谓自足式的结构(self-contained structure),它通常必须通过一位师傅或一位更具经验的学习者的教导,并通过真实的工作完成才能获得(认知学徒制)的方式。因此,这样一来认知学徒制就成为情境认知的最重要的概念。在此构架下,学习包含了如下几个重要的要素。①

社会生活实践中的知识　所有的学习都发生在社会生活里,存在于社会实践中,而这些实践永远处于生产、再生产、改革和变化的过程中。

学校教育发展到今天,很多弊端也开始显现:传统学校教育依然深受早期学习理论的影响,早期的行为主义将知识和技能割裂开来,认为学习是不断的强化;传统学校教育中知行分离、知识独立于其动态背景的现象依然严重,忽视了对学生元认知能力等高级技能的培养,而机械学习和信息传递导致知识不能迁移;传统学校教育与校外真实学习之间是相背离的。此外,传统学校教育许多学习情境无效,是因为学习建立在以下错误假设的基础上:人可以预定方式将学习从一种情境迁移至另一种情境;学习者是知识的被动接受者,是知识灌输的容器;学习就是巩固刺激与正确反应之间的联结;学习者是一块可以记录知识的白板。

需转移至新情境的技能与知识的获得应独立于它们的动态背景这些错误假设,又导致了传统学校教育中存在一系列致命的错误实践:

(1) 技能的传授难度逐渐加深,认为高级思维技能只能在学校教育的后期阶段才能进行,从而错过了培养孩童高级认知思考能力的机会;

---

① 王文静. 人类学视野中的情境学习[J]. 外国中小学教育,2004(4): 20—23.

（2）技能被分成单独训练的分支技能，很难培养对该技能本身的能力；

（3）技能被孤立地传授，很少提供这些技能怎样被组合使用的经验；

（4）知识、技能和它们的应用都是分离的，阻碍了真正的理解；

（5）知识和技能是在课堂情境中被传授的，不同于工作场所或真实生活场景，妨碍了学习的迁移。

学校教育存在的诸多弊端，使当时的认知科学家开始致力于开发各种建构主义教学方法，探讨怎样发展更有效的知识建构过程，怎样将知识情境化，以帮助学习者获取更加有用的、能迁移的知识，培养更高级的认知能力。最重要的是，在学校里，知识和技能都从它们的真实应用中被抽取出来，而在学徒制学习中，技能不仅持续地被熟练的从业者运用，而且对于有意义任务的完成是工具性的。换句话说，学徒制把技能和知识的学习镶嵌在它们的社会和功能情境中。另外，即使在现代社会中，当某人有资源和强烈的愿望去学习时，他们还经常聘请教练或导师通过学徒制方式去教自己，因为学徒制能满足个性化的学习需要，师傅能密切关注学徒的知识和技能掌握情况，随时提供帮助和给予及时指导。1970 和 1980 年代，柯林斯和布朗等人将教育和计算机技术结合，研究新的技术怎样帮助改革学校教育。在意识到传统学徒制的优势之后，他们相信能开发出复杂的基于计算机的学习环境，提供给学生类似学徒制的经验，提供与学徒制紧密相关的那种密切注意和即时反馈。由于绝大多数人一听到"学徒制"这个术语，便会想到制鞋或务农等非常传统的行业；同时，由于传统学徒制更注重身体技能和外部技能的教授，而不太适合于高级认知技能的教学，因而它虽在某些方面比学校教育有优势，但不足以克服学校教育中的弊端，所以布朗和柯林斯决定将传统学徒制概念升级，以便能和阅读、写作和数学等现代学科相关联。于是 1989 年"认知学徒制"理论应运而生。认知学徒制将传统学徒制方法中的核心技术与学校教育结合，以培养学生的认知技能，即专家实践所需的思维、问题求解和处理复杂任务的能力。认知学徒制从改造学校教育中的主要问题出发，与学徒制方法进行整合，并将计算机技术融到学徒制的核心观念中。其核心假设是：通过这种模式能够培养学习者问题求解等方面的高阶思维能力/策略。这种技能/策略把技术与知识结合起来，是完成有意义的/真实任务的关键。

合理的周边参与　学习者必须是共同体中"合理"的真正参与者，而不是被动的观察者，同时他们的活动也应该在共同体作用的情境中进行。周边参与是指学习者不完全参与所有的共同体活动,而只是作为共同体某些活动的参与者。他们在参与部分共同体活动的同时,通过对专家工作的观察与同伴及时讨论进行学习。

根据莱夫和温格的观点,合法的边缘性参与应当理解为规定了隶属于某一实践共同体的方式。换言之,不存在像"不合法的边缘性参与"这样的事。相反,合法的概念是指资源的社会组织及对资源的控制,不是一名合法参与者的人,将不允许接触实践的资源。例如,漫不经心在网上浏览的人碰巧进入了一所大学的网站,但他们不能访问作为课程提供给大学在校生的信息资源。而且,对新来者来说,在实践共同体中完全利用共同体的资源还需要时间和经验。以大学的例子来说,学生们通常不能识别他们可以利用的资源,或者不能充分利用这些资源,只有学会了在系统中如何进行协商,他们才能这样做。

边缘性的观念被用来区分实践的新来者与资深者,后者被视为"全面的"的参与者。这样,如果卡洛在心理学的学术领域是一个合法的边缘性参与者,则他的教授和该领域的其他专业人员将是全面的参与者。同样,在大学的实践共同体中,和大学一年级新生相比,大学四年级学生将是全面的参与者和资深者。

边缘性包括"在某一共同体界定的参与领域中找到位置的方式,这些方式是多种的、有变化的、或多或少参与的以及范围广泛的"[1]。例如,一名心理学本科生被雇参与研究项目的工作,那么他不会像卡洛那样积极参与到项目中,他参与该项目的性质也将极为不同。如果卡洛毕业后选择到一家心理培训公司谋职,则边缘性还可解释卡洛在心理学学科中可能有的参与类型。他将进入一个新的实践共同体,但又没有完全离开前一个共同体。他仍会阅读心理学杂志,跟上学习理论的潮流以指导他的工作,但他们对心理学领域的投入和参与将不再像以前那样充分。

合法的边缘性参与的另一个方面也值得注意,这就是参与某一实践共同体较长一段时间后,参与的形式和个体的身份会发生变化。他们作为新来者进入共同体,而后发展到相对于新来者是资深者的程度,最后他们成为真正资深者。[2] 例

---

① Lave, J., & Wenger, E. Situated Learning: Legitimate Peripheral Participation. Cambridge, UK: Cambridge University Press & Wenger Lave, 1991: 36.

② Lave, J., & Wenger, E. Situated Learning: Legitimate Peripheral Participation. Cambridge, UK: Cambridge University Press & Wenger Lave, 1991: 56.

如,随着卡洛参与研究项目,他不再是一个新来者,而更多的是一个资深者,他可能成为他之后的新来者的导师或教师。

温格提出,应在三个宽泛的水平上看待学习就是参与:

➢ 针对个体;

➢ 针对共同体;

➢ 针对组织。

正如已讨论过的,个体的学习意味着参与到学习者所属的共同体的实践中。共同体学习是一件精炼共同体的实践并确保有新成员的事情(这样,随着原有的新来者成为资深者,会进去一些新的新来者)。如许多年前甲是一名心理学研究生,甲有时不愿参与到他的学科领域的某些实践中。甲的理由是:他从未打算进入学术领域,他想成为一名实践者,一名教学的设计者。但几年后甲认识到了教育新一代成员以保证共同体的延续和成长的重要性。

最后,学习成为"一个维持实践共同体间的相互联系的问题,借此个体就知道了这一团体所拥有的知识,这个团体并由此变成一个有效的、有价值的组织"。① 作为一种专业领域,教育学要利用包括心理学在内的许多核心的学术领域知识,而且保持与其他实践共同体之间的联系。

实践共同体 "共同体"这一概念不一定是成员共同在场、定义明确、相互认同的团体,也不一定要有看得见的社会性界线。为了解决同一问题,需要相互配合和合作以促进共同理解的几个成员均可形成共同体。成员之间的相互介入及成员间密切的相互交往这种"实践"活动使"共同体"成为"实践共同体"。在实践共同体中,个体是在一个相对稳定的共同体中实现知识建构和身份转变,学习就发生在这样合作的环境中,个体与其他"合作参与者"应该是一种相互作用的互惠关系,参与者在整体学习环境中进行知识的建构和有意义的学习。以实践共同体为原型的"学习共同体"的提出源自对现有学校制度的一种反思。在这个学习共同体中,包括教师、学生、管理者和各领域的专家,或者社区成员一起参与到情境中解决现实问题,比如在某些学校存在学生用餐浪费的问题,学生发现问题后,可以和教师合作商讨,找出解决方案,并验证其可行性和可操作性。之后学生和教

① Wenger E. Communities of practice: Learning, meaning, and identity. Cambridge, UK: Cambridge University Press, 1998: 8.

师根据解决方案进行操作,通过观察、测量并与相关送餐团队进行协商,最终解决问题,这是一种典型的学习共同体模式下的案例。基于情境学习理论的学习共同体模式,除了可以将知识和真实情境结合起来,还能够培养学生的价值观和责任感。在进行教学设计时,我们习惯于将价值观和责任感等列入教学目标,在传统课堂上,这些隐性的情感方面的因素无法显现出来,我们无从判断学生是否真正获得了这些隐性因素。通过学习共同体模式教学,可以将隐性的情感因素外显,方便教师及时引导和指正。

5. 情境中的评价

采纳情境认知理论观点从根本上改变了研究者和教育工作者看待学习与教学的方式。这样,也改变了看待学习评价的方式。事实上,格林诺认为,从情境认知理论观点来看,学习评价问题是一个更难的问题。"当学生参加测验时,表明的是他们参与测验所提供的相互作用的程度如何",但测验成绩并不能很好地表明学生如何用于共同体的社会实践。在学习评价中,情境认知理论如此强调的学习过程与学习的结果相冲突。① 什么样的结果会成为学生学会适当地参与实践共同体的有效证据?

在讨论以阅读或数学计算作为预期学习目标的例子时,格林诺(1997)说,学习评价"要求我们刻画个人成绩的方式能捕捉到各种情境类型。这些情境中,个人阅读和数学活动是要关注的重点"。纸笔测验有可能较好地用于评价阅读和数学活动,但其他的评价形式可被用作测量情境学习的更合适的方式。②

麦克莱伦(1993)建议采纳最初由柯林斯(1990)提出的三部分模型作为评价情境学习的一种方法。这三部分提供了三种不同的评价类型:

> ➤ 诊断;

> ➤ 总结性的统计;

> ➤ 作品选集。

---

① (美)德里斯科尔.学习心理学:面向教学的取向(第3版)[M].王小明,译.上海:华东师范大学出版社 2008:149.

② Collins, A. Reformulating testing to measure learning and thinking. In N. Frederiksen, R. Glaser, A. Lesgold, &. M. Shafto (Eds.), Diagnostic monitoring of skill and knowledge acquisition. Hillsdale, NJ: Lawrence Erlbaum, 1990:75-88.

就诊断而言,教师"必须随时分析学习者的进展情况并据此改变方法、顺序及其他学习的条件以满足学习者实时的迫切需要"。麦克莱伦指出,这类评价要求教师具备很强的技能,更不用说跟踪班上 30 名或更多学习者所需的时间了。

但利用当前的技术,诊断不需要像看起来的那样复杂。我们称之为秘密报告的技术可以在整个学期以系统的方式提供有关学习者的诊断信息。在一学期中,学习者可以给教师发送 3 次秘密的电子邮件信息,内容涉及四个主题:

第一,他们自己的、个别的学习。(他们的个人学习目标是什么? 他们正在学习他们想学习的内容了吗? 他们有一些可以让教师帮助他们修改的问题吗?)

第二,他们合作小组的学习。(小组运作的情况如何? 存在一些能让教师帮助小组解决的问题吗?)

第三,作为共同体的班级的学习。(班级的整体运作情况如何? 需要调整班级尽力实现的集体目标吗?)

第四,改进的建议。(能够改善个体、小组、班级的学习并能马上付诸实施的措施是什么?)

根据报告中提供的这些信息,教师能在课程教学中间做出调整,帮助满足学习者的迫切需要。有时,学习者要求向全班公布他们的秘密报告。在这种情况下,他们可能有一个问题或建议想让全班讨论解决,其结果几乎总是改进和提高,这一点教师是意想不到的。

柯林斯模型中的第二类评价是总结性统计。这些统计数据通常借助计算机保存并表明学习者的成绩随时间变化的模式和趋势。在已经基于计算机的教学如多媒体程序中,很容易收集总结性统计数据。在学习者学习程序的过程中可以记录有关的资料——访问了哪些信息、学习者与信息相互作用了多长时间。这些资料还可表明学习者何时达到了某些标准,是否以充分的步调在前进。例如,教师尽力在一门课程中实施学习共同体,针对这门课程设计的网站就记录了每个学生在线发表的每项作业,这样每周教师都能很快知道谁在干什么。如果教师注意到某个学生没有任何活动,教师可以和这名学生个别接触,看他或她是需要帮助还是只是一句鼓励的话。

最后,柯林斯模型中的第三种评价形式是作品选集。作品选集评价有很长一段独立于情境认知的历史,但它看来特别适合评价情境学习,因为它同时强调过程和结果。作品选集还让学生参与到评价中,因为他们负责挑选组成选集的作品。通常,学生按照教师列出的指导,选择能说明他们在不同时间的进展和成绩的作品。此外,"通过学生写的日记(而且教师也会对这些日记做出反应)还可以扩大作品选集。在评价自己工作的过程中,这些反思对学习者有帮助"。①

第二节　情境认知理论与其他学习理论的辨析

1. 情境认知理论与行为主义、信息加工理论的比较

(1) 知识观

"被个体所学习和掌握的知识的实质是什么"是每一种学习理论试图回答的问题。而对这个问题的回答,又直接影响人们对教学活动、教学方法的本质的认识。从最终意义上讲,对知识的本质的最直接回答有赖于认知神经科学的研究成果,然而,在相当长一段时间内人类难以明确回答这个问题。我们只有以间接的——哲学的、心理学的、人类学的等方式来不断地接近其真实。②

行为主义把知识看成是"刺激-反应"的联结,是操作性条件反射的形成,其实质是习得了的适应现实的运作(operation)。在行为主义看来,知识是以行为的单位、行为系统化的"刺激-反应"联结的集合为其特征的。认知的信息加工理论则把知识看成是内部心理表征,外部的客观知识经过个体的内化而成为其解释和解决现实问题的知识结构。

情境认知理论认为知识是一种工具,只有在运用这种知识的时候,才会理解其意义。学习某个概念,除了解释某些特定的规则外,更重要的是了解概念使用的场合和条件,后者直接来自运用这种概念的某个共同体所处的情境、共同体逐渐积累的独特的洞察力以及共同体的文化。

行为主义认为知识的实现表现在外部行为的形成、塑造、矫正和消除。认知的信息加工观认为知识植根于人的头脑中,在头脑中加工或建构起来的陈述性知

① Reeves, T. C. , & Okey, J. R. Alternative assessment for constructivist learning environments. In B. G. Wilson(Ed.). Constructivist learning environments: Case studies in instructional design [M]. Englewood Cliffs, NJ: Educational Technology Publications, 1996: 191-202.
② 连榕. 生态心理学的情境观: 学与教的新视角[J]. 教育探索,2006(1): 4—9.

识、程序性知识和策略性知识控制着人的行为,情境认知观认为知识的实现并不表现为客观的行为,也不存在于人的大脑,知识的实现表现在人与社会或物理情境的交互状态中,分布于个体间、媒介、环境、文化、社会和时间之中。

（2）学习观

行为主义坚持客观主义,认为知识就是绝对客观的认识,反映在教学上就是知识的传递和转移。学习就是知识的接受和记忆。教学的理想目标就是学生和教师对知识最后达到完全相同的理解,知识在传递过程中损失降到零。信息加工理论认为学习是个体内部进行的对来自外部的信息的加工的过程,加工的成绩取决于个体已有的认知结构状况和策略应用水平。

情境认知理论认为,学习不仅仅是一个个体的意义建构的心理过程,而更是一个社会性的、实践性的、以差异资源为中介的参与过程。知识的意义和学习者自身的意识、角色都是在学习者和学习情境的互动、学习者与学习者之间的互动过程中生成的,因此学习情境的创设就致力于将学习者的身份和角色意识、完整的生活经验以及认知性任务重新回到真实的、融合的状态,由此力图解决传统学校学习的去自我、去情境的顽疾。

（3）教学观

行为主义依教学的循序渐进把复杂任务分解为较小的、更容易分解的任务。程序教学是行为主义学派倡导的典型方法,它通过精心准备的内容小步子呈现给学生,学生按照自己的进度完成整个教学程序。信息加工理论主张必须培养学生的认知策略,促进学生对信息的有效加工,提高加工能力,教学就是要促进选择性知觉的产生,并依据认知目的进入短时记忆,相应的教学策略包括引起注意、告诉目标以及揭示回忆,激活原有知识中的有关概念,在短时记忆阶段主要使用编码策略,教学必须呈现各种编码方式的程序,鼓励学生选择最佳编码方式,而长时记忆的语义编码策略,可使学生掌握为自己提供线索的策略,以便精确回忆、提取自己所需信息。情境认知理论主张学生在共同体中行动和建构。布朗等人认为"无论是对于学校还是对于工作场所而言,重新设计学习环境,以便新来者能以丰富的和富有成就的方式,合理地、周边性地参与真实的社会实践——简单地说,就是便于学习者可以'偷窃'到他们需要的知识,这是一个设计上的根本性挑战"。"支持学习的最佳方法来自于需求的一方而不是供应的一方,就是说,设计者和教学者不是要在事先就决定学习者需要知道什么,并将这些明确地提供给学习者,排斥任何其他东西,而是要提供尽可能多的整体性的、丰富的实践网络——不管是外显的还是内隐的,让学习者在需要时能周边性地接触实践的各个地方。"①

2. 情境认识理论对建构主义的超越

（1）从关注内部建构到关注外部环境

在建构主义的主要观点中,无论社会建构主义如何关注"互动"和"协商",如何关注个体建构的背景和经验,如何关注个体和社会环境的互动,但是建构主义最为关注的还是个体的建构。在建构主义看来个体建构的是"知识",或者说是个体的"主观世界",而背景、社会或环境只是对个体建构的一种促进。

与行为主义主张心理学的研究应当局限于外部的可见行为相比,建构主义则将研究重点转到个体知识在大脑内部的建构。在这种建构过程中,一方面学习者对外部世界的理解以原有的知识经验为基础,同时又超越外界世界本身;另一方面,学习者又不是被动从外界获取信息,相反,他主要是建构信息的意义。因此,我们得出结论,从行为主义到建构主义,学习理论经历由"外"到"内"的转变过程。站在同样的角度,可以进一步认为从建构主义到情境认知学习再一次经历从"内"到"外"转变。② 当然,情境认知理论与行为主义有着本质的差别,行为主义唯一关注的是外部刺激对个体行为的影响,事实上学习者就被置于完全被动的地位。而情境认知理论则突出个体与环境的互动和协调,它把知识置于更大的文化和物理情境及社会实践之中。从更广泛的角度来看,情境化的社会实践中,学习或实践之间没有界限。"学习、思维和知晓(knowing about)是参与活动的人们之间的关系,活动处在社会性和文化性地建构的世界之中,活动利用了这个世界,也源自这个世界。"③

（2）从以学生为中心到强调实践共同体

不论是建构主义还是情境认知理论都强调学习环境的创设。尽管两者都强调实践的真实性,以及学生对情境的拥有(ownership),但是这两种理论对学习环境的诠释各不相同。建构主义强调以学生为中心的学习环境,重点在于发展学生的能力。在这样的学习环境里,并没有定义清楚的目标,学习的成功表现为

---

① 连榕.生态心理学的情境观:学与教的新视角[J].教育探索,2006(1):4—9.
② 郑毓信.学习理论的现代发展及其教学涵义[J].数学教育学报,2004(2).
③ 戴维·H·乔纳森.学习环境的理论基础[M].华东师范大学出版社,2002:27—28.

高层思维得到发展,教师是学生学习的促进者,主要是关注学习过程而并非学习结果。在这样的学习情境中,学生有机会去做出创新,使用新的概念,接受新的挑战。以学生为中心的建构主义学习环境的不足之处,表现在它发生在学校里,忽视了实践,没有强调学习结果,缺乏清晰的目标,学生取得进步的标志不明确,学生易受挫。[①] 情境认知主张的学习环境是学习共同体,共同体的特点表现为以下方面:

共同的历史传统 共同体不是在特定时间应对某种需要而进行的简单聚集。成功的共同体具有共同的文化历史传统,这种传统部分地获得了社会协商的意义。这包括了共享的目标、意义和实践。

相互依赖的系统 个体在这种情境中工作时是更大的集体的一部分,并与共同体有着相互联系,共同体也是一个更大的集体(即社会,共同体的意义或价值是通过社会而获得的)的一部分。这有助于为共同体提供一种有共享目标的感觉,也有助于为个体提供身份。

再生产循环 十分重要的是,当新成员与身旁的同伴和成熟实践的示范者一起进入成熟的实践时,共同体就有了进行再生产的能力。随着时间的推移,在这些新成员身上就会出现共同体的特质,甚至可能替代老成员。相对于建构主义的学习环境,情境认知学习所倡导的学习共同体特点可以简单概括为:强调真实的社会实践;突出计划性;体现特定的学习目标;教师关注学习结果,并对方法的再产生给予特别详细的关注。

(3) 从获得意义到个人身份形成

早期建构主义更多地强调纯粹的个人认知,后期建构主义的社会转向虽然提到个人活动的社会性,但是强调的仍然是建构主观世界而不是学习者本人。情境认知理论发展初期,站在教育心理学的角度分析学习过程,把学习当成一种活动,学生通过这种活动参与实践,其主要解决的是知识的抽象化、去境脉化及个体化的问题,但它仍然强调把知识当成是产品,而没有把学习者与更重要的身份(如作为共同体的成员)联系起来,莱夫和温格从人类学的角度描述了共同体的一个重点,即针对"知识化技能和身份的发展——人的产生来自于个人与他在实践共同

---

① Hay, Kenneth E. Barab & Sasha A. Constructivism in Practice: A Comparison and Contrast of Apprenticeship and Constructionist Learning Environments, The Journal Of The Learning Sciences, 2001 (3): 281-322.

体中的位置以及参与活动之间的长期的活生生的关系"。① 而按照后一种观点,学习主要的也就应当被看成一种参与活动,这就是说,在此所涉及的已不仅是相应的知识的建构或能力的培养,也是主体的自我认识(an Experience of Identity)和改变的过程(a process of Becoming)。②

第三节　基于情境认知理论的教学案例

1. 贾斯珀系列的来龙去脉

贾斯珀系列(Jasper series)是 20 世纪 80 年代以来美国情境认知理论教学模式的典范案例之一。它是由温特贝尔特(Vanderbilt)大学皮博迪(Peabody)学院的学习技术中心(Learning Technology Center—LTC)于 1984 年开始启动的研究项目,贾斯珀系列的产生来源于该中心启动的为贾斯珀系列提供基础的三个主要研究项目:惰性知识研究项目(The Inert Knowledge Project)、温特贝尔特项目和温特贝尔特动态评估项目。更确切地说,贾斯珀系列最直接产生于对温特贝尔特动态评估项目的情境研究中对"抛锚性知识"的使用。而对这三个项目的深入研究最终使抛锚教学的概念得以产生,并继而不断发展成熟。该中心将这些研究成果首先提供给了语文和科学领域的学习,进而转向对数学领域的教学研究,对贾斯珀系列最初的实验研究遍及美国 9 个州的 16 所学校,实验研究的结果充分表明了贾斯珀的巨大生命力。温特贝尔特认知与技术小组(Cognition and Technology Group at Vanderbilt,CTGV)运用已有的前期研究成果,充分利用教育技术在教学中的作用,以建构主义教学理论为理念,以抛锚教学(Anchored Instruction)为主要教学设计原则,以基于案例的学习、基于问题的学习和基于项目的学习为课程设计思想与原则,创设了当今风靡美国教育界的情境认知理论教学模式的案例典范——贾斯珀系列。

在贾斯珀系列中,还包括以录像为依据的 SMART 挑战性系列,它是贾斯珀

---

① Lave, J. and Wenger, E. Situated learning: legitimate peripheral participation. New York: Cambridge University Press. 1991: 52－53.
② 郑毓信. 学习理论的现代发展及其教学涵义[J]. 数学教育学报,2004(1): 10—16.

系列的更广泛、更高级的发展。最初,CTGV 对贾斯珀系列的开发是将其作为数学教学的支持性工具来运用的;第二步是在美国的数学教育教学中,CTGV 以及他们的合作者们正以更为饱满的热情进行贾斯珀系列的进一步研究与开发,使贾斯珀系列和数学课有机地统一、整合在一起,全面推进数学教育改革;第三步是建设"思维学校"方案与"思维学校"网站,运用计算机网络技术,在班级和学校中,乃至跨越班级与学校、跨越学校与社会,建立一个新型的学习共同体,为未来关注贾斯珀的研究者、贾斯珀教师以及贾斯珀学习者提供一个互动交流的平台,进而支持新型社区的建设,使贾斯珀系列向更高的层次发展。

2. 贾斯珀系列项目的主要特征

（1）帮助学生们在真实的情境中通过问题解决学习数学

当学生运用贾斯珀系列学习时,他们试图通过努力解决一些挑战性的问题来学习数学,通过这种教学,学生在他们需要的时候去学习和发展数学概念和技巧,因此,学生学习数学就像他们尝试着去解决历险故事中具有挑战性的问题一样。

（2）创设了一种情境,它不仅帮助学生整合数学概念,而且使数学知识与其他学科的知识得到整合

贾斯珀系列将数学概念和技能都镶嵌在故事的情境中。学生可以从对这些技能与概念的理解开始,同时又可以运用他们的知识针对历险故事提出问题。当学生解决这些挑战性问题时,他们会获得各种各样的学习策略,而且一些数学概念可以同时被不同的小组运用。

（3）充分运用了录像这一媒体以及技术间交互作用

贾斯珀系列中的历险故事以视觉的形式出现比以文本的形式出现更具有视觉冲击力。影碟等技术同样具有随机访取的能力,这样,就可以使教师在顷刻之间从录像的讨论中获取信息。这也使得学生更易于重新对录像进行探索,以便于获取相关的数据和镶嵌于历险故事中的最为直接的指导。

（4）提高了学生的探究能力

贾斯珀系列中包含的镶嵌式教学常常运用专家示范的方式。专家示范可以通过两种途径来帮助学生:在特定的环境中观察专家的表演,学生会更好地理解特定环境中的固有行为;示范一般在历险故事的中间呈现,当学生尝试去解决贾

斯珀系列的挑战性问题时,影碟的运用使得学生易于返回到所需要的示范中去,重新去探索这些专家的示范。

（5）关注学生提出问题的重要性

贾斯珀系列总是以提出一些挑战性的问题而结束,这无疑给学生指明了一个总体的学习目标。在学生看完录像后,教师常常组织全班进行讨论,学生提出他们必须解决的子问题,并由一名教师或学生记录。有一些教师也把这些问题留给学生的合作小组或学生自己去解决。

（6）在一段相对宽松的时间内给学生提供了合作的机会

在贾斯珀系列中,挑战性问题的复杂性使学生难以单独解决问题,因而便给他们提供了一个合作学习的真实的目标,使他们在对复杂的数学问题的解决过程中,学会合作的技巧。

1990 年,CTGV 引进了抛锚式的教学的思想,作为实施情境学习条件的一种手段。他们指出,富含信息的光盘环境可以为解决复杂的和现实的问题提供情境化的场景。如在"贾斯珀·伍德伯里问题解决系列:邦尼牧场的援救"的程序中,一名名叫贾斯珀的男孩处在必须解决许多数学问题的情境中。在其中一个情节中,为营救一只受困的鹰,他必须计算出驾驶一架轻型飞机飞到遥远的森林地带需要多少燃油。在另一个与之并列的情节中,贾斯珀必须算出他在一次乘船旅行中是否有足够的燃油使他在天黑前回到家。

CTGV 相信,给学生呈现这样的探险故事会使他们沉浸其中并激励他们寻找贾斯珀所面临问题的可能解决办法,然后将他们的办法与贾斯珀的办法进行比较。与光盘系列配套的教学材料提供了一些链接,可链接到课程的其他方面,如历史、文学和科学。这样,教师可以多种方式使用该系列来支持课程目标。

抛锚式教学也遭到了一些人的批评,批评者认为,光盘探险故事将学生置于观察者的位置而非参与者的位置,教学提供的只是实践共同体的一种模拟。在回应这一批评时,CTGV 指出,作为光盘所提供的活动包括:

➢ 注意到光盘要进一步探究的问题;

➢ 识别与这些问题有关的信息来源(通常从图书馆或数据库搜索);

➢ 阅读相关信息并将其带到自己的工作组中;

➢ 将工作组的结果告诉班上其他同学。

抛锚式教学的影响和效果已由 CTGV 进行了广泛的演示,这些演示证实,学生能更好地解决与锚定到光盘上的问题相类似以及部分类似的问题。最近，CTGV 已开始探索通过远程技术将解决光盘锚定问题的学生班级加以联网的优点。他们的目的是要创设一种基于情境认知理论的学习共同体，以便教师体验到新的学习组织结构与已有的传统的课堂组织结构有哪些根本的不同方式。

3. 一个具体教学案例：邦尼牧场的援救①

故事梗概

拉里(Larry Peterson)是贾斯珀的一个朋友，他驾驶着一架直升机飞在坎伯兰城市上空。不久，拉里开始教埃米莉(Emily Johnson)驾驶直升机。他告诉埃米莉一些关于飞机的信息：飞机总重 250 磅，有效负荷是 220 磅。拉里解释说，有效负荷就是重量，它包括驾驶员、燃料和货物的重量。于是拉里给埃米莉展示一个装货物的箱子。空箱子重 10 磅，货物中有一个能装 1 加仑汽油的油箱。埃米莉走近这架超轻型飞机，以便拉里教他时能看清楚。拉里解释说推进器起推动作用，就像船上用的桨，机翼起升降作用，又解释这种独特的机翼形状如何帮助飞机起飞。

几天后，拉里教埃米莉关于超轻型飞机发动机的知识。他告诉埃米莉他的超轻型飞机引擎，最初是用作雪上汽车的发动机。因此，用的是常规汽油而不是航空汽油，5 加仑油箱的净重是 3 磅。埃米莉指出，在两边的油箱中都剩下 $1\frac{1}{2}$ 加仑的汽油，她问拉里，2 加仑汽油能飞多远。拉里告诉她，油箱中早上已加满了油，并且已经在海德里维里(Headlyville)之间飞了个来回，两地距离大约是 30 英里，问埃米莉花了多长时间。拉里说他根据实际经验得出的做法是在无风的天气里每 2 分钟 1 英里。拉里默契地告诉埃米莉，他只需要 100 码的场地就能起飞。

几周后，埃米莉开始第一次试飞。然后，埃米莉、贾斯珀和拉里去吃晚饭，以示庆祝。在餐馆里贾斯珀谈到他准备远足去钓鱼的旅行计划，他说他打算先从坎伯兰市开车到希尔达的加油站，路程有 60 英里，然后徒步到他喜爱的钓鱼地点去，步行大约 18 英里。拉里提到他上周曾驾驶轻型飞机去看望过希尔达，然后，

---

① 温特贝尔特认知与技术小组. 美国课程与教学案例透视——贾斯珀系列[M]. 王文静,乔连全,等,译. 上海：华东师范大学出版社,2002：148—151.

把飞机停靠在靠近加油站的一个场地上。饭后甜食,埃米莉点了一盘草莓冰激凌,拉里点了柠檬果冻。他们的账单是 17.5 美元,埃米莉提议要付 20％ 的小费。他们同意分摊,每个人把钱放在桌子上。贾斯珀放了 11 美元,埃米莉放了 12 美元,拉里放了 13 美元。拉里计算全部的晚餐费用,并把零钱找给每个人。离开餐馆之前埃米莉和拉里称了一下体重,秤上显示埃米莉体重 120 磅,拉里是 180 磅。在钓鱼时贾斯珀听到一声枪响,他发现一只鹰中了弹。在对鹰进行了紧急抢救后,他用无线电设备向希尔达发出紧急呼救。

　　一位开着敞蓬汽车的顾客来到希尔达的加油站,这条公路的汽车限速是每小时 60 英里,贾斯珀用无线电求助时,希尔达正在给顾客加油。希尔达加完油之后,油量表显示给顾客共加了 13.9 加仑的汽油,每加仑的价格是 1.259 美元。她的顾客已记录了自己的行车旅程,告诉希尔达上一个油箱行驶了 312 英里,他的加油账单是 17.5 美元,他拿出 20 美元。当希尔达给贾斯珀回话时,贾斯珀告诉她这只受伤的鹰的情况,并且说他要把它带到拉米滋(Ramirez)医生那里去抢救。拉米滋医生是坎伯兰市的兽医,贾斯珀告诉希尔达,自己在邦尼牧场,离加油站大约要 5 个小时,他请希尔达给埃米莉打电话,讲一下这里的情况。埃米莉驱车来到拉米滋博士的办公室,办公室的墙上有一张这个地区的地图,拉米滋医生在地图上标出,他在坎伯兰市的办公室的方位、邦尼牧场的方向以及希尔达加油站的方位。拉米滋指出希尔达加油站正好不在高速路上,而且没有通向邦尼牧场的道路。埃米莉问一只鹰体重有多少,拉米滋说大约有 15 磅。医生从地图上判断,乘飞机从邦尼牧场到坎伯兰市的距离是 65 英里。他告诉埃米莉大多数飞机需要 2 000 英尺的跑道,邦尼牧场只有一半的长度。在离开之前,医生告诉埃米莉治疗越早成功的机会越大。

　　埃米莉计划援救鹰。她从地图上得知乘飞机从邦尼牧场到加油站接近 15 英里。然后她给拉里打电话,拉里正好顺路。她知道拉里也可以开飞机,飞机已加满油,当时没有风。埃米莉考虑已有的信息。她估计如果用直升飞机,在每个着陆点需要增加 5 分钟时间。

挑战:

埃米莉想知道两件事情:

(1) 把鹰救到坎伯兰市最快的方式是什么?

(2) 那要用多长时间?

分析评价：

"邦尼牧场的援救"的故事中,贾斯珀和一个朋友埃米莉在学习驾驶飞机的过程中发现了一只需要紧急援救的受伤的鹰,他们要作出选择,利用手中的仅有的钱、电话及交通工具克服重重困难把鹰送到兽医那里。这个例子通过营救"鹰"这样一个真实的任务情境来给学生抛锚,帮助学生在真实的情境中通过解决问题学习数学。在整个教学过程中,为了解决复杂的数学问题,教师不仅运用技术间的交互作用,创设了一个信息丰富的、逼真的功能性数学学习情境,而且为了引导学生解决问题,还创设了一系列巧妙的问题情境。这不仅使学生易于在一个逼真的数学学习情境中形成丰富的心理模型,而且促进学生在有意义的情境中主动学习。

我们将这一教学案例做如下分析：

（1）在有意义的情境中学习数学

在教学过程中,教师以叙述故事的方式来呈现有用的信息,与学生学习相关的信息镶嵌在逼真的情境中,从而使抽象的数学知识变成一种活动,引导个体认知的产生,使学生在有意义的情境中学习数学。录像的视觉冲击力优于故事的文本表达,录像故事所创设的逼真的学习情境以及教师在教学中创设的富有启发意义的问题情境,激发了学生学习数学的兴趣,使学生能对数学学习保持长久的兴趣与探索的欲望。而精心设计的录像故事在本质上就是为学生们的学习与参与提供一个交流互动与反思的平台,丰富了学生对数学概念的深层理解。

（2）通过主动学习获得数学知识

在教学过程中,学生是通过解决一步步复杂的问题来主动学习数学的,数学问题的解决呈层阶递增（初步性问题—拓展性问题—挑战性问题）,学生在教师的帮助下,反复利用录像,参与小组讨论与合作,为了完成任务（用最佳的方法营救受伤的鹰）自觉进行探索,主动识别问题,并以小组为单位与全班同学分享他们的推理。在问题解决中,学生要用到大量的数学公式及运算方法,还要进行各种各样的估算与计算。如,在初步性问题解决中,学生要识别出"距离"等众多数学概念,并运用它们。通过对整个教学过程的分析,我们不难看出,学生学习数学的过程就是一个借助于镶嵌在故事中的各种信息去发现问题、提出问题、解决问题的过程。对贾斯珀系列的研究数据表明：在贾斯珀系列中的合作性学习小组中学习4～5个课时后,五年级的学生在完成类似于贾斯珀系列的任务中更善于进行复杂问题的解决,更善于在学习的过程中识别出问题,主动提出问题,学生在这一过程中主动获得的数学知识显然不是惰性的。

（3）建立学习共同体

贾斯珀历险故事的一个鲜明特点是：教师不是孤立地教,学生也不是孤立地学。教师在运用历险故事进行数学教学时,不仅在做与反思中获得了专业发展,而且在与其他教师合作过程中形成了新型的"教师学习共同体",共享贾斯珀教学中所研究和关心的所有问题。同时,教师作为指导与促进学生学习的"支架",在与学生共同进行历险问题的解决中,以录像呈现的逼真学习情境为平台,形成了"垂直性互动"的师生学习共同体。而学生在对历险故事进行观看的过程中,拥有不同知识背景的学生可以借助录像中视像的支持形成共同的思想与核心词汇,这将使他们共同参与合作性的活动成为可能。学生不仅有充足的时间与教师、家长、社区成员进行交流与互动,形成"垂直性互动"的学习共同体,而且在与同伴共同解决数学问题、进行水平性互动中,建立起"水平性互动"的学习共同体。各类学习共同体的建立,使所有的共同体成员共同参与实践、共享经验、共同成长。

（4）架设"学校数学"与"日常数学"的桥梁

数学既是认知的,又是社会的。"邦尼牧场的援救"的教学过程充分体现了这一建构主义思想。数学走出了传统的"抽象与玄妙",而与学生的日常生活实践紧密联系在一起。在历险故事中,几乎所有的问题都是生成性(generative)、开放性的,学生们要考虑各种可能的因素,按照自己的思路形成不同的问题解决方案,在问题解决中,运用已有的数学知识对数学进行有意义的建构。传统抽象的数学学习变成有意义的活动参与,数学知识不再仅仅是一个具体的对象、一个客观的事实、一打抽象的公式,而是一种由学习共同体建构的、基于情境的、有意义的活动。情境架设了"学校数学"与"日常数学"之间的桥梁,最终使数学学习实现从学校情境到社会情境的迁移,从虚拟、逼真情境到真实情境的迁移。

同时,虽然是以掌握相应的数学知识为目的,但是学生在解决问题的过程中还用到了其他学科的知识。例如学生会用到一些有关地理方面的知识以及气象方面的知识等等,帮助学生们使数学知识和其他学科的知识得到整合。在整个故事中为学生提供了大量的信息,一部分是和解决问题有关的,一部分是干扰信息,学生必须通过反复阅读思考来筛选、加工信息,在这个过程中学生的信息素养得到了提高。在解决问题的过程中还培养了学生的创新能力和高级思维能力。

第四节　情境认知理论对数学教学的启示

尽管情境认知理论尚未精制成完整的理论体系,但是由于它从一个侧面解释了人类认知活动的特性,从而为我们理解数学教育、改善数学教育提供一个全新的视角。

1. 数学知识应植根于情境脉络之中

把数学的概念、定理、公式从它们产生的具体情境中抽取出来,然后加以讲解并辅之以纯粹的技巧性的训练是数学教育的一个通常的做法。人们在批评这种做法的时候,常常是从动机、情感、兴趣等角度考虑,即认为这种做法并不利于学生的非智力因素的培养。这一批评无疑是合理的,但是,仅仅从这一角度去考虑,又是不全面的甚至是肤浅的。因为按照情境认知理论,任何数学理论都是情境相关的,也就是说将数学知识的教与学置于一个情境脉络之中,不仅仅是基于教学上的考虑,而是知识本性所决定的。站在这样的角度,就可以进一步理解荷兰著名数学教育家弗赖登塔尔(Frendental)提出的"现实数学"的思想的深刻意义。弗赖登塔尔所指的"现实数学"即是指数学并非完全是一个抽象的形式体系、严密性的逻辑结构以及内在联系的规律,相反每一个数学定律都有其产生的现实背景。这里所说的"现实数学",是客观现实与人的数学认识的统一体,并非先有一个理论,然后去联系一下"实际",也不是从具体例子出发,然后做几个应用题就算完事。由此可见弗赖登塔尔不是将客观材料与人的认识割裂开来,而是把数学看成是客体材料和个体认识的一个统一体。因此"现实数学"思想从某种意义上可以得到情境认知理论的解释。由于弗赖登塔尔的"现实数学"思想对数学教育产生了较大影响,若进一步将这种思想与情境认知理论结合起来考虑,必将带来数学教育的深刻变革。

2. 通过运用来理解数学

重视数学的应用是近年国际数学教育改革的一个趋势。不过,这种观点主要是基于教育目的的考虑。数学是一门基础学科,数学应该为学生进一步学习其他学科以及为学生今后的职业准备服务。情境认知理论提倡数学的应用已超越了这种传统认识。数学的概念不是抽象的、自足的整体,而是一个工具,它本身并没有意义,只有透过它的运用才能完全被理解。而正是在应用的过程中,人们对数学的理解不断改变、加深、丰富,因此可以说数学知识既是境域的,又是通过活动和运用不断发展的。

把数学知识当成工具来考虑,就必须注意惰性概念的获得和生动的、有用的数学知识之间的区别。例如:学生获得脱离情境的算法、规则、定义,却无法加以运用。这在传统数学教学中是普遍存在的现象。遗憾的是,这一问题并没有引起数学教师足够的重视。

在日常生活中,人们积极地运用数学,不仅是熟练和强化了数学这种工具,而且通过数学的运用,也在不断建构新的数学概念和对数学自身内涵的新理解。而这种理解则随人与世界及数学的相互作用又发生变化。因此,情境认知理论对数学教学一个直接的涵义,就是倡导"做中学"。

"做中学"意味着如下几个涵义:

➢ 数学学习具有非抽象表征的加工和操作特点;

➢ 数学认知、数学行动(解决问题)、学习情境是合一的;①

➢ 通过数学行动(解决问题),可能获得数学的概念和规则;②

➢ 只有通过数学行动(解决问题)才能获得可迁移的数学知识;

➢ 数学知识可用产生式表达,数学知识转换成产生式后最具价值。③

3. 数学学习是一个文化浸润的过程

数学学习过程初看起来与文化无关。但事实上,学生进入数学课堂进行计算、推理或解决问题,都在有意或无意接受着所在团体的行为和信息。如果学生有机会去观察并实践某种数学课堂其他成员的行为,他们就会熟悉相关的术语、

---

① 乔为.从做中学:基于具身认知的视角[J].职业技术教育,2017(31):13—20.

② 朱新明,李亦菲,朱丹.人类自适应学习—示例演练学习的理论与实践[M].北京:中央广播电视大学出版社,1997:57—59.

③ Zhu, x & H. A. Simon: learning mathematics from examples and by doing. Cognition and Instructon, 1998(4):137-166.

行话,仿效其行为并逐渐开始按相应的规范行事。然而,由于文化浸润的隐蔽性,使得教师往往忽略了环境文化对数学学习的影响。正是这个原因,当今数学教学并没有给学生参与数学文化的机会给予足够的重视。虽然教师也向学生提供数学课程中隐含的许多文化(数学文化和一般文化)的工具,但是凭借这种文化工具,学生只能进入一种学校特有的文化,而这种学校文化与真正的数学文化是很不相同的,这也就说明了,学生为何可以通过考试但是却不能在真实实践中使用数学工具。莱夫有关学习和日常活动的人类学研究揭示了这样的一个事实:源于不同文化和活动的学校教育是各不相同的,因为正是文化与活动赋予所学的东西以目的与意义。莱夫分析了普通人的学习行为:他们选择通过传统学徒制进入文化,成为一个学徒。而学生在学校却进入了一个特定的学校文化,学生解决的是一些严密定义、象征性处理的数学问题。

当然,这里并不是说要求学生成为专业数学家,而是说学生为了学习数学,仅仅停留在抽象的概念术语和自定的范例是不够的。他们必须面对在真实活动中使用的数学工具,面对像专业工作者一样工作的教师并运用这些工具,解决数学领域的问题。这些活动可以体现数学家看待世界的方式并解决问题。这一过程出现的活动也许是非形式的,但却是生动的、逼真的,它不用课本中的范例和说明性解释,但包含丰富多彩的真实内容。针对某一特定共同体文化,按照真实性活动要求改革传统的数学教学,是情境认知理论应用于数学教学面临的一个挑战。

4. 真实的学习评价

数学学习的评估通常基于这样一种认识,即智能具有"去情境"(decontextuation)的特点,评估和考察人的智能时,应该脱离他们在特定的社会背景下所解决的问题和设计的产品。由于坚持认为知识的情境依赖性,因而情境认知理论的一个必然结论就是强调在具体的实践中对数学学习进行评估。传统数学学习评价主要重纸笔方式的测验,重理论,轻实践,重知识的再现而忽视创造能力的考查,并不能真实反映学生在实际生活中解决数学问题的能力。然而,若不把评价置于现实生活和社会环境中,就很难让人相信所测试的是学生的真正的能力表现。因而,数学学习评价的一个发展方向就是以情境为参照,在数学学习过程中正确把握被评者的某些特定行为,并把这些行为置于整个教育过程甚至社会环境中来分析其背后的原因,只有这样,才能真正通过评价来捕捉教学过程中发生的一切变动因素,及时改进并完善数学教学活动。情境性评价的特质是消除了学习与评价的简单对立二分法,这种评价表现出动态性、即时性,其主要目的是改革教学,调整教学策略进而改善学生的数学学习。解决考查评估是否与学习环境相适应这一问题,教师处于独特的地位。因而,情境认知理论的数学教学对教师的要求日益增高,教师必须构建能反映数学课程内容和目标的真实的任务,并通过这个任务测查学生的学习进步情况,从而进一步改善数学的教与学。

第五节　情境认知理论应用于数学教育:问题与前瞻

目前数学教育存在的一个严重问题就是学生不能很好地将学校里所学的数学知识应用于日常生活和职业工作场景之中。按照认知的信息加工观点,原因应在人的大脑内部寻找,相应的教学对策便是改进教学方法以促进学生对数学知识的理解、精致并以此来增加学校数学学习的可迁移性。按照情境认知理论的观点,原因不仅仅在学习者大脑内部,而且也在于个体与学习环境相互作用,这样一来,为学生设计恰当的学习环境就成为改善数学学习的关键。正是采取这一独特的视角,使得情境认知理论受到数学教育研究者的广泛关注。特别是由于现代教育技术的日渐成熟,使得出现情境认知理论导向与科技整合的方向,为改革数学教育带来新的希望。CTGV 开发的"年轻的夏洛克系列"、"贾珀斯系列"就是以"情境认知理论"为基础,运用新技术研究数学教育的一个范例。

两个系列都利用录像的形式为生成复杂的问题与问题解决提供了一个宏情境(Macrocontext)。学生观看冒险故事,帮助主人解决类似于从一个遥远的地点营救一只受伤的鹰这样一个现实世界中可能出现的问题。这种教学表现出"生态的"特点,它通过介绍信息丰富的内容,力求使学生面临一个真实的场景。为了能使所有的学生都参与到问题解决之中,CTGV 请演员把故事拍成录像,每集大约17 分钟,各种解决问题用到的数据及无关数据自然地嵌入在故事之中,这就要求学生能区分有关无关的数据。此外,问题是开放性的,没有唯一正确的答案,这有利于培养学生以多元视角考虑问题。同时,由于问题很复杂,问题的答案一般都在 15 步以上,这就自然要求学生之间进行密切的合作,并以此培养学生的坚持性以及改变学生原有的认为数学问题很简单的看法。附加的类似故事与拓展性问题能促进学习的迁移,问题的设计牵涉到各门学科,为满足学生不同的兴趣提供了各种可能性。尽管情境认知理论对数学教育有丰富的涵义,但是由于理论还在发展过程中,至今并没有形成一个完整的体系。

正是由于理论的不精致,导致在数学教育中的一些误用,特别是若把这种理论推向一个极端,可能会对数学教育产生负面影响。以下结合认知心理学研究对数学教育中有关情境认知的若干论点进行辨析。

1. 行动植根于它发生的具体情境之中

行动植根于情境,这是情境认知理论的核心观点,意思就是指不能离开特定情境描述某种行为。从认识论上讲这是没有什么异议的。问题是在数学教育中这一点有时被任意夸大,即声称所有数学知识都是情境独特的,一般性的知识不能迁移到其他真实性的情境之中。莱夫举了一个例子:在美国橘(Orang)县,家庭主妇们在超市购物时算账算得非常好,但是她们对同样的在学校里用纸笔来算的算术问题却做得糟糕。[①] 另外一个经常的事例是卡拉尔(Carraisher)和施利曼(Schliman)所描述的:巴西儿童在街道做买卖时,数学做得好,但是他们不会做学校课本中的同样难度的数学问题。[②]

且不论这些例子是否具有普遍性,它们最多也只是说明具体情境中所学的特殊技能没有被概括抽象出来,以应用到学校情境之中,却决不表明班级课堂所教的算术技能不能用到商店购物、价格比较或找零。从这里就不难看出,只有对学习的任务做进一步的精细分析,并在此基础上设计教学方法,以使得在抽象的优势和具体情境的优势之间保持适度平衡,才能够保证教学有好的效果。这类观察还呼唤把迁移能力作为教学的重要目标——这一点在当前的数学教学中还没有引起足够的注意。

从某种意义上来讲这一关于学习情境的论点并没有什么新意。在实验心理

① Lave, J. Cognition in Practice: Mind, Mathematics, and Culture in Everyday Life. Cambridge, England: Cambridge University Press. 1988: 50 - 52.

② Carraher, T. N., Carraher, D. W. & Schliemann, A. D. Mathematics in the streets and in the schools. *British Journal of Developmental Psychology*, 1985(3): 21 - 29.

学中有很多关于学习的情境相关性的例子。例如，谷登（Godden）和巴德雷（Baddeley）就发现跳水运动员在水下很难回忆起他们在岸上所学的东西，反过来，他们在岸上也很难回忆起在水下所学的动作。[①] 然而这并不是说任何事情都要联系到具体情境。事实上有很多事例表明迁移可在情境与情境之间发生，并不是任何学习都一定具有情境特殊性。[②] 这一事实常常给那些热衷于寻找情境敏感性的研究者带来不安。

学习是怎样联系到一个情境的，决定于获得的知识的类型。有时候，由于教学需要，知识必须要联系到一个特殊的情境。例如十进制中的加法法则就不能概括到二进制系统中去，在其他的情形里，学习情境相关性是由材料的学习方式方法决定的。如果学习者把材料从特殊的背景中加以精化，那么在遇到相同情境时提取这些知识就变得相对容易些，但是在其他情境中提取这些知识就变得更加困难。

一般说来，当知识仅仅是在单一情境中被教授的时候，它就会越加具有情境局限性。很明显，有的技能，像阅读技能，可以从一个情境迁移到另一个情境之中。但是，数学能力并不总是情境相关的。心理学文献中包含了大量的关于数学能力从课堂迁移到各种实验室的情境之中（有的很奇怪，目的从来就不是表明数学技能的可迁移性）的例子。[③]

关于学习的情境特殊性的文献常常伴随着对非学校情境（相对于学校所教的知识来说）的知识实质的一个价值判断以及"学校知识并不是很合乎情理的"这样一个暗含的或显性的判断。莱夫则走得更远，指出学校里所教的数学仅仅用来证明一个任意的、不公正的课堂结构。这就意味着学校所培养的能力对工作中的行为并没有多大的贡献。然而，无数的研究表明即使是在撇开一般的能力测量影响之后学校成就与工作表现之间也有很强的相关性。

① Anderson, J. R., Reder, L. M., & Simon, H. A. Applications and Misapplications of Cognitive Psychology to Mathematics Education. Texas Educational Review, 2000.

② Ernandez, A. & Glenberg, A. M. Changing environmental context does not reliably affect memory. *Memory & Cognition*, 1985(13): 333–345.

③ Reder, L. M. & Ritter, F. What determines initial feeling of knowing? Familiarity with question terms, not with the answer. *Journal of Experimental Psychology*: *Learning*, *Memory*, *and Cognition*, 1992 (18): 435–451.

2. 在不同的任务之间知识不能迁移

这个论点,即关于知识迁移的失败,可以被看成是上一个论点的一个推论。如果知识完全依附在获得它的情境中,那么它将不会迁移到其他的情境之中。即使是没有很强的情境依赖,仍然会有人声称,除几乎相等的任务之外,在不同的情境中,迁移是几乎不发生的。

迁移研究在心理学中有很悠久的历史传统,可以追溯到 1884 年的韦伯和 1858 年的费切尔(Fechner)。依据这些研究,迁移依赖于实验情境以及源学习材料与迁移对象材料的关系,既可有高度的迁移,也可以是中度迁移,甚至是零迁移或负迁移。在现代的心理学文献中,既有很多迁移成功的说明,也有很多迁移失败的例子。[1] 事实上,在同一领域内,不同的迁移(高度迁移、中度迁移、零迁移、负迁移)取决于对目标任务的练习程度和迁移任务的表征,一般说来,表征和练习的程度是决定一个任务到另一个任务能否迁移的关键。

希格莱(Singley)和安德森认为,任务之间的迁移与任务之间是否具有相同的认知元素密切相关。这个研究可以追溯到更为早期的桑代克(Thorndike)和伍德沃思(Woodworth)的研究,但是直到我们能够辨别任务成分之前,它一直无法得到实验检验。希格莱和安德森教给被试一些编辑语言,然后逐一寻求可预测的迁移。他们发现被试在学习后来的编辑语言时所用的时间更少,前后两个编辑系统共有的程序的数量决定了迁移的量。事实上,他们获得了大量表面形式不同但抽象结构相同的编辑系统之间的迁移。希格莱和安德森还发现在交叉领域中数学能力的迁移也遵循同样的规则,虽然在这里他们还要区别是陈述性知识的迁移还是程序性知识的迁移。概括起来,希格莱和安德森认为,迁移决定于任务之间的共享的符号成分,学科领域的不同,迁移情况也会发生变化。从某种意义上讲,希格莱和安德森发现了比他们理论预测的更多的迁移。[2]

也有几乎没有发生迁移的案例。在一个著名的系列研究中研究者给被试呈现邓克尔(Duncker)的一个经典辐射问题:"如果你是一名医生,并且面对一名患有胃癌而又不能做手术的病人。你手头可以使用放射线,当达到一定的强度时,

---

[1] Anderson, J. R., Reder, L. M., & Simon, H. A. Applications and Misapplications of Cognitive Psychology to Mathematics Education. Texas Educational Review, 2000.

[2] Singley, M. K. & Anderson, J. R. *Transfer of Cognitive Skill*. Cambridge, MA: Harvard University Press, 1989.

直接使用这些放射线将损伤人的其他组织,你该如何使用放射线,在杀死癌细胞的同时又不损伤周围的健康组织?"在呈现目标问题给被试之前,先让被试阅读一个军事方面的类似的问题及解答,在这个问题中,一位将军指挥他的部队攻克一个敌人的碉堡,从这个碉堡四周延伸出许多条道路,但是每条道路都埋上了一些地雷,任何一个足够大的外力将会引起地雷爆炸。从这一点就可以排除全方位大规模进攻的可能性。这位将军的计划是把他的军队分成若干小队,每条路上用小股力量发动进攻,最后到碉堡会合。两个问题的共同策略是把力量分散,从不同的方向展开攻势,最后集中在目标上。然而,在阅读这个故事后,仅有 30% 被试能够解决辐射问题。而没有阅读这个故事就直接解答的被试的答对率是 10%,前后对比也只是一个有限的改进。[①]

这类迁移失败的例子的一个显著特征是它们的不稳定性。吉克(Gick)和霍约克(Holyoak)通过向被试提示他们将要试图在一般意义上应用这个问题就大大增加了迁移的数量。向被试呈现两个类似的样例同样也大大增加了迁移的数量。在很大程度上迁移量似乎依赖于在实验中被试的注意力被带到何方。这就表明,暗示教学和训练应受到比以往更多的重视——这是具有重要教育涵义的认知研究的议题。

从方法论的角度考虑,人们总是希望在一个看起来不容易产生迁移的场景中寻求迁移,倾向于研究从一个几乎没有练习过的领域到另外一个具有原创性行为的领域的迁移。两个不同领域之间表面差异对迁移有最大的负面影响。研究者不仅关注近迁移而且也关注远迁移的效果,例如人们不需要学生在学习物理学的第一天就显示出感受到学习微积分的益处。相反,人们希望在第一学年结束时能够显示出他学习一年的微积分带来的好处。

从以上的分析可以看出,不同任务之间知识迁移是可能的,认知心理学的研究支持下面原则:

➢ 依赖实验场景和原来学习材料与迁移材料的关系,既可有高度迁移、也可有中度迁移、零迁移或负迁移;

➢ 表征和练习的度是决定一个任务到另外一个任务迁移的关键;

---

① Gick, M. L. & Holyoak, K. J. Analogical problem solving. *Cognitive Psychology*, 1980(12): 306 - 355.

> 在不同的领域里迁移的效果也发生变化，这取决于共有的符号成分的数量；

> 迁移依赖于学习者注意力的指向，对一个可应用的技能的暗示在训练中应给予更多的注意。

3. 抽象性的训练没有什么作用，真正的学习发生在"真实性情境"中

这种观点被进一步引申就是倡导认知学徒制训练。认知学徒制认为最有效的训练是在一个行为的现场中进行，这个论点被更多地用来挑战学校课堂教学的合理性。

课堂里所教的不是在工作场景里所需要的，这是当前被公认的教育中的一个弊病。但是原因却不一定在于抽象教学本身，有时工作场景也是被指控的对象。例如，洛杉矶警察离开学校后经常被更有经验的官员告知："现在你应该忘掉所学的一切。"于是警察官就这样被培养出来，在学徒期忘掉了课堂教学里的训练，他们可以违反人权，在没有证据的情况下进行搜查。

抽象教学有时是非常有效的。在一份没有公开的研究中，希格莱发现抽象的教学导致成功的迁移，而具体教学可能导致迁移的失败。他教给被试解决涉及混合溶液的代数文字题，有些被试在训练时提供混合溶液的图像，而其他被试训练时使用的是代表数学基本关系的表格，结果表明抽象训练组在做类似的数学问题时迁移得更好。① 也许对抽象教学的益处的最显著的说明是由比德曼（Biederman）和希伏尔（Shiffrar）给出的，他们非常困难地观察小鸡何时进入交配期——这通常要花掉若干年的认知学徒期的时间。他们发现 20 分钟抽象的教学就能使一个新手达到有若干年实践的专家的水平。②

现代的信息加工理论进一步表明抽象教学与具体事例结合会使学习更为有效，很多的实验显示将抽象教学与具体事例结合起来比这二者中的任何一种形式都有效。这方面最著名的研究是由斯科罗（Scholckow）和贾代做出的。他们要求

① Singley, M. K. & Anderson, J. R. *Transfer of Cognitive Skill*. Cambridge, MA: Harvard University Press, 1989.
② Biederman, I. , & Shiffrar, M. Sexing day-old chicks: A case study and expert systems analysis of a difficult perceptual learning task. *Journal of Experimental Psychology: Learning, Memory and Cognition*, 1987(13): 640-645.

儿童进行水下掷镖练习,一组被试接受光的折射原理解释:光的折射使得对水下目标产生错觉;另外一组被试直接做练习,不接受抽象原理教学。两组被试在投掷水下12寸的目标时表现一样,但是当投掷在水下4寸的目标时接受抽象原理教学的被试组表现得更好。[①]

强调认知学徒训练的另外一种方式是突出强调完全真实的问题。但何谓"真实"却是一个典型的弱定义的,不过似乎在这里特别强调问题应是学生在日常生活可能遇到的。如果深入思考,将发现这个要求是表面的。相反,我们认为真正的目的应该是激发学生的动机使其参与到能够迁移的认知过程中去。关键在于唤起什么样的认知过程而不在于这个问题表面看起来是否来自于现实生活。总之,与情境认知否定"抽象教学"相反,信息加工理论肯定了"抽象教学"的意义,并且表明抽象教学与具体教学相结合会使学习更为有效。

4. 教学必须在一个高度社会化的情境中进行

"教学只有在一个高度社会化的情境中才是有效的",这一论点是基于这样的一种考虑:

(1) 事实上所有工作都是高度社会化的;

(2) 学习与它的上下文的情境是密切联系的。

前文已对第二点进行分析,认为这是一种片面的认识。以下的分析将表明第一点也有点夸大。事实上有些工作具有社会性,另外一些工作却并不具有社会性。如果某些工作的确具有社会性,那么,对于从事这类工作的人来说学习有效地处理他们工作的社会性就显得十分重要。

然而必须学习如何处理工作的社会性并不意味着这项工作所需要的全部技能都应该在一个社会性的环境中进行训练。以税收会计所必需的技能为例。一方面会计必须学会与客户打交道,但这并不是说会计非要在与客户打交道的过程中学习税收指令和如何使用计算器,最有效的办法是各自独立训练每个技能,因为并非每一个技能都需要认知方面的根源,这样可以为某些技能保留足够的学习空间。因此,最好是在不同时要与客户打交道的情况下学习税收代码;一个可行

[①] Anderson, J. R., Reder, L. M., & Simon, H. A. Applications and Misapplications of Cognitive Psychology to Mathematics Education. Texas Educational Review, 2000.

的办法是在税收代码不再是一个负担时再去学习与客户打交道。

在这里也牵涉到整体学习与部分学习的关系的问题。事实上,心理学中大量的研究表明部分训练有时会更有效,只要这时部分独立于或几乎独立于更大的任务。例如,在体育训练中,先对每个队员进行个别技能的训练是惯常的做法,因为当整个团体一起来训练的时候,个别队员所需的特性技能就得不到针对性的训练。在团队体育中,必须对训练的效率给予十分关注。可用的时间总是在团队训练和个别单独训练之间分配。

"教学最好在一个高度社会化的情境中进行"这一论点并非完全来自于那些倡导情境学习的人,那些提倡把合作学习作为一个教学工具的人也是其坚定的支持者。然而在第二章我们已分析指出,不能把合作学习当成绝对有效的办法,那样是注定要失败的。

总的说来,情境认知理论聚焦在认知心理学中有较好记录的现象上而忽视了其他一些方面:认知部分是情境依赖,同时它也可能部分是情境独立;既有大量迁移失败情形,亦有大量迁移成功的情形;具体教学是有益的,抽象教学也同样有益;有的行为得益于社会情境中的训练,另外一些行为却并没有从中受益。从行为主义到认知主义唤醒我们对人类认知复杂性的注意,对情境学习的分析似乎呈退缩性的趋势,改进教与学所需要的是继续扩大深化我们对决定什么时候我们应该有一个宽松的学习背景,什么时候应该有一个稍狭窄一点的学习背景,什么时候把注意投向狭窄的技能,什么时候把注意投向宽泛技能之类的现实情况的研究。

综上所述,情境学习理论近年来正成为一种主要的学习理论,其对数学教育实践已经并且将进一步产生影响。一方面它是在试图消除学校数学长期存在的理论与实践相分离的弊病所做的一次不懈努力;另一方面以情境认知理论为指导,借助信息技术(多媒体技术、虚拟现实技术),可以将学生带入一个真实的工作场景。这就为有效的数学学习和高级思维技能培养开辟了一个新途径。当然情境认知理论本身亦存在一些争论,也面临着诸多的问题,但正是这一点可能预示着该理论发展的方向。

图书在版编目(CIP)数据

数学学习理论的演变/谢明初,彭上观著.—上海:华东师
范大学出版社,2020

(新时代卓越中学数学教师丛书)

ISBN 978 - 7 - 5760 - 0771 - 8

Ⅰ.①数…　Ⅱ.①谢…②彭…　Ⅲ.①中学数学课－教学
研究　Ⅳ.①G633.602

中国版本图书馆 CIP 数据核字(2020)第 153610 号

数学学习理论的演变

著　　者　谢明初　彭上观
责任编辑　李文革
项目编辑　平　萍
责任校对　杨　丽　时东明
装帧设计　刘怡霖

出版发行　华东师范大学出版社
社　　址　上海市中山北路 3663 号　邮编 200062
网　　址　www.ecnupress.com.cn
电　　话　021 - 60821666　行政传真 021 - 62572105
客服电话　021 - 62865537　门市(邮购)电话 021 - 62869887
地　　址　上海市中山北路 3663 号华东师范大学校内先锋路口
网　　店　http://hdsdcbs.tmall.com

印刷者　上海锦佳印刷有限公司
开　　本　787×1092　16 开
印　　张　18.75
字　　数　310 千字
版　　次　2020 年 10 月第 1 版
印　　次　2020 年 10 月第 1 次
书　　号　ISBN 978 - 7 - 5760 - 0771 - 8
定　　价　56.00 元

出 版 人　王　焰